ヒューム
道徳について
Of Morals

近代社会思想コレクション 27

神野慧一郎
Keiichiro Kamino
林　誓雄
Seiyu Hayashi
訳

京都大学
学術出版会

凡例

一、本書はデイヴィッド・ヒューム『人間本性論』第三巻「道徳について」（David Hume, "Of Morals," in *A Treatise of Human Nature*, 1740）の全訳である。底本として、David Hume, *A Treatise of Human Nature*, a crtitical edition, eds., by Norton, D. F. & Norton, M. J., Clarendon Press: Oxford, 2007を用いた。

二、原注と訳注を区別するために、前者は、各パラグラフの後に置き、後者は（訳注）として、欄外に置いた。

三、原文のイタリックは傍点で示し、（ ）内の英語表記は原語を示す。また、ヒュームによる挿入を（ ）で括って示し、〔 〕内を訳者による補足とする。なお、人名・地名などの固有名詞は、原書ではイタリックであるが、訳書では区別しないことにする。そして、読者の理解を平易にするために、①②③などの記号を適宜用いている。

四、ヒューム研究においては、しばらくの間、セルビー・ビッグ版（*A Treatise of Human Nature*, 2nd ed., edited by Selby-Bigge, L. A., Clarendon Press: Oxford, 1978）がテキストとして用いられてきた。その後、二〇〇〇年にノートン版が登場し、これが現在、ヒューム研究における標準テキストとなっており、引用・参照の際にはノートン版の「巻、部、節、段落」の番号を示すことになっているが、ノートン版以前のヒューム研究では、セルビー・ビッグ版のページ数のみを示すだけであった。そこで、本書では、セルビー・ビッグ版を用いていたころの研究を参照することを考慮して、本文下の余白部分にセルビー・ビッグ版のページ数を付すこととした。

五、先行訳、とくに伊勢 俊彦・石川 徹・中釜 浩一 訳『人間本性論 第3巻——道徳について』（法政大学出版局、二〇一二年）を参照し、訳文の作成上、多くの恩恵を受けた。

「感情に、身を委ねてはいけない」
「私たちはできる限り、合理的に・理性的に生きるべきである」

これらに類した文言を、これまで生きてきた中で耳にしたことのない人はほとんどいないだろう。とりわけ、「道徳的に正しい行為」・「倫理的に善い行為」をする上では、少なくとも「道徳的に不正な行為」・「倫理的に悪い行為」をしないようにするためには、「感情」や「情念」ではなく、「理性」に従って生きるべきだと、幼い頃から多くの人が教わってきたのではないだろうか。

こうした一般的な道徳観を真っ向から否定し、道徳の基礎にあるのは「感情」や「情念」に他ならないと主張した哲学者が、本書の筆者、デイヴィッド・ヒュームである。ヒュームは、「理性は情念の奴隷である」という辛辣な文言で読者を煽りつつ、本書において、「道徳とは、判断されるというよりも感じられるという方が適切なのである」と主張するのである。

ヒュームの生きた時代、学術業界では、道徳の認識をめぐって二つの派閥が対立していた。すなわち、道徳は、理性や知性によって捉えることのできるものだと主張する「合理主義・理性主義」と、道徳は、感覚や感情によって把握することのできるものだと主張する「感情主義」との対立である。ヒュームはこれらのうち、後者に与し、合理主義・理性主義的な倫理学説に対して、徹底的な批判を展開した。しかし、その当時、本書で論じられるヒュームの倫理学説は、さほど注目を浴びることはなかったと言ってよいだろう。その理由はもしかすると、その当時の人々が一般に支持していた「倫理・道徳についての捉え方」にあったのかもしれない。

合理主義・理性主義の強みのひとつは、倫理・道徳について、その真偽を問える枠組みを用意しているところにあると言ってもよいだろう。そのため、合理主義・理性主義は倫理・道徳について、その客観性をある程度容易に確保できる、というところが、その当時の倫理・道徳についての捉え方と、マッチしていたのかもしれない。同じ時代に、例えばドイツの哲学者イマヌエル・カントが、普遍的な倫理・道徳について論じていることは、もしかするとこのことの、傍証になるのかもしれない。

そういうわけでヒュームは、こと国内においては、カントによって乗り越えられたとされ、とりわけその倫理学説については、カントほどの注目を集めてきたとは言いがたい。だが、ヒュームはカント倫理学の単なる踏み台ではない。カントは道徳的な行為が、道徳法則への尊敬と義務の遵奉によってのみ可能であるという理性主義的倫理学を説き、快・不快の感情や幸福への欲求を道徳の場面から一切排除する。他方でヒュームは、カントが無視した人間の感情に着目し、感情が社交や会話などのコミュニケーションを通じて発展することで道徳が形成されていくと説く。このような、感情を基礎におくヒュームの倫理学説は、人間の幸福や欲求を存分に考慮に入れることができるという強みをもつだけではない。それだけでなく、ヒュームの倫理学説は、普遍的・客観的な基準によって倫理的・道徳的な価値観を固定し、またそれを一意に収束させるというようなことはせずに、むしろ、ひとによって様々に異なりうる価値観を認め合えるような枠組みを提示している。そのため、価値観の多様性がますます重要視されるようになってきている現代にあって、ヒュームの倫理学説には、厳格主義と言われるカント倫理学には出来ないような、より現実的かつ柔軟な提言を行ないうる素地があると考えられるのである。

例えば、「敵の善い特性はわれわれにとって有害である。とはいえ、それでもその特性は、われわれの尊重や尊敬を集めるだろう」とヒュームが論じる箇所からは、自分自身の価値観、あるいは味方や自国民の価値観だけが、真の・唯一的・絶対的・普遍的な価値観であると信じることが、いかに誤ったことなのか、それがどれほど危ういことなのかを、学ぶことができるだろう。そうした価値観の一様性・多様性といったこと以外にも、ヒュームから学ぶべきことは多い。近代以降、倫理・道徳について考える上では、「権利」や「義務」、あるいは「責任」という概念が重視されてきた。その一方で、それだけでは尽くせない、人間の倫理的・道徳的な営みのあり方について、ヒュームは本書の中で、数多くのことを多様に論じている。本書を通じて、ヒュームから多くのことを学んでもらうとともに、仮に本書が、読者の皆さんの倫理・道徳についての捉え方を見つめ直してもらうきっかけとなるのであれば、それは訳者として、望外の喜びである。

林　誓雄

目　次

『人間本性論』

実験的な論究の手法を精神の主題に導入する試み

厳格な徳を常に愛する者よ、
徳とは何であるかと問え、
そして高潔な者の示す手本を求めよ。
ルカヌス

補遺——先行の巻で示された、いくつかの文章を例解し、説明する。(訳注1)

(訳注1)　原書の第三巻の巻末につけられている補遺の内容は、すべて第一巻に関するものであるため、第一巻の巻末に付すことにする。

第三巻「道徳について」

読者案内

読者の皆さんに知らせておくのが適切だと思われることがある。それは、この巻は『人間本性論』の第三巻にあたるのだが、ある程度は他の二つの巻と独立しており、そのために読者は、他の二つの巻で論じられている難解な論究のすべてに立ち入らずともよい、ということである。私はこの巻が、普通の読者が、論究の書に対して普通に注ぐ程度のわずかな注意さえあれば、理解できるようなものであると信じている。ただし、次のことだけは述べておかねばならない。すなわち、私は引き続き「印象」および「観念」という語を、前の巻〔『人間本性論』第一巻および第二巻〕で用いたのと同じ意味で用いる。つまり、「印象」ということで私は、より強い知覚、例えば感覚、情緒、そして感情のような知覚を意味する。そして「観念」ということでは、より微かな知覚を、つまり記憶や想像に現れる印象のコピーを意味することとする。

第一部　徳と悪徳一般について

第一節　道徳的区別は理性に由来しない

あらゆる難解な論究には、厄介なことが一つ伴う。それは、難解な論究が論敵を納得させず、ただ黙らせてしまう場合がときとしてあり、そしてその論究の力にわれわれが気づくためには、その難解な論究を最初に発案するのに要したのと同じほど熱心な研究が必要となる、ということである。われわれが勉強部屋を離れ、普段の日常的な雑事の営みにもどると、その論究の結論は、夜に見た幽霊が夜明けとともに消え失せるごとくに、消滅してしまうように思われる。そして、苦労して得た確信でさえ、それを保持し続けるのは難しい。こうしたことは、推論の連鎖が長い場合には、なおさら顕著である。長い連鎖の推論を進めるときには、われわれは最初の命題の明証性を最後まで、保持し続けねばならない。だが、われわれはその場合、哲学であれ普段の生活であれ、最も受け入れられている根本原則のすべてを見失うことが頻繁に起こる。しかしながら私は、本書で論じている哲学の学説が、さらに展開が進むことで、新たな力を獲得するだろうという希望をもっていないわけではない。つまり、道徳に関する目下の論究が、知性や情念に関してこれまで述べてきたあらゆることを裏付けるだろうという希望をもっていないわけではないのである。道徳は、他の何よりもわれわれの興味をそそる主題である。道徳に関して決定を下す場合にはいつも、社会の平和が問題となっている、そうわれわれは思い込んでいる。そして、明らかにこの平和への関心こそが、主題の大部分がわれわれには無関心なものである場合に比べて、われわれの思索を、より現実的で確固としたものに見えるようにしているに違いないのである。自分たちに影響を及ぼすものが、妄想のようなものであるはずはないと、われわれは結論する。すなわち情念は、[訳注2]〔快であれ苦であれ〕いずれかの立場としっかり結びついているものなのだから、問題となっている事柄は人間の了解できる範囲内にあるのだと、自然にわれわれは思うのである。逆に、この種の問題であっても、そうした情念を引き起こさないような事例においては、そのこと〔＝問題が人間の了解できる範囲内にあるということ〕に対して、われわれは幾分、疑いを抱きがちになるのである。このような〔道徳を論じることの〕優位性がないのだとすれば、ほとんどの人々が、読書を娯楽の一種のようなものへと変質させることに賛同する時代に、言い換えると、理解するのにかなりの注意力を要するようなあらゆるものを拒否するような時代に、そのような難解な哲学の第三番目の巻の執筆になど、私は決して乗り出さなかっただろう。

これまでにも述べてきたことだが、知覚以外に、こころに現れるものはない。そして、見たり、聞いたり、判断したり、愛したり、嫌ったり、あるいは考えたりするというすべてのはたらき（action）は、知覚という呼び名の下に入る。知覚という名辞では了解しえないようなはたらきを、こころがするなどありえない。だから結局のところ、その名辞は、あらゆる他のこころの作用（operation）と同じように、われわれが道徳的な善や悪を区別するときに用いる判断にも適用することができるのである。ある性格を是認し、別の性格を非難するというのは、数多くあるさまざまな知覚のうちの一側面に過ぎないのである。

さて、知覚は二つの種類に、つまり印象と観念とに分けられるので、この区別から一つの問いが引き出される。その問いからわれわれは、道徳についての目下の探究を、始めることにしよう。すなわち、われわれが徳と悪徳との間の区別を行ない、ある行為を非難に値するとか、称賛に値するとか判定するのは、観念によるのか、それとも印象によるのかと問うことから探求を始めよう。こう問うことで、あらゆる冗漫な話や誇張の多い弁舌は即座に打ち切られるし、われわれは目下の主題について、正確かつ厳密なものへと立ち返ることになるだろう。

ある人々は、次のように主張する。すなわち、徳とは理性との一致に他ならない。また、諸々の事物には、変わることのない適合性と不適合性があって、それらは諸々の事物を考察する理性的存在すべてにとっても同じである。さらには、正と不正の変わることのない尺度が、人間だけでなく、「神」それ自体に対しても責務を課しているのだ、と。これらの学説すべてに共通しているのは、「道徳とは、真理と同じように、単に観念によってのみ、つまり単に観念を並置し、それらを比較することによってのみ識別される」という意見である。それゆえ、これらの学説の是非を判断するためには、理性単独で道徳的善悪を区別するこ

（訳注2）「情念」（passion）は、第二巻『情念について』において、詳しく論じられるものであるが、本書第三巻『道徳について』においては、基本的に、「行為の動機づけ」と関係するものとして論じられている。これに対して、「感情」（sentiment）は、「道徳的評価」と関係するものとして論じられている。

とができるかどうか、言い換えれば、その区別を可能にするためには、何らかの他の原理が協働しなければならないかどうかを考えるだけでよかろう。

もし道徳というものが、人間の情念や行為に対して自然に影響を及ぼすことなどまったくないのだとしたら、道徳を教え込むというような骨折りをすることは無駄であったろう。そして、あらゆる道徳学者が説き立てる数多くの規則や訓戒ほど、実りのないものはないだろう。哲学は一般に、理論的なものと実践的なものとに分けられる。そして、道徳とは常に、後者の区分のもとに入るものだと理解されてきたので、道徳はわれわれの情念や行為に影響を及ぼすものであり、知性の穏やかで不活性な判断を超えるものだと考えられている。そして、以上のことは普段の経験によって確認されている。普段の経験がわれわれに告げるのは、人々はしばしば義務に支配されているということ、つまり、人々は不正義の意見によってある行為を差し控え、責務の意見によって他の行為へと駆り立てられている、ということである。

それゆえ、道徳とは行為や情緒に影響を及ぼすものなのだから、道徳は理性に由来しえないということになる。それは、すでに示したように、理性単独では、そのような影響を何も持ちえないからである。道徳は情念を引き起こし、行為を生み出したり妨げたりする。理性それ自体では、まさにこの点でまったく無能力である。それゆえ、道徳の諸規則は、理性のくだす結論ではないことになる。

この推論の正しさを否定するような人はいないだろう。そしてまた、私の思うところでは、この推論の正しさを避ける手段は、この推論が依拠している原理を否定すること以外にはない。理性がわれわれの情念や行為に対して何の影響ももたないことが認められる限り、道徳は理性の演繹によってのみ見出されるのだと主張しても、それは無駄なことである。活性的な原理が不活性な原理の上に基礎付けられることはありえない。そして、もし理性それ自体が不活性であるのなら、理性のはたらく対象が自然的なものであれ、精神的なものであれ、あるいは理性が外的物体に備わる力について考察するのであれ、理性的存在者の行為について考察するのであれ、そして理性がどのような形態をとるのであれ、あらゆる状況においてどのような仕方で現れるのであれ、同じ〔く不活性〕でなければならないのである。

理性が完全に無能力であること、すなわち、理性がいかなる行為も情緒も妨げたり生み出したりすることはできないこと、こうしたことを証明した際(1)に用いた論証をすべて繰り返すのは冗長であろう。〔ただ、〕そうした主題について述べてきたことを思い出すというのならば、それは簡単なはずである。私はこの場では、そうした論証のうちの一つを思い出すだけにとどめて、それをさらに決定的なものとするよう、そして目下の主題に、より一層当てはまるものとするよう努めよう。

(1)『人間本性論』第二巻「情念について」第三部第三節を参照。

理性〔の役割〕とは、真理や虚偽を発見することである。真理や虚偽とは、諸観念の、実際の諸関係に関する一致・不一致、もしくは実際の存在、すなわち事実に関する一致・不一致のいずれかに対して言われることである。それゆえ、この一致・不一致が認められないものはすべて、真でも偽でもないし、われわれの理性の対象にもなりえない。ところで、われわれの情念、意志のはたらき(volition)、そして行為には、そのような一致・不一致のいかなるものも認められないことは明らかである。つまり、それらは原初的な事実すなわち現実であり、それ自体で完結しており、他の情念や意志のはたらき、そして行為を指し示すものではない。それゆえ、それらが真である、あるいは偽であると判定されることも、理性に反する・合致するということも、ありえないのである。

こうした論証には、われわれの目下の目的にとって二重の利点がある。というのも、こうした論証は、直接的に、次のことを証明しているからである。すなわち、行為がその称賛に値する美点（merit）を、理性と一致することから引き出したり、それらへの非難を、理性に反することから引き出したりすることはない、ということを。そしてさらに、こうした論証は、より間接的に、次のことをわれわれに示すことで、〔一点目と〕同じ真理を証明するからである。すなわち、理性は何らかの行為に反対するとか、あるいはそれを是認することによって、その行為を直に妨げたり生み出したりすることはできないのだから、理性は、道徳的善悪を区別する源泉ではありえないということを、である。というのも、道徳的善悪というものが、行為に影響を及ぼすものであるということは、すでに分かっているからである。行為は称賛されたり非難されたりする。しかし、行為は、理性に合致するものと同じだとか、理性に合致しないものと同じだということはありえない。それゆえ、称賛や非難とは、理性に合致するとか、理性に合致しないということと同じではないのである。行為の美点や汚点は、われわれの自然的な性向としばしば反対になるものであり、ときにわれわれの自然的傾向性を統制する場合がある。しかし、理性にそのような影響力はない。それゆえ、道徳的区別は理性の産物ではない。理性とは、完全に不活性なものであり、良心、すなわち道徳の感覚のような活性的な原理の源泉ではありえないのである。

だが、もしかすると次のように言われるかもしれない。すなわち、意志や行為は、そのいかなるものも、理性と直接に矛盾することはありえないのだとしても、行為に伴うもののうちのあるもの、すなわち行為の原因や結果についてならば、理性と矛盾するものが見出せるかもしれない、と。〔たとえば〕行為は、判断の原因となることがありえるし、あるいは、判断が、ある情念を伴って生じるときには、行為が、ひとつの判断を原因として、間接的な仕方で引き起こされるかもしれない。そして、そのような理由をつけた上で、哲学ではほとんど認められないような乱暴な言い方をするならば、理性に対するのと同じ矛盾を、行為に当てはめることができるだろう、と。そこで、このような意味での真偽が、どの程度道徳の源泉となるのかということについて、ここで考察しておくのが適当であろう。

すでに述べたことだが、厳密かつ哲学的な意味においては、理性は次の二つのやり方でしかわれわれの振る舞いに影響を及ぼすことができない。一つ目は、理性が、情念の適切な対象であるものの存在についてわれわれに知らせることで、情念を引き起こすというやり方である。二つ目は、理性が原因と結果の結びつきを発見し、これによって、何らかの情念をはたらかせる手段をわれわれに与えるというやり方である。これら二種類の判断だけが行為に伴うものなのであり、また何らかの仕方で行為を生み出すことができるものである。そして、これらの判断がしばしば偽であったり錯誤であったりすることは、認められなければならない。人は、ある対象には、なんらかの快、またはなんらかの苦を引き起こすものがあると考えて、情念の影響を受けることがありえる。だが実際には、この対象は、これら快苦の感覚を生み出す傾向をもたなかったり、想像したものとは反対の感覚を生み出したりする。人はまた、自分の目的を達成するために、誤った手段を用いることがあり、自分の馬鹿げた振る舞いによって、計画の進行を早めるどころか、遅らせることがあるかもしれない。これらの誤った判断は、当の判断と結びついている情念や行為を引き起こすと考えられており、これらの判断のために、——文字通りではない不適切な言い方だが——、それらの情念や行為は、理性と合致しないものになっている、と言われるかもしれない。だが、以上のことが認められるとしても、これらの錯誤があらゆる不道徳の源泉であるとはとうてい言えない。つまり、一般にこれらの錯誤にはまったく罪がなく、そうした錯誤に陥るような不幸な人に対して、罪が突きつけられることはない。このことを見てとるのは容易である。それらの錯誤は、事実についての間違いという域を越え出て広がることはないし、一般に道徳学者たちは、事実についての間違いは自発的なものではまったくないという理由で、それらの間違いを罪あるものだと思うことはなかったのである。もしも、快苦を生み出す対象がもつ影響に関して私が間違いを犯しているのなら、あるいは、自分の欲求を満足させる適切な手段を知らないのであれば、私は非難されるというよりむしろ哀れまれるべきである。そのような錯誤が、私の道徳的性格に備わる欠陥だと考えられることはありえない。例えば、実際には美味しくない果実が、ちょっと離れたところに見えているとする。そして間違って私は、その果実が好ましい美味しいものだと思っている。ここに一つ目の錯誤がある。私はこの果実を手に入れるための、ある手段を選択するが、この手段は、私の目的にとって適切ではないとしよう。ここに二つ目の錯誤がある。しかし、それらの行為に関するわれわれの推論に関係しそうな三つ目の錯誤はひとつも存在しない。それゆえ、私は次のように問う。こうした状況にある者は、つまり以上の二つの錯誤の罪を負う者は、それらの錯誤がどれほど避け難いものであったとしても、悪徳であり罪あるものだと考えられるべきなのか。あるいは、そのような錯誤があらゆる不道徳の源泉であると想像することができるのか、と。

さらにここで、次のことを述べておくのがよいだろう。もし道徳的区別がそうした判断の真偽に由来するのなら、われわれが判断を下そうとする場合にはいつでも、道徳的区別が生じなければならない。そしてまた、問いがリンゴに関するものであれ王国に関するものであれ、錯誤が避けられるものであれ避けられないものであれ、そこには違いが、まったくなくなってしまうことだろう、と。それというのも、道徳の本質そのものは、理性との一致・不一致にあると想定されているので、その他の事情はまったく本質的なものではなく、その他の条件によっては、どのような行為に対しても有徳的・悪徳的という評判が与えられることはありえないし、逆に、行為からそのような評判が奪われることもありえないからである。これに、さらに次のことを付け加えよう。つまり、〔理性との〕この一致・不一致は、程度〔の違い〕というものを許さないので、あらゆる徳・悪徳は当然のごとく、等しいことになる、と。

事実についての間違いは罪ではないものの、正しさについての間違いは、しばしば罪なのであり、このことが不道徳の源泉なのだ、そのように言われるとしよう。これに対して私は、そのような間違いが不道徳の根源的な源泉であることは、そもそもの話としてありえない、と答えよう。なぜなら、そのような間違いは、真の正しさや不正さというものを仮定しているから、つまり〔正と不正についての〕これらの判断からは独立した、道徳における真の区別というものを仮定しているからである。それゆえ、正しさについての間違いは、なるほどある種の不道徳であるかもしれない。しかし、その間違いは二次的な不道徳なのであって、それに先立つ、ある別の不道徳に基づいているのである。

次のような判断、すなわち、われわれの行為の結果として引き起こされた判断であるが、その判断が誤っているとき、その判断を引き起こした当の行為が、真理や理性に反していると断言させてしまう機縁となる、そんな判断がある。そのような判断については、次のように述べることができるだろう。すなわち、われわれの行為は、自分自身のうちに、真なるものであれ偽なるものであれ、いかなる判断も引き起こすことはなく、われわれの行為がそのような影響を及ぼすのは、他者に対してのみである、と。ある行為が、多くの場合に、他人のうちに誤った結論を生み出すことがあるというのは確かである。たとえば、私と、近所に住む他人の妻が、なにか淫らなことをしているのを窓越しに見る人がいるとしよう。その人は、たいへん無邪気な人なので、彼女が私の妻だということに間違いはないと思うかもしれない。この点で、その私の行為は嘘、ないしは虚偽にいくぶんか似ている。この場合に、〔嘘との〕唯一の実質的な違いがあるとすれば、それは私が他人のうちに、誤った判断を引き起こそうと意図して行為したのではなく、単に自分の性欲と情念を満足させるために行為したという点だけである。しかしながら、私の行為はたまたま間違いの原因となった、つまり誤った判断の原因となったのであり、その行為の結果が誤ってしまったのは、ある奇妙で比喩的な言い方をするなら、私の行為それ自体のせいだと言われるのかもしれない。しかし、それでもやはり、そのような錯誤を引き起こす傾向が、あらゆる不道徳の第一の源であると、あるいは根源的な源泉であると、そのように主張するためのはっきりした理屈が、私にはまったくわからないのである[2]。

（2）ある誉れを勝ち得る幸運に与っている近年の著者〔ウォラストン（*The Religion of Nature Delineated*, 1722）〕

が、そのような誤りこそあらゆる罪と道徳的醜悪の根拠であるなどと、まじめに主張したのでなかったのなら、上記のことを証明するのは、まったくもって余計なことであったと考える人がいるかもしれない。彼の仮説の誤謬を見つけだすためには、次のことを考察しさえすればよい。すなわち、ある行為から誤った結論が引き出されてしまうのは、自然の諸原理が判明でないことのみによるのである。この判明さの欠落によって、ある原因は、それが作用するときに、それとは反対の諸原因によって密かに妨害されてしまい、さらには二つの事物間の結びつきも不確実で変化しやすいものとされてしまうのである、ということを。ところで、諸原因についての、似たような不確実さと変わりやすさは、自然の事物にさえも生じるのであり、そのためにわれわれの判断に、似たような錯誤を生み出すのだから、もしも錯誤を生み出すそうした傾向が、仮に悪徳や不道徳の本質そのものであったのだとしたら、生命のない事物さえも、悪徳的であったり不道徳であったりすることになってしまうだろう。

生命のない事物が動くとき、それには自由や選択といったものがないという点を力説しても無駄である。というのも、ある行為がわれわれの心の中に誤った結論を生み出すために、自由や選択といったものは必要ないので、それらはいかなる点においても道徳にとって本質的ではありえないからである。そしてこの学説に基づいた場合、自由や選択がどのようにして道徳によって顧慮されるようになるのか、私にはすぐには分からない。錯誤を引き起こす傾向が仮に不道徳の根源であるのなら、そうした傾向と不道徳とは、あらゆる場合に分離不可能であることになるだろう。

これに次のことを加えよう。つまり、私が、近所に住む他人の妻とそうした自由に耽っている間、注意力をはたらかせて窓を閉めていたのなら、私は不道徳という罪を一切負わなかったはずである。なぜなら、私の行為は完全に隠されているために、誤った結論を生み出すような傾向を一切持たなかっただろうからである。

同じ理由で、梯子を使って窓から侵入し、想像できる限りのあらゆる注意を払ってその場を一切乱さないようにする盗人は、いかなる点においても罪がないことになる。というのも、彼は、感づかれることはないだろうし、もし感づかれるとしても、彼が何らかの錯誤を〔住人のこころのうちに〕生み出すことはありえず、そしてまた、なんぴとも、こうした事情から、彼のことを、彼の本当の存在〔＝盗人〕以外の何者かであると見なす錯誤を、犯すこともないだろうからである。

よく知られていることだが、斜視の人は他の人たちに、即座に間違いを引き起こす原因となる。つまり、彼らがある人に挨拶したり、その人と話をしたりしているときに、彼らが別の人と話をしていると、われわれは思ってしまう。しかし、だからといって、彼らはそのような理由で不道徳なのだろうか。

さらに、容易に気がつくことだが、上記の論証すべてには、推論に明白な循環がある。他人の財を所持しておきながら、それらを自分自身のものとして用いる者は、ある意味で、それらが自分のものだと宣言していることになる。そしてこの誤りは、不正義という不道徳の源泉である。だが、果たして所有権・権利・責務とは、それに先立つ道徳がなくても理解できるものなのだろうか。

恩人に対して感謝の念を示さない人は、自分はその恩人から何の恩恵も受けてはいないことを、ある仕方で主張している。だがそれは、どのような仕方での主張であるのか。〔恩人に対してなら〕感謝の念を示すことが、彼の義務であるからという理由によるのだろう。だがこの応答は、義務や道徳について何らかの規則・定めが先行していることを前提している。では、それは、人間本性は一般に報恩の念を感じるものであり、その人間本性のゆえにわれわれは、ある人が誰かに害を与えた場合、害を与えた人は害を被った人からはどのような恩恵も決して受けることがないと結論する、という理由によるのだろうか。だが人間本性は、そのような結論を正当化するほど、一般に恩を感じるわけではない。逆に、もし人間本性が一般に、報恩の念を感じるものだとしたら、その一般的規則の例外は、それが例外であるというまさにそれだけの理由で、あらゆる場合に罪があるということになるというのか。

とはいえ、このヘンテコな学説を破壊するには、次のように述べるだけで十分ではないか。すなわち、この学説に従うと、他のいかなる行為の美点や卑劣さも説明するのが困難になるばかりでなく、同じくまた、なぜ真理が有徳的で、虚偽が悪徳的であるのかの理由を与えるのも困難となるのである、と。もしお望みなら、あらゆる不道徳が、行為の中に想定されているこのいわゆる誤りに由来するということを、私は認めることにしよう。ただしそのように認めるのは、あなたが、なぜそのような誤りが不道徳なのかを説明するもっともらしい何らかの理由を与えることができるならばの話である。もし事態を正しく考察するならば、あなたは自分が最初に直面したのと同じ困難に直面していることが分かるだろう。

この最後の論証は実に決定的なものである。なぜなら、もし〔振る舞いに伴う〕この種の真偽に、明確な美点と卑劣さが結びついていないのなら、この種の真偽がわれわれの行為に対して、なんらかの影響を及ぼすということなどありえないからである。それというのも、なんらかの行為から、他者が誤った判断・結論を引き起こす可能性がわずかでもあるからといって、誰がその行為を禁じようと考えただろうか。あるいは、人々が真なる判断・結論を生み出すようにと、何らかの行為を営む者がそもそもいただろうか。

かくして、こうしたことすべてを考えあわせると、道徳的善悪の区別が理性によってなされるということは不可能である。というのも、その区別はわれわれの行為に対して、ある影響を及ぼしはするが、この影響は、理性単独では不可能なものだからだ。なるほど、理性と判断は、情念を促したり方向付けたりすることによって、間接的な行為の原因にはなりえるかもしれない。だが、この種の判断には、それが真なるものであれ偽なるものであれ、徳や悪徳が伴うとは言われないのである。われわれの行為を原因として引き起こさ

462

463

れる判断について言えば、それらの判断が、その原因となる行為に対して、そのような〔徳・悪徳といった〕道徳的な特性を付与することなど、なおさらありえないのである。

しかし、なお一層こだわって、事物のうちにあるそのような永遠不変の適合性・不適合性が、健全な哲学によっては擁護されえないことを示すために、以下の考察について検討することにしよう。

仮に、思惟や知性が単独で、正・不正の境界を定めることができるのであれば、有徳的・悪徳的といった評判は、諸々の事物の間の何らかの関係に存していなければならないか、もしくは、われわれの推理によって発見される事実でなければなるまい。この帰結は明白である。人間の知性のはたらきは二種類に、つまり、諸々の観念どうしの比較と、事実についての推論との二種類に分けられる。それゆえ、仮に徳が知性によって発見されるのであれば、徳はこれらの二つのはたらきのうちのどちらかの対象でなければならない。そしてまた、徳を発見できるような知性の第三のはたらきというものはない。これまで、一部の哲学者たちによって、道徳とは論証可能であるという意見が極めて精力的に広められてきた。そして、これまで誰もそのような論証を一歩でも前に進めることができなかったにもかかわらず、この〔道徳についての〕学問が、幾何学や代数学と同じほど確実なものとなるだろうということが、当然のことだと考えられている。この想定に基づくと、徳と悪徳は、何らかの関係に存していなければならない。なぜなら、いかなる事実も、論証することなどできないことが、あらゆる方面で認められているからである。それゆえ、まずはこの仮説を検討し、そして可能であるなら、これまでの長きにわたり、われわれの不毛な調査の対象であり続けてきた道徳的な特性なるものを確定するよう努めることにしよう。道徳や責務を構成する諸関係を判明に指摘して、そしてその諸関係が存しているものをわれわれは知ることができることを示し、そしてどのようにしてその諸関係についてわれわれは判断しなければならないのか、指摘しよう。

徳や悪徳の本質が、確実性や論証が認められるような諸関係にあると主張するのならば、話は以下の四つの諸関係に限られねばならない。それらだけがそういう段階の明証性をもつと認められている。だがその場合、われわれは不合理に陥ってしまい、そこから逃れることは決してできなくなるだろう。というのも、道徳の本質はそれら四つの諸関係にあるとし、さらに、それら四つの関係のうちのどれをとっても、理性をもたない対象のみならず、生命をもたない対象にさえも適用できないものはないのだから、そこから帰結するのは、そのような〔石ころのような生命をもたない〕対象でさえ、美点と汚点を認めなければならないということだからである。類似、反対、質の程度、そして量と数の割合、これら四つの関係はすべて、われわれの行為、情念、意志のはたらきに当てはまるのと同様、本来、事物に当てはまる関係でもあるのだ。それゆえ、道徳はこれらの関係のいずれにも存してはいないし、また道徳の感覚が、それらの諸関係を発見することに存しているのでもないことは、議論するまでもないことなのである(3)。

（3）この主題について考えるわれわれのやり方が、一般にはどれほど混乱したものであるのか、ということの証拠として、次の点を述べることができるだろう。すなわち、道徳というものが証明可能だと主張する人々は、道徳の本質は諸々の関係にあるだとか、その諸関係は理性によって区別可能であるとは言わないのである。彼らが唯一述べるのは、かくかくの関係において、かくかくの行為は有徳的であり、別の行為は悪徳的であることを理性が発見する、ということだけである。彼らは、関係という言葉を命題の中に持ち込むことができれば、それだけで十分

464

と考えて、それが目的にかなっているか否かについては気にかけなかったように思われる。だが、ここには明らかに議論すべき点があると思われる。論証的理性は、関係を発見するという役割を担うだけである。だが、この仮説に従うと、理性は徳と悪徳をも発見することになる。それゆえ、徳・悪徳という道徳的な特性とは、関係というものがもつなにがしかでなければならない。〔つまり、〕なんらかの状況においてわれわれが何らかの行為を非難するとき、行為と状況の絡み合ったすべての事物が、ある種の関係を形成し、さらにその関係には悪徳の本質が存していなければならないのである。この仮説は、これ以外の仕方では理解不可能である。というのも、理性が何らかの行為を悪徳的だと宣言するとき、理性は何を発見しているのか。理性が発見しているものは関係なのか、それとも事実の内容なのか。こうした疑問は決定的に重要なものであり、そのため、答えることから逃れようとしてはならないものだからである。

次のように主張されるとしよう。すなわち、道徳の感覚の本質が以上の四つとは異なる、ある別の関係を発見することにある。そして、四つの一般的な項目の下で論証可能な関係すべてを〔第一巻「知性について」において〕把握したときにわれわれが行なった枚挙は、不完全なものであった、と。だが、この新しい関係を、誰かが親切にも私に指摘してくれるまで、この主張に対してどのように応えたらよいのか、私にはわからない。これまでに明らかにされてはこなかった学説を退けることは、不可能である。暗闇で闘うような場合、闘う人の拳は空を打つだけで、敵のいないところでしばしば、拳を構えているのである。

それゆえ、いまの場合、私は、この〔道徳が存する第五の関係というものを主張する〕学説の詳細を明らかにすることを引き受けてくれるような人物に、次の二つの条件を要求することで甘んじなければならない。第、一の条件は、道徳的善悪は、こころのはたらきのみに当てはまり、また、外的事物と関係したわれわれの状況に由来するものなので、これらの道徳的区別が生じる諸関係は、〔こころの〕内的はたらきと外的事物との間にのみ存しなければならない、ということである。別の言い方をすれば、そうした諸関係は、それらどうしで〔互いに〕比較される場合の内的はたらきに対して適用されてはならないし、他の外的事物と対置されるときの外的事物に適用されることも、あってはならないのである。その理由は以下の通りである。すなわち、そもそも道徳は、特定の諸関係に伴うと想定されている。ところで、仮にこれらの諸関係が、内的はたらきどうしの間に当てはまるものだとするならば、われわれは、自分自身のこころの中だけで、しかも宇宙に対する自分たちの状況とは独立に、罪を犯すことになってしまうからである。これと同様に、仮にこれらの道徳的関係が外的事物どうしの間に適用できるのであれば、生命を持たない存在にさえ、道徳的美醜が備わるということを許すことになってしまうだろうからである。さて、事態がこのようであるとなると、いかなる関係であれ、われわれの情念、意志のはたらき、行為を、外的事物と比較した場合に見出すことのできる関係のうちで、それらどうしで比較した場合の、これらの情念や意志のはたらきにも、あるいは外的事物にも、当てはまらないような関係というものを想像することは難しいように思えるのである。

だが、この〔道徳が存する第五の関係というものを主張する〕学説を正当化するのに必要な二つ目の条件を満たすことは、一つ目よりさらに難しいことだろう。道徳的善悪の間には抽象的で理性的な相違があると主張し、そしてまた、諸々の事物には自然的な適合性・不適合性があると主張する人たちの掲げる原理に従う場合には、次のことが想定されていることになる。すなわち、これらの関係は、永遠不変なものなのだから、

465

理性的生物がそれを考察するときにはいつでも、それらの関係は同じものである、ということだけでなく、それら〔諸々の関係〕の効果もまた、必然的に同じものである、ということが想定されていることになる。〔しかし〕その結果、それらの関係は、われわれの種族〔＝人間〕がもつ理性的で有徳的な意志を支配するときだけでなく、神の意志を方向付けるときにも、何らかの影響を及ぼさないわけがない、いやむしろ一層大きな影響を及ぼす、というような結論が引き出されてしまうのである。〔ところで、〕これら二つの点〔すなわち、関係それ自体と、関係がもつ効果〕は明らかに、別個のものである。つまり、徳を知ることと、意志を徳に一致させることとは別個のものである。それゆえ、正と不正の尺度が永遠の法であるということ、すなわち、その尺度が、あらゆる理性的な精神に対して拘束力を持つということを証明するためには、その尺度が依拠している関係を示すだけでは不十分だということになる。つまり、われわれはまた、その関係と意志の間に結合があることをも示さねばならないし、さらには、この結合が極めて必然的なものであるために、たとえそれぞれの精神の間に、他の点に関しては、測り知れない、果てしないほどの差があるのだとしても、健全な精神であるならばそのようなものには、この結合が生じなければならず、なおかつその結合それ自体に影響力がなければならないということをも、われわれは証明せねばならないのである。さて、すでに私は、人間本性においてさえ、いかなる関係も単独では、何らの行為も生み出すことなどできないということを証明しておいた。これに加えて私は、知性について論じた際に、次のことを示しておいたのである。すなわち、通常想定されている原因と結果の結合ではあるのだが、しかし経験によらずに発見できるような、しかも、それについては、当の対象のみを考察することだけから、それについて何らかの保証を持つなどと申し立てることができるような、そのような結合は存在しない、ということを。宇宙におけるあらゆる存在者は、それだけを考察するのであれば、完全にばらばらで互いに独立しているように見える。経験によってしか、われわれはそれらの間の影響や結合を学ぶことはない。そしてこの影響を、われわれは経験を超えて拡大させてはならないのである。

それゆえ、正・不正についての永遠の理性的な尺度というものを掲げる学説にとって必要とされる一つ目の条件を満たすことは不可能であろう。なぜなら、そのような区別が基づいているような関係というものを示すことが不可能だからである。そしてまた、二つ目の条件を満たすことも不可能である。なぜなら、これらの諸関係が実際に存在し知覚されるとしても、それらが普遍的に強制的で拘束力をもつだろうということを、ア・プリオリに〔＝それについての経験をすることなく〕示すことはできないからである。

とはいえ、以上のような一般的な省察を、より明晰で説得力あるものとするために、それらを説明するにあたって、道徳的に善い評判・悪い評判が、最も普遍的に認められているいくつかの個別事例を用いることができるだろう。人間が犯しうるあらゆる犯罪のうちでもっとも忌まわしく自然に反するものは、忘恩、とりわけそれが、親に対して犯されるような、傷害や死という一層ひどい事例に見られる忘恩である。このことは、一般の人々はもとより、哲学者も含めた人類すべてが認めることである。ところで、哲学者の間に限られるのだが、次のような問いが発せられる。すなわち、こうした忘恩という行為に付随する罪や道徳的なおぞましさは、論証的推理によって発見されるものなのか、それとも内感によって、つまりそのような行為について反省することで、自然と生じる何らかの感情を介して感じられるものなのか、と。この問いは、もし〔人間ではない〕他の諸対象に同じ関係があることを示し、なおかつそれらの対象に何らかの罪や不公正が伴うとは考えないのならば、即座に前者の意見が退けられる形で決着するであろう。理性〔の役割〕、すなわち学知《サイエンス》とは、諸観念を比較することと、それらの間にある諸関係を発見することに他ならない。そして、同じ関係が異なる評判を得るのだとすれば、そうした評判は、理性単独で発見されるものではないということが帰結しなければならないことは明白である。そこで、事柄を今回の試みに適用するために、樫《かし》や楡《にれ》のような生命のない対象を選ぼう。そして次のように想定してみよう。すなわち、その樹の種が〔地面に〕落ちることによって、その樹は自分の足下に若木を生み出す。この若木は次第に成長していき、しまいには親木より高くそびえ、親木を枯らす、と。そこで私は次のように問う。この事例には、親殺しや忘恩において見出されうるような何らかの関係が欠けているだろうか、と。一方の樹〔＝親木〕は他方の樹〔＝幼木〕が存在するための原因であるし、後者〔＝幼木〕は前者〔＝親木〕を枯らしたことの原因であり、これは、人間の子どもが自分の親を殺す場合と同じではないか。〔これに対し、〕選択や意志というものが欠けていると応えるとしても不十分である。というのも、親殺しの事例において、意志は〔人間の場合にだけ特別な〕別の関係をなんら生むわけではなく、意志はただ単に、行為が由来する原因であるに過ぎない。結局のところ意志は、樫《かし》や楡《にれ》の場合には、他の何らかの原理から生じるのと同一の関係を生み出しているからである。〔人間の場合〕意志や選択が人間を決定し、彼の親を殺させる。そして〔樹木の場合〕、物質の法則と運動法則が若木を決定し、それを生んだ樫《かし》を枯らすのである。このように、〔たしかに〕同じ関係に、異なる原因が対応している。だが依然として、関係は同じままなのである。そして、その関係を〔両方の場合に〕発見しても、不道徳という考えが両方の事例に伴うわけではない。したがって、不道徳という考えは、そうした関係の発見からは生じない、ということが帰結するのである。

だがさらに、より似通った例を選んで、誰かに次のように訊ねてみよう。すなわち、人間種における近親相姦にはなぜ罪があるのか、そして動物におけるまったく同じ行為や関係には、なにゆえわずかの道徳的な卑劣さやおぞましさすらないのか、と。これに対する答えが、次のようなものだとしよう。すなわち、この〔近親相姦という〕行為は動物においては罪がない。なぜなら、動物にはその行為の卑劣さを発見するために十分な程度の理性が備わっていないからである。他方で人間には、〔理性という〕能力が与えられており、この能力は、その持ち主を義務へと拘束するべきものである。それゆえ、近親相姦という行為は、人間にとって即座に罪となるのである、というものだとしよう。こう言われるのであれば、私は次のように応答しよう。すなわち、この解答は明らかに循環論である、と。というのも、理性がこの卑劣さを知覚することができる以前に、その卑劣さが先に存在していなければならないからである。したがって、この卑劣さは、われわれの理性の決定とは独立した、別のものであり、理性の決定の結果というよりも、その対象である、と言う方が適切である。逆に、当該の学説にしたがうのならば、感覚能力や欲、そして意志を持つあらゆる動物、すなわち動物すべてには、われわれが人間に対して称賛や非難をあてがうときの理由とする徳・悪徳と同じものがすべて、認められねばならなくなる。〔そして、〕違いはただ、徳・悪徳を発見するのに役立つ理性に関して、動物に比べてわれわれの方が優っていること、およびそのために称賛や非難が増えるという点にあることになる。しかし依然として、この〔理性による徳・悪徳の〕発見ということには、こうした道徳的

468

区別をする際の理性による徳・悪徳の発見とは別のもの、つまり意志や欲にのみ依存し、思考においても現実においても理性とは区別されるであろうものが前提されているのである。動物どうしの間に対しては、人間と同じ関係が認められる。それゆえ、道徳の本質がこれらの諸関係に存するのであれば、〔人間と〕同じ道徳も認められることになるだろう。動物には十分な程度の理性が欠けていることによって、動物は道徳の義務や責務を知覚することができないかもしれない。だが、動物にそうした理性が欠けているからといって、これらの義務が存在することまでなくなってしまうはずはない。というのも、そうした義務が知覚されるためには、それら義務が前もって存在していなければならないからである。理性は、義務を発見せねばならないものではあるけれど、義務を生み出すことはできないのである。以上の議論は、私の考えでは完全に決定的なものなので、重んじられてしかるべきである。

以上の論究が証明するのは、道徳というものが、学知《サイエンス》の対象であるようないかなる関係にも存していないということだけではない。それだけではなく、検討してみると、それは、道徳というものが、知性によって見出すことができるようないかなる事実にも存していないということをも、同じような確かさでもって証明することになるだろう。このうち後者が、われわれの議論の二つ目の部分である。そして、それを明らかにすることができる場合には、道徳は理性の対象ではないと、そう結論を下すことができるだろう。ところで、徳や悪徳とは、その存在を理性によって推論することができるような事実ではないということを証明する際に、何か難しいことがありえるだろうか。悪徳的だと認められる行為、たとえば意図的な殺人について考えてみよう。あらゆる観点から意図的な殺人について検討して、あなたが悪徳と呼ぶ、そういう事実、すなわちそういう実在を見出すことができるかどうか、考えてみよう。意図的な殺人をどのような仕方で取り扱おうと、あなたはある種の情念、動機、意志のはたらき、そして考えしか見出さない。この場合、それ以外の事実はいっさい存在しない。あなたが対象を考察している限り、その悪徳はあなた〔のこころの中〕から完全に消えてしまう。あなたが自分の反省を自分自身の胸のうちへと向けて、そして、自分の中に生じる、この〔意図的な殺人という〕行為へと向けられる否認の感情を見出すまで、その悪徳を見出すことは決してできないのだ。〔確かに〕ここには事実がある。だが、この事実は、感性（feeling）の対象ではあるが理性の対象ではない。この事実は、あなた自身のうちにあるのであって、対象のうちにあるのではない。それゆえ、あなたが何らかの行為や性格が悪徳であると宣言するときに意味しているのは、その行為や性格を念頭に置くとき、あなたの本性の構造から、あなたは非難の感じ、ないし感情を抱くということに他ならないのである。それゆえ、徳と悪徳は、音、色、熱や冷と同じものとみなすことができるだろう。現代の哲学に従えば、これら〔音、色、熱や冷〕は対象のうちにある特性ではなく、こころのうちに生じる知覚なのである。そして、道徳におけるこの発見は、自然学におけるその他の発見と同様、理論的学問における重大な進展として考えられるべきである。とはいえ、道徳における上記の発見は、これまた自然学の場合と同じように、実践に対してほとんど、いやまったく影響を及ぼさないものである。われわれ自身が抱く快や心地悪さという感情以上に実在的であり、そしてわれわれの関心を惹くものはありえない。さらに加えて、これらの感情が徳を支持し、悪徳を支持しないのだとすれば〔それで十分なのであり〕、それ以上にわれわれの振る舞いや行動を規制するために必要なものはないのである。

469

私は以上の推理に、次の所見を付言せずにはいられない。おそらくこの所見には、なんらかの重要性が見出されるだろう。これまで道徳について述べた学説に出くわすたびに、私はいつも次のことに気がついていた。その〔学説を説明する〕著者は、しばらくの間、通常のやり方で議論を進め、次に、神の存在を打ち立てたり、人間に関わる事柄について所見を述べたりする。このとき不意に私は、次のことを発見して、驚くのである。すなわち、命題を通常繋ぐものである繋辞〈である〉〈でない〉の代わりに、〈べき〉〈べきでない〉で繋がれていない命題に出くわさないことがないのである。この変化は気づきにくいものではあるが、それにもかかわらず、この上なく重大なものである。というのも、この〈べき〉〈べきでない〉は、ある何らかの新しい関係があることを表明し、または確認しているのだからである。それゆえ、それを確認してきちんと述べ、そして説明すること、そしてさらに、それだけでなく、それと同時に、そうしたまったく考えもつかないように思われることに対しては、どのようにしてその新たな関係が、それとはまったく異なる他の諸関係から演繹されるのかということの理由を与える必要がある。しかし、著者たちは通常、前もってこうした用心をしていないので、私は不躾に、敢えてこうした用心を読者にお勧めしよう。そして、このわずかな注意によって、道徳に関する通俗的な学説すべてが覆されると、私は確信している。徳と悪徳の区別が、対象間の諸関係にのみ存するのではないということ、そして、その区別が理性によって知覚されるものではないということが、少し注意してみれば、どうであろう、分かるのではないか、そのように私は確信しているのである。

第二節　道徳的区別は道徳的感覚に由来する

かくして、上述の議論の流れにしたがって、われわれは次の結論に至る。すなわち、徳や悪徳は、単に理性によるのみでは、つまり観念を比較するだけでは発見できないものであり、よってわれわれが、徳と悪徳の間の差異を表すことができるのは、徳や悪徳が引き起こすなんらかの印象、すなわち感情によるのでなければならない、という結論に至るのである。道徳的な方正と腐敗に関するわれわれの決定が、知覚以外にはないということは明らかである。そして、知覚はすべて、印象か観念かのどちらかに他ならないから、一方〔観念〕を退けることは、他方〔印象〕を支持するための説得力ある議論となる。それゆえ、道徳とは、判断されるというよりも感じられるという方が適切なのである。とはいえ、この〔道徳の〕感じ・感情は、一般にとても穏やかで、もの静かである。それゆえ、互いに酷似しているものはすべて同じものだと考えてしまうわれわれに通常見られる習慣のために、われわれはそれ〔道徳の感じ・感情〕を、観念と混同してしまいがちなのである。

次に問うべきは、これらの印象がどのような本性をもち、どのような仕方でわれわれに対してはたらきかけるのか、ということである。〔とはいえ、〕われわれは、ここで、長くとどまってはいられない。われわれは、徳から生じる印象は快適であり、悪徳が生む印象は不愉快である、と断言せざるをえない。このことを、あらゆる場合の経験が、われわれに納得させるはずである。崇高で気前のよい行為ほど麗しく美しいものはない。そしてまた、残酷で不実な行為以上に、われわれに憎悪を抱かしめるものはない。われわれが愛し尊重する人との交流から受けとる満足感に匹敵するほどの楽しみはない。同じように、あらゆる罰の中でも最悪のものは、自分たちが憎み軽蔑する人とともに人生を送らねばならないことである。まさに演劇や物語の中に、徳がわれわれにもたらすこうした快や、悪徳から生じる苦についての、いくつもの事例を見てとることができるだろう。

さて、道徳的な善悪を知るときに特徴的な印象とは、特定の快または苦に他ならないのであるから、そこから帰結するのは、これらの道徳的区別に関するあらゆる探究においては、次のような原理を示しさえすれば十分であろう、ということである。すなわち、なんらかの性格を眺めると、その性格がわれわれに満足感や心地悪さを感じさせるような原理を示せばよいのであり、そうすれば、なぜその性格が称賛に値するのか、または非難に値するのかという理由についてわれわれは納得するであろう。ある行為、感情、ないし性格は、有徳的な、または悪徳的なものである。なぜか。なぜなら、それを見ることによって特定の種類の快または心地悪さが、わき起こるからである。それゆえ、そうした快や心地悪さのわき起こる理由を説明すれば、われわれは徳や悪徳について十分に説明していることになる。徳の感覚を覚えるということは、ある性格をじっくり見据える（contemplation）ことによって、特定の種類の満足感を感じることに他ならない。その感じそのものが、われわれの称賛や賛美を構成している。われわれは、それ以上先に進まない。そしてまた、その満足感の原因へと探究を進めることもない。われわれは、ある性格が快を与えるから、その性格が有徳だと推論するのではない。そうではなく、ある性格がそのような特定の仕方で快を与えているのを感じるとき、われわれは実際に、その性格が有徳だと感じているのである。同じことは、あらゆる種類の美しさ、趣味、そして心情(sentiments)に関する判断にも当てはまる。われわれの是認は、それら美しさ、趣味、そして心情がわれわれに伝える直接的な快のうちに示されているのである。

私はこれまで、正不正に関する永遠で合理的な尺度というものを打ち立てる学説に対し、次のように反論してきた。すなわち、理性的な生物の諸行為に対しては、外的事物の間に見られないようないかなる関係も、示すことができない。それゆえ、仮に道徳というものが常にこれらの関係に伴うのだとしたら、生命を持たない物体が有徳的・悪徳的なものになるということが可能になってしまう、と。ところで、同じようにして、目下の〔ヒュームの〕学説に対しても、次のように反論されるかもしれない。すなわち、もし徳と悪徳が快と苦によって定められるのであれば、これら徳・悪徳という特性は、あらゆる場合に、快苦の感覚から生じなければならない。その結果、いかなる事物も、それが生命を持つものであれ持たないものであれ、理性を持つものであれ持たないものであれ、それが満足感や心地悪さを引き起こすことができる限り、道徳的に善いもの・悪いものとなってしまうだろう、と。しかし、この反論は〔上述のものと〕まったく同じように見えるが、決してそうではない。この反論は、一方〔=ヒュームの学説〕においては、他方〔=正不正の永遠で合理的な尺度を主張する学説〕におけるのと同じ力を、まったく持たない。というのも、第一に、次のことは明らかだからである。すなわち、快という名辞に含まれる諸感覚は、互いに大きく異なっており、それらの諸感覚には、それらを同じ抽象的な〔快という〕名辞で表現するために必要となる類似など、ほんのわずかしかないからである。〔たとえば、〕素晴らしい音楽作品や素晴らしいワインは、どちらも快を生む点で

472

等しい。さらに、それらの素晴らしさは、その快のみによって定められる。だが、これを理由に、そのワインが耳に快いとか、その音楽からはよい香りがするなどと言うだろうか。同じように、生命のない事物も、ある人物に備わっている性格や心情も、両方とも満足感を与えうる。だが、それらの満足感は異なっており、このゆえに、それらに関するわれわれの感情は混同されることがなく、われわれは徳を一方に帰しても、他方に帰すことはないのである。そしてまた、性格や行為から生じる快・苦の感情のことごとくが、われわれに称賛や非難をせしめる特殊な種類のものなのではない。敵の善い特性はわれわれにとって有害である。とはいえ、それでもその特性は、われわれの尊重や尊敬を集めるだろう。ある性格が道徳的に善い・悪いと呼ばれるような感じ・感情を引き起こすのは、その性格が一般的に、しかも、われわれの個別利害に準拠せずに考察される場合に限られる。確かに、利害と道徳とから生じるような感情は混同されがちであり、互いに自然に混ざり合う。そのため、われわれが敵を悪徳的だと考えないことは滅多に起こらないし、また、敵と自分たちが対立していることと、敵の真の非道さや下劣さとを、われわれが区別できるということも、滅多には起こらない。しかし、だからといって、諸々の感情が、それら自体、区別されないということにはならない。つまり、落ち着きがあって判断力を備えた人は、こうした間違った考えに陥らないようにすることができるだろう。同じようにして、確かに、歌声とはそもそも、特定の種類の快をもたらすものに他ならない。だが、敵の声が心地よいと感じとることは難しいし、敵の声が耳に快いと認めることも難しい。とはいえ、優れた聴覚をもち、かつ自分を自制できる人物は、これらの感じを、適切に分類することができるし、称賛をそれに値するものへ与えることができるのである。

第二に、われわれの論じている類《たぐい》の苦や快がもっている、より一層顕著な違いについて述べるために、すでに〔第二巻で〕論じた、情念についての学説を思い出していただこう。誇りと卑下、愛と憎しみが引き起こされるのは、情念の対象と関係をもち、かつ情念に含まれる〔快か苦の〕感覚と関係しつつも、それとは別個の〔快か苦の〕感覚を生み出すなにかが、われわれの目の前に現れる場合である。ところで、徳と悪徳にはこうした事情が伴われている。〔つまり、〕徳と悪徳は必ず、われわれ自身か他者かのどちらかのうちにあると設定されていなくてはならないし、快か不快かのどちらかを引き起こすに違いない。それゆえ、徳と悪徳は上記の四つの情念のうちの一つを生み出すに違いないのである。以上のことが、徳と悪徳から生じる快と苦を、自分たちとはまったく関係ないことの多い、生命を持たない事物から生じる快と苦から区別するものであることは明らかである。そして、おそらくはこのことこそが、徳と悪徳が人間のこころに与える最も顕著な効果・結果なのである。

473

さて、道徳的な善悪を区別するこの苦と快に関して、一般に次のように問うことができるだろう。すなわち、この苦と快は、どのような原理に由来し、どこから人間のこころに生じるのか、と。私はこの問いに対して、第一に、次のように応答する。すなわち、これら快と苦の感情が、そのあらゆる個別事例において、根源的な特性や原初的な構造によって生み出されると想像するのは不合理である、と。というのも、われわれの義務の数は、いわば無限個あるので、われわれの根源的な本能が、ひとつひとつの義務にまで及び、生まれ落ちたまさにその時点から、倫理学の最高度に完璧な学説に含まれているような数多くの教訓すべてを、人間のこころに刻印するはずだとするのは、無茶だからである。そのような議論の進め方は、自然の営みを導くところの一般根本原則と折り合わない。すなわち、自然においては、宇宙に見られるすべての多様性は少数の諸原理によって生み出されるのであり、すべてのことはもっとも平易かつもっとも単純な仕方で営まれているのである。それゆえ、先ほどのように想像したくなる気持ちを抑えて、そして道徳に関するわれわれの考えすべてが基づく、いくつかのより一般的な原理を見出すことが必要なのである。

しかし第二に、われわれはこれらの諸原理を、自然のうちに探し求めるべきかどうか、あるいは、われわれはそれらの諸原理を〔自然とは〕別の何らかの起源のうちに探さなければならないかどうかと問われたとしよう。その場合、私は、次のように答えることにしたい。すなわち、この問いに対する答えは、「自然」という言葉の定義によるが、しかし「自然」という言葉ほど、曖昧で多義的なものはないのである、と。自然という言葉が「奇跡」に対置される場合には、「自然的」ということは、徳と悪徳の間の区別だけでなく、これまで世界に生じたすべての出来事にも当てはまる。ただし、われわれの宗教が基づくところの奇跡は例外扱いされるわけだが。したがって、徳と悪徳の感情が上記の意味で自然的であると述べたところで、何かとてつもない発見をしているわけではまったくない。

しかしまた、自然を、「希少」や「通常見られない」とも対置することができるだろう。そして、その自然という言葉が、その意味で用いられる場合（この用いられ方が一般的であるが）には、何が自然的か反自然的かということに関する論争がしばしば生じることだろう。そして、こうした論争に決着をつけるための完全に正確な基準などいっさいないと主張されるのが一般的であろう。「頻繁」か「希少」か、というのは、これまで観察された事例の数に依存する。そしてこの数は次第にゆっくりと増えることもあれば減ることもありうるので、事例の間に何らかの厳密な境界をもうけることなど、まったくもって不可能だろう。この項目については次のように主張することしかできないだろう。すなわち、この頻繁という意味で「自然的」と呼べるような何かがそもそも存在しているとするならば、道徳の感情というものが自然的と呼ばれてよいのは確実だろう。というのも、世界のどのような民にあっても、そしてまた、民の中のいかなる一個人にあっても、道徳の感情を完全に奪われてしまうことはなかったし、いかなる事例においても、諸々の風習（manners）に関して、わずかの是認や反感をも示さないなどということはなかったからだ、と。こうした感情はわれわれの体質・気質や気性に深く根ざしているので、人間のこころを病気か狂気によって完全に混乱させないのであれば、これらの感情を根絶したり破壊したりすることはできないのである。

　ところで、自然は、希少で通常は見慣れないものだけでなく、同様にまた、人為的・人工的なものにも、対置されうる。そしてこの意味でも、徳についての考えが自然的か否かについて、言い争われることだろう。人間が行動を起こすときには、人間の企てや計画・見解といったものが、熱や冷、潤いや乾きと同じように必要な原理である、ということを、われわれはすぐに忘れてしまう。しかし、そのように企て、計画し、見解をもつことは自由であると考え、それらが完全に自分のものであると考えることで、われわれは通常それらを、自然のもつ他の諸原理と対置させるのである。それゆえ、徳の感覚とは自然的なものなのか人為的なものなのか、と問われるとするなら、私の意見は、いまのところこの問いに対しては、何らかの正しい答えを与えることができない、というものになる。おそらく後に明らかになることだろうが、ある種の徳に関する感覚は人為的・人工的なものであり、それとは別種の徳に関する感覚は自然的なものである。この

475

問いについての議論をさらに展開するのは、個別の徳と悪徳それぞれに関する詳しい内容に立ち入るときが、一層ふさわしいだろう(4)。

(4) 以下の議論では、「自然的」が「法的(civil)」と対置されることもあれば、「精神的(moral)」と対置されることもある。その対立関係によって、「自然的」が用いられるときの意味は常に明らかとなるだろう。

その一方で、自然的および反自然的ということに関する、ここまでの定義づけから、徳とは自然的なものと同じであり、悪徳とは反自然的なものと同じであると主張するような学説以上に、非哲学的なものはありえない、という見解を述べることは間違いではないだろう。その理由は以下のとおりである。すなわち、第一の、奇跡に対置される場合の「自然」という言葉の意味では、徳と悪徳は双方とも、自然的であるという点で等しい。次に、第二の、通常見慣れないものに対置される場合にはおそらく、徳は最も反自然的なものである、と見なされる。少なくとも、英雄的な徳は反自然的なものであるので、もっとも残忍な野蛮さと同じくらい自然的である割合が低い、ということが認められるべきである。最後に、第三の意味について言えば、徳と悪徳は双方ともに〔人間の存在を含んでいるという意味で〕人為的なものであり、そして、〔人間の存在を含まない〕自然の域外にあるという点で、相等しい、ということは確かである。というのも、特定の行為には称賛に値する美点、および非難に値する汚点があてがわれるという考えが、自然的なのか、それとも人為的なのか、という問いについてどれほど論争されるとしても、行為そのものは人為的なのであり、特定の企てや意図でもって遂行されるということは明らかだからである。逆に、そうでないならば、行為そのものを、これら〔称賛や非難〕の呼称のいずれかに分類することなど決してできないであろう。以上から、自然的と反自然的という特徴によっては、いかなる意味においても、徳と悪徳の境界を示すことは、決してできないのである。

以上からわれわれは、やはり再度、最初の立場に、つまり、徳とは快によって識別され、悪徳とは苦によって識別されるとみる立場に、戻らされることになる。そして、徳と悪徳とを区別するこの快苦は、何らかの行為・感情・性格を単に眺めたり、じっと見据えたりすることによって、われわれにもたらされるものなのである。このような決着は極めて便利なものである。なぜなら、このように決着することによって、われわれの問題は、次のような単純な問題となるからである。すなわち、なぜ、何らかの行為・感情・性格は、それを一般的に眺める・見据えるだけで、ある特定の満足感・不快感を生むのか、と問えば済むことになるからであり、また、そのように問うのは、その道徳的方正や腐敗の起源を示すためなのであるが、その際〔それを示す際〕に、自然においてもわれわれの想像上にすらも、かつて存在したことがないような不可解な、なんらかの関係や特性を、なんとか明晰判明に思い浮かべようとしなくてもよくなるからである。この〔われわれの〕問いは、曖昧さと不明瞭さから完全に免れているように思われるので、この問いを立てることで、私は、自分の目下の企ての大部分を自分が成し遂げてしまったと、誇りに思うのである。

476

第二部　正義と不正義について

第一節　正義は自然的徳か、それとも人為的徳か

すでにほのめかしていたことだが、あらゆる種類の徳の感覚が自然的なもの〔＝人間本性に自然と備わっているもの〕なのではない。そうではなく、ある種の徳は、人類が直面する事情、および人類に不可欠なもの、この二つに由来する人為や考案によって、快や是認を生み出すものである。正義が、この種の徳である、と私は主張する。そして、望むらくは簡潔で説得力を持つ論証によって、この私の意見の擁護につとめ、その後に、そうした徳の感覚が由来するところの人為の本性について検討することにしたい。

明らかなことだが、どんな行為であれ、われわれがそれを称賛する場合に顧慮するものは、その行為を生み出した動機だけであり、行為それ自体は、こころや気質に備わる特定の原理を表す印、すなわちそういう原理の存在を指し示すものだと、われわれは考えている。行為遂行の外面的な現れに、称賛に値する美しさはない。道徳的な特性を見つけだすためには〔当該の行為者の〕内面に、目を向けねばならない。〔とはいえ〕われわれはこのことを、直接おこなうことができない。それゆえ、われわれは自分たちの注意を、外面に現れる印としての行為に固定するのである。しかし、これらの行為が印として考えられていることに変わりは

ない。つまり、称賛や是認の究極的な対象は、それらの行為を生み出した動機なのである。

同じように、われわれが何らかの行為を命じる場合、あるいは命じられた行為を遂行しなかったという理由で人を非難する場合、そのような〔当該行為の遂行を命じられている〕状況にいる者は、その行為を生み出すのに適した動機の影響を、受けているはずだと、われわれは常に想定しており、それゆえわれわれは、そういう影響を蔑ろにしていることを、その人物における悪徳さであると見なすのである。〔ただし、〕よくよく調べてみた結果、有徳な動機がその人物の胸中で依然として強力に影響してはいたものの、われわれにはわからない何らかの事情により、その動機がはたらく際に〔その動機の影響は〕妨害されてしまったということが判明するのならば、われわれは自分たちの非難を撤回し、もし命じられたその行為を彼が実際に遂行していたならば与えたであろうものと同じ評価を、彼に対して与えるのである。

こうしたことのゆえに、われわれに分かってくるのは、有徳な行為はすべて、その称賛に値する美点を、有徳な動機のみから引きだすのであり、また、行為はそれら有徳な動機の印としてしか考えられていない、ということである。この原理から私は、次のように結論する。すなわち、なんらかの行為を、称賛に値する美しいものとする最も重要な有徳な動機は、その行為の有徳さへの顧慮・評価では決してありえず、ある他の自然的動機ないし原理でなければならない、と。当該の行為を有徳的だと顧慮・評価するだけで、それが、最も重要な動機となってその行為を生みだし、そしてその行為を有徳的なものとしたのだと想定するのは、循環論である。そのような顧慮・評価をすることが可能である以前に、その行為は実際に、有徳的なものでなければならない。つまりこの徳は、何らかの有徳な動機に由来しなければならないのである。したがって、有徳な動機は、その行為の有徳さの顧慮・評価とは別ものでなければならないのである。行為を有徳的なものにするためには、その行為を生み出す有徳な動機が必要なのである。ある行為をわれわれが有徳的だと顧慮・評価することが可能である前に、その行為はすでに、有徳的でなければならない。それゆえ、何らかの有徳な動機が、その顧慮・評価に先立っていなければならないのである。

以上の議論は、〔いわゆる〕形而上学的な、こまごまとした詮索にすぎないようなものではない。もしかすると、以上のことは、この上なく判明な哲学の言葉によっては、それを提示することができないのかもしれないけれど、しかし、普段の生活におけるわれわれのあらゆる推理に関係しているものなのである。〔たとえば、〕われわれは、自分の子どもの育児を放棄したという理由で、その子の父親を非難する。なぜか。それは、育児放棄が、あらゆる親の義務であるところの自然的な愛情が欠如していることを、示しているからである。〔しかし、もし〕仮に自然的な愛情が義務ではなかったとしたら、子どもたちの養育が、われわれの義務にはならなかっただろうし、われわれが自分たちの子や孫に注ぐ注意のうちに、その義務を思い浮かべることもありえなかっただろう。それゆえ、この場合、すべての人々は、その行為に対する、義務感とは別個の動機〔＝自然的な愛情〕を想定しているのである。

ここにある人がいるとしよう。その人は数多くの善行をする。たとえば、困窮している人を救済したり、病気で苦しんでいる人々を助けたりするなど、彼の恵み深さは、まったくの赤の他人にまでも拡がる。彼の性格以上に愛すべき有徳な性格など、他にはありえない。われわれはこれらの行為を、この上ない人間性の証拠とみる。この人間性こそが、彼のそれらの行為のすべてを、称賛に値する美しいものとするのである。

それゆえ、彼の諸々の行為が美しいと顧慮・評価をすることは、二次的な考慮にすぎない。彼の行為の美しさは、人間性という先行する原理に由来しているのであり、この人間性こそが、価値を持ち、称賛に値するものなのである。

以上をまとめると、次のことを疑いようのない根本原理として打ち立てることができるだろう。すなわち、いかなる行為も、その道徳の感覚とは別に、それを生み出す何らかの動機が人間本性のうちにないのであれば、有徳的であるとか道徳的に善いということはありえない、ということを。

ところで、道徳の感覚、すなわち義務感は、なにかそれとは別の動機がないと、行為を生みだしえないのか〔と問われるとしよう〕。私の答えは、生みだしうる、である。とはいえ、この答えは目下の〔ヒュームの〕説に対する反論にはならない。何らかの有徳な動機や原理が、人間本性のうちにごく普通に備わっているような場合、その原理が自分の性根(heart)には欠けていると感じる人は、そのために自分自身を憎み、そして当該の動機を持たずとも、ある種の義務感から、その行為を遂行し、実践することを通じて、その有徳な原理を獲得しようとするか、少なくとも、その原理が自分に欠けていることを、できる限り自分自身に対して隠そうとする。自分の気質のなかに感謝の念をまったく感じとれない人は、それでもやはり、感謝を示す行為を遂行することに喜びを感じ、当該行為の遂行を通じて、それでもって自分が義務を果たしたと考える。行為は、初めのうちは動機の印として考えられているにすぎない。しかし、このような場合にふつう起こっているのは、他のあらゆる場合でも同じことであるが、注意を印に固定し、そして、その印によって意味されている事柄をある程度無視するということである。だが、たとえ人は、ある場合には、何らかの行為の道徳的責務への顧慮のみから、その行為を遂行することがあるとしても、しかし、このこともやはり、依然として想定されているのは、人間本性のうちには〔その責務とは〕別個の原理があって、この原理によって行為が生み出され、その原理の道徳的な美しさによって、その行為は価値あるものとなっているのだ、ということなのである。

さて、以上の事情すべてを目下の事例に当てはめてみよう。ある人が私に対して、数日で返済するという条件で、ある額のお金を貸してくれると仮定しよう。そしてまた、合意した期限が過ぎた後、彼が〔私に〕金を返すよう要求すると仮定しよう。そこで私は次のように尋ねる。私がそのお金を返す際の理由や動機とは、どのようなものなのか、と。〔これに対し、〕もしかすると次のように言われるかもしれない。すなわち、私に、正直さ、あるいは義務と責務の感覚がほんのわずかでもあるのなら、私が正義を顧慮していることと、非道さと詐欺に対する嫌悪感の二つが、私にとって〔お金を返す〕十分な理由になる、と。そしてこの答えは、文明化された状態にいる人、そしてある種の規律や教育によって訓練されている人にとってなら、正しく満足のいくものであるに違いない。だが、人が野蛮な状態、どちらかと言えば〔そのような状態を自然的と呼びたいのであれば〕自然的な状態にいる場合、この答えは、まったくもって理解できない詭弁として退けられることだろう。というのも、そのような〔自然的な状態にいる〕場合、私は即座に、次のように尋ねられるだろうからだ。すなわち、借金を返済したり、他人の所有物に手を出すのを慎んだりする際に見られるこの正直さと正義の本質は、いったいどこにあるのか、と。正直さと正義の本質が、外面に現れる行為にはない、ということは確かである。それゆえ、正直さと正義の本質は、外面に現れる行為を生み出す動機に置かれなければならない。この動機は、その行為の正直さを顧慮・評価することではありえない。なぜなら、ある行為を正直なものにするために、ある有徳な動機が必要であると同時に、その正直さへの顧慮・評価がその行為の動機である、と言うことは明らかな誤謬であるからだ。ある行為が、先立って有徳的でないのであれば、その行為の有徳さを顧慮・評価することはできない。何らかの行為が有徳な動機から生じていないのであれば、その行為が有徳的だということはありえないのである。それゆえ、有徳な動機は、その有徳さの顧慮・評価に先行していなければならない。すなわち、有徳な動機と、その有徳さの顧慮・評価とが同じであるというのは、ありえないことなのである。

そこで、正直さへの顧慮・評価とは別個に、正義の行為と正直な行為を生み出す何らかの動機を見つけだすことが必要になる。だが、ここに大きな困難がある。というのも、われわれの個人的な利益、あるいは名声への関心が、あらゆる正直な行為を生み出すのにふさわしい動機である、と言うとしたなら、それらに対する関心が消え失せる場合にはいつでも、正直さが存在する余地は、もはやなくなってしまう、ということになるからである。他方で、確実に言えることだが、自愛が自分勝手に動き、はたらいて、われわれを正直な行為に縛り付けることをやめてしまう場合には、自愛は、あらゆる不正義と暴力の源となる。そしてまた、人は、そのような欲の自然的な動きを正したり抑えたりしないと、そのような悪徳を正すことなども、決してできないのである。

ところで、次のように主張されたとしよう。すなわち、そのような〔正義の・人為的徳の〕行為の理由や動機は、公共的な利益（public interest）に対する顧慮・評価である。なぜなら、それ以上に、不正義や不正直の諸事例と反対のものはないからである、と。このように言われたとすれば、私は、注目に値するものとして、以下の三つの考察を提出しよう。第一に、公共的な利益というものは、正義の諸規則を遵守することに、本来、自然に付着しているのではない。そうではなく、公共的な利益が正義の諸規則の遵守と結びつくのは、これらの諸規則を打ち立てるための、人為的な打算的協調《コンヴェンション》（convention）（訳注3）といったことが成立した後でしかない。このことは、後ほど、より詳しく見ることになるだろう。第二に、借金が秘密のものであった 481
として、そしてまた（お金を貸す人が自分の財産を隠そうとする場合のように）お金を秘密裡に返済されること

（訳注3）これまで国内のヒューム研究においては、“convention”に対してさまざまな訳語が与えられてきた。たとえば「取り決め」（内井惣七［1988］）、「黙契」（神野慧一郎［1996］）、「黙約」（柘植尚則［2009］、坂本達哉［2011］）、「慣習」（矢嶋直規［2012］）などを挙げることができる。また、ヒューム生誕三〇〇年を記念して特集が組まれた岩波書店の『思想』［2011］、および2012年に刊行された法政大学出版局の訳書『人間本性論　第三巻　道徳について』では「合意」という訳語が採用されている。

本訳では、ヒューム自身が社会契約論批判を展開していることを重視し、少なくとも「約束」や「同意」を連想させるような訳語を採用すべきではないと考えた。その上で、後に見られるように、ヒューム自身が「一致（agreement）」とも言い換えて説明していること、舟のオールを漕ぐ事例では言葉を交わすことさえせずに他者（＝赤の他人）に合わせよう・同調・協調しようとしている様子が見てとられること、そして、自分と他者（＝赤の他人）の間の利益について知性を用いて比較考量するプロセスがあること、以上を総合的に勘案して、“convention”には、「打算的協調」あるいは「協調行為」など、「協調」という概念を軸にした訳語を採用することにした。なお、これ以降、“convention”の訳出にあたっては、それと分かるように、フリガナで「コンヴェンション」とルビを振ることにする。

が、お金を貸す人の利益のために必要であると仮定しよう。この場合、この例は、〔公共的な利益が正義の動機であることの〕例ではなくなってしまう。そして、公共の人々はもはや、お金を借りた人の行為に、関心を持つことはない。しかし、私の想定では、そうであるからといって、この場合、義務や責務がなくなってしまう、などと主張するような道徳学者は一人もいないのである。第三に、経験が十分に証明していることだが、人々は、日常生活を営む中で、債権者にお金を支払ったり、約束を履行したり、窃盗や強盗、そしてあらゆる種類の不正義を思いとどまるときに、公共的な利益といった縁遠いものへと、目を向けることはない。公共的な利益は、人心からきわめて縁遠く離れたところにある崇高すぎる動機であるために、大多数の人たちが、その影響を受けることのないものであるだけでなく、私的な利益にしばしば反対するような正義の諸行為、すなわち普通の正直な行為を実行する際にも、まったく力を発揮しないのである。

一般に、次のように主張しても構わないだろう。すなわち、人間のこころには、人類愛のような情念、つまり個人的資質、職責、あるいはわれわれ自身との関係からは独立した、純然たる人類愛のような情念など存在しない、と。たしかに、どんな人間であっても、そしてまったくのところ、可感的であるなら、それがどんな被造物であっても、それらの幸不幸が、われわれの近くへ運ばれて、〔そのために〕活き活きとした色合いをもって現前する場合には、それは、われわれのこころを動かさないわけがない。しかしこのことは、単に共感（sympathy）によって生じているのであり、人類に対する、上記の普遍的な愛情のようなものの証拠にはならない。というのも、この関心は、人間という種を超えて拡がるからである。男女両性間の愛情が、人間本性に植え付けられた情念であることは明らかである。そしてこの情念は、特有の徴候を示しながら現れるだけではない。この情念は、愛情に関係する他のすべての原理を燃え上がらせながら現れるのである。つまり、男女両性間の愛情とは別の場合に、美やウィットや親切さから流れ出るであろうものよりも、一層強い愛を、美やウィットや親切さから呼び起こしながら現れるのである。仮に、人間という被造物すべてに、普遍的な愛があるのだとすれば、それは、同じようにして〔つまり、男女間だけでなく、すべての人間関係において〕現れることだろう。善い特性は、それがどんな程度のものであっても、それが原因となって引き起こす愛情は、同じ程度の悪い特性が原因となって引き起こす憎しみ以上に、強い愛情であることだろう。だが、こうしたことは経験によって見出されるものとは反対である。人々の気性はさまざまである。つまり、優しい情緒を抱きがちな性向を持つ人もいれば、荒々しい情緒を抱きがちな性向を持つ人もいる。しかし大部分に関しては、次のことを肯定することくらいはできるだろう。すなわち、一般に人とは、つまり人間本性とは、愛と憎しみ両方にとっての「対象」になるものに他ならず、また、〔愛や憎しみの情念を引き起こすためには〕別の何らかの原因が必要となる、つまり、その原因が、印象と観念の二重関係によって、そうした愛や憎しみの情念を引き起こすことが必要なのである、ということを。(訳注4) この仮説から逃れようとしても無駄であろう。人々の称賛に値する美しさや他のあらゆる事情には依存せずに、人々に対するそのような親切な情緒をもつことがあると指摘してくれるような、そんな現象は存在しない。われわれは一般に、仲

(訳注4) 人(人格)が「愛」「憎しみ」といった間接情念の対象となること、そしてそれら間接情念には、印象と観念の二重関係が伴うことについては、『人間本性論』第二巻「情念について」第二部の第一節および第二節を参照。

間を愛する。といってもそれは、われわれが他のあらゆる娯楽を愛するのと同じである。イタリアにわれわれがいれば、そこで出会う英国人はわれわれの友人である。中国にわれわれがいれば、そこで出会う欧州人はわれわれの友人である。そして、どんな人間でも、仮にわれわれが彼と月で出会ったとしたなら、友人として愛されることだろう。だがこれは、われわれ自身に対する関係からのみ生じることである。つまり、われわれ自身に対する関係は、こうした場合に、少数の人に限定されることによって、力を増すのである。

それゆえ、もしも、公共的な善意、すなわち人類の利益への顧慮・評価が、正義の原初的な動機ではありえないのだとしたら、言うまでもなく、私的な善意、すなわち当該関係者の利益への顧慮・評価も、正義の動機ではありえない。というのも、相手が私の敵だとして、私がその人を憎む正当な原因を、その人が私にもたらしていたとすれば、どうだろうか。相手が悪徳な人で、すべての人類の憎しみに値するとすれば、どうだろうか。相手が守銭奴で、私がその人から奪おうとするものが、彼によってまったく利用されないとするならば、どうだろうか。相手が浪費をする放蕩者であり、〔彼が〕沢山所持することによって、利益よりも害を〔彼が〕被る場合、どうだろうか。私が必要に迫られていて、自分の家族に対して何かを獲得するという喫緊の動機を持っている場合、どうだろうか。これらの事例すべてにおいて、正義への元々の動機は消え失せるのであり、その結果、正義そのものが消え失せ、それとともに所有、権利、そして責務といったものはすべて、消え失せるであろう。

裕福な人には、必要に迫られている人々に対して、自分が持っている余分なものの分け前を渡さなければならない道徳的責務がある。（しかし）もし、正義の本来の原初的動機が、私的な善意であるとしたならば、人には、自分が他人に与えるよう義務づけられるもの以上に多くのものを、その他人が所持したままにしておくようにすることまでもが義務づけられている、ということになるだろうか。いずれにしても、与えるか与えないかの差異はほとんど取るに足らないわずかなものであろう。〔しかし〕一般に、人々が自分の情緒をしっかりと向けて固着させる対象は、自分がまったく享受しなかったものであるよりは、自分が現に所持しているものの方なのである。そういうわけで、人から何かを奪う方が、その人に何かを与えないよりも、一層残酷なことになるのであろう。それなのに、これ〔＝私的な善意〕こそが正義の唯一の根拠だなどと、誰が主張するだろうか。

以上のことに加えて、われわれは次の事実を考察せねばならない。すなわち、人々が自分の所持物に極めて強く固執する主な理由は、人々が自分たちの所持している物を、自分たちの所有と見なしている、つまり、侵されることがないよう社会の法によって自分たちに確保されているものと見なしている、という事実である。だがしかし、これは二次的な考察であり、正義や所有という先行する考え方に依存している考察なのである。

所有は、考えられる限りのあらゆる場面で、他のあらゆる人から守られていると想定されている。しかし、財産の所有者に向けられる私的な善意は、ある人々の場合は、別の人々の場合よりも、弱いものであるはずである。そして多くの、否、実際にはほとんどの人々において、私的な善意は、完全に消え失せているに違いない。それゆえ、私的な善意は正義の原初的動機ではないのである。

以上の議論すべてから、次のことが導かれる。すなわち、われわれにはもともと、公正さそのものと、公

483

正の法を遵守することによって付与される美点以外に、公正の法を守るための客観的・実在的で、普遍的な動機が与えられているのではない、と。そして、いかなる行為も、それがその行為とは別の何らかの動機から生み出されたのでない場合には、公正であると認められたり、称賛に値する美しさがあると認められたりすることはありえないので、ここには明白な詭弁と循環推理があることになる。それゆえ、自然が詭弁を打ち立ててきたこと、および詭弁を必然的で不可避なものとしてきたこと、このことを認めないのであるならば、正義と不正義の感覚は自然に由来するものではなく、教育と、そして人間の打算的協調《コンヴェンション》から、必然的にではあるが、人為的に生じるものであることが、認められねばならない。

以上の推論の補足事項として、私は次のことを付け加えよう。すなわち、行為に、道徳の感覚とは別個の、何らかの動機、言い換えると、推進力を持つ情念がないのであれば、いかなる行為も称賛されたり非難されたりすることはありえない。それゆえ、これらの別個な情念は、道徳の感覚に極めて大きな影響を及ぼすに違いない。人間本性にあるそうした情念の一般的な力に照らしながら、われわれは非難や称賛を行なうのである。〔たとえば、〕動物の身体の美しさについて判断するとき、われわれはいつも、特定の種類の動物において、その身体のそれぞれの部分がどのように配置されているのかということに目を向ける。そして、その四肢と造りがその動物種に共通して見られる割合を保っている場合、それら四肢と造りは立派で美しいものだ、と言うのである。これと同様に、われわれが徳と悪徳について決定するときにはいつも、情念の自然の、そして通常の強さについて考えている。そして、もし情念が共通の尺度から、いずれかの側へと大きく外れているのなら、そのような情念はいつも、悪徳として否認されるのである。〔たとえば、〕人は、その

他の条件が同じであるなら、甥よりも自分の子どもたちを、いとこよりも甥を、見知らぬ人よりもいとこ 484
を、愛するのが自然である。このことから、一方よりも他方を選ぶ際の、義務の共通尺度が生まれる。われわれの義務感はいつも、共通で自然な諸情念のなりゆきに従うのである。

読者の怒りを買わぬよう、ここで私は次のことを述べておかねばならない。正義が自然的な徳であるということを私が否定するとき、私は自然的という言葉を、人為的・有意図的とは反対のものとしてしか用いていない。「自然的」という言葉の別の意味では、人間のこころの原理のうちで、徳の感覚以上に自然的なものはないし、それと同じように、徳のうちで、正義以上に自然的なものはない。人類とは、発明の才を持った種族である。そして、発明された物がしばしば見受けられるもので、かつ絶対的に必要である場合、それは思考や反省を挟み込むことなく、人間にとって原初的な原理から直接的に生じるものすべてと同じように、「自然的である」と言われるのが適切だろう。正義の諸規則は、人為的なものではあるが、それらは恣意的・有意図的なものではない。そしてまた、もし「自然的」という言葉で、特定の種族に共通するものをわれわれが理解する場合、あるいは「自然的」という言葉を、その種族から切り離せないものを意味するように限定して用いる場合でさえ、その〔自然的という〕表現は、正義の諸規則を自然法と呼ぶにあたって、不適切ではないのである。

第二節　正義と所有の起源について

484 さて、次の二つの問いの吟味へと移ろう。すなわち、ひとつは、正義の諸規則が人々の人為によって定められるときのその仕方とはいかなるものかという問いであり、もうひとつは、これらの諸規則を遵守すること・軽視することに、道徳的な美・醜を帰すようわれわれを決定するときの理由は何かという問いである。これら二つの問いは、まったくの別ものの問いであることが、後ほど分かるだろう。まずは前者から、吟味を始めよう。

この地上に生きるすべての動物のうち、一見する限りでは、人間以上に、自然によって残酷に扱われていると思われるものは存在しない。自然によって人間は、生きるために不可欠なものや、そのために必要なものへの欲求などの重みを、数えきれないほど背負わされているのに、これら必要不可欠なものを獲得する困難を解消するためにと、自然が〔人間に〕与えている手段は貧弱なものである。他の被造物においては、これら二つは互いに補い合っているのが一般的である。〔たとえば、〕ライオンを食欲旺盛な肉食動物であると
考えれば、ライオンに不可欠なものが極めて多いことに容易に気づくだろう。しかし、ライオンの身体のつ 485
くりや気性、その敏捷性、勇気、武器、そしてその力に目を転じれば、ライオンのいくつもの有利な点とライオンの欲望とは、釣り合いがとれていることがわかるだろう。羊と牛からは、こうしたライオンの持つような有利な点が奪われている。しかし、羊と牛の食欲は控えめのものであり、それぞれの食べ物は容易に手

に入る。人間にだけ、虚弱性と不可欠性・必要性とが極めて意地悪な仕方で共存しており、この不自然な共存は、この上なく酷いものだと言うことができるだろう。自らを維持するためには食べ物が必要なのだから、人間は、食べ物を探し回って、なんとかしてそれを手に入れようとするし、少なくとも、何かしら働くことを求められるわけだが、しかし、それだけにとどまらない。人間はさらに、衣服を所持し、住居を構えることによって、天候がもたらす被害から身を守らねばならない。〔他の動物との比較をせずに〕人間にのみ焦点を絞って考えてみても、そうした多くの必要不可欠なものに、それらがいかなる程度であれ、対応できるほどの武器も力も、またその他の自然的能力も、人間には与えられていないのである。

人間が自分の欠点を補い、被造物―仲間と同じところにまで自分を格上げし、さらには被造物―仲間以上の優位性を獲得することさえ可能になるのは、社会があるからこそである。社会に生きることによって、人間の虚弱さはすべて埋め合わされる。もちろん、社会という状況にあっても、欲望は、刻一刻と人間の中で膨らんでいくのであるが、しかし、社会においては、人間の能力がさらに一層拡大する。その拡充した能力のおかげで人間は、かつての粗野で孤独な状態において、自分たちをなんとか満足させ幸福にしえた頃以上に、ありとあらゆる点で、一層満足し幸福になるのである。個人がおのおの別々に、自分のためだけに働く場合、ひとりの人間の力など、とても小さなものなので、重要な仕事を何も実行することができない。また、一個人の働きは、当人に不可欠なさまざまなものを得るためにすべて使用されてしまうので、一個人では、なんらかの特定の技術（art）が極められることもない。さらに、個人としての人間の力とその成果が、常に等しくなるということはないのだから、いずれかの点で、わずかでも瑕疵があると、破滅と不幸が避けられなくなるに違いないのである。社会は、そうした類《たぐい》の三つの厄介事に、一つの救済策を与える。すなわち、①ばらばらの力を束ね合わせることで、われわれの力が増大する。②労働の分業によって、われわれの能力は増幅する。そして、③互いに援助し合うことによって、われわれは運命や偶然に晒されることが少なくなる。社会が有益なものとなるのは、これらの付加的な力、能力の獲得、そして安全確保によってなのである。

　しかし、社会が形成されるためには、社会が実際に有益であることが必要であるだけでなく、人々がその有益さに気がつくことも必要となる。そして人々が、なお文明を持たず、野生的であり、陶冶されていない状態にいる場合、探索や省察だけでは、こうした必要で有益な知識を獲得することなど、とうてい不可能であるに違いない。それゆえ、次のような事態は、〔われわれにとって〕極めて幸運だと言ってよい。すなわち、上記のような諸々の必要不可欠な事柄の解決策は、遠く離れたところにあって見通せない・判明でないものだが、それらの事柄に結びついている、別の一つの必然的・必要不可欠な事柄があり、しかも、それがおおいに明白な解決策を現に持っているので、それを人間社会の最初の、しかも、原初的な原理であるとまさしく見なすことができる、という事態である。この必要不可欠・必然的なものとは、両性間の本能的な欲望に他ならない。この本能的な欲望によって、両性は結びつけられ、その団結を保ち、さらには、ふたりの間に生まれた子どもに関心が向くとき、新たな絆が生まれる。この新たな関心はまた、親と子どもの間の団結の原理となり、親だけの社会よりも大きな社会を形成する。そのような社会になると、親は子どもにまさる自分たちの強さと知恵という有利な点でもって〔子どもたちを〕支配すると同時に、親がその権威を行使するときには、子どもたちに対して抱く自身の自然な愛情によって、抑制されることになる。しばらくすれば、習慣（custom）と癖（habit）が、子どもたちのまだ柔らかなこころに働きかけて、子どもたちに、社会から獲得できる有益さに気づかせ、そしてまた、子どもたちどうしの提携を妨げるもととなるデコボコな〔こころの〕角や厄介な情緒をこすり落として、子どもたちを、徐々にではあるけれど、社会に適合させるのである。

このように言うのにには理由があって、それは、次のことが認められねばならないからである。すなわち、人間本性に関する諸々の事情のために、われわれにとっては団結することが、どれほど必要なものであるとしても、そしてまた、性欲や自然な愛情といった諸情念が、その団結をどれほど避けられないものとするとしても、われわれの自然的気性と、われわれの外的事情それぞれには、〔その団結を邪魔する〕別の要素があり、しかも、それらの要素は極めて厄介なものであるのみならず、われわれにとって必須な共存に、相反するものでさえあるからである。前者〔＝自然的気性〕の中では、われわれの利己性がその最も顕著なものとしてみとめられるのが妥当であろう。一般的に言って、この特性に関する描写は、あまりに度が過ぎているように感じられる。そしてまた、特定の哲学者たちが、この点に関して嬉々として描くところの人類像は、実際とはかけ離れたものであり、それはまるで、おとぎ話や空想物語に出てくる怪物の説明のように思われる。何に対してであれ、人々が、何か他のものに対して、自分に対する以上の愛情を抱くことはないとは、私には、ほとんど考えられない。それどころか、私の意見は次のようなものである。すなわち、誰か一人のひとを、自分以上に愛する人には滅多に出会わないけれども、とはいえ、親切な情緒をすべてかき集めても、利己的な情緒に、すべての場合に屈してしまうような人に出会うということもまた、滅多にない、と。

世間一般の経験に尋ねてみよう。お分かりかとは思うが、家庭の総支出は、その家長の監督下にあるのが一般的であるわけだが、ほとんどの家長は自分の財産のほとんどを、自分の妻の愉しみや子どもたちの教育に充てるのであって、自分だけで使用したり自分だけで娯楽を楽しんだりするためのお金は、最低限のものしか残さない。以上が、愛に溢れる家族間の絆で結ばれた人たちについて、見てとれることである。そして、仮に他の人たちが似たような状況に置かれるとしたら、そういう人たちにも、同じことが当てはまるだろうと思われる。

しかし、この気前のよさは、人間本性の名誉として認められるに違いないとはいえ、同時に次のような意見を述べることもできるだろう。すなわち、そのように崇高な情緒は、人々を大規模な社会に適合させることはせず、〔むしろ〕もっとも狭量な利己性とほとんどおなじように、大規模な社会とは相容れないものである、と。その理由は以下の通りである。すなわち、各人は他の誰よりも自分自身のことを愛するのであり、他の人たちを愛するとしても、その最大の愛情は自分の親族や知人へと向けられる。他方で、このことは、情念どうしの対立と、その結果として引き起こされる行為どうしの対立を必ず生むのであり、このような対立は、新たに築かれる団結にとって、危険以外のなにものでもないからである。

しかしながら、注意に値することがある。情念どうしのこうした相反は、それが影響を及ぼすきっかけを与えるところの、ある独特の外的事情とともに生じないのなら、あまり大きな危険を伴わないであろう。われわれが所持する財には、三つの異なる種類のものがある。一つ目は、自分たちのこころの内的な満足感であり、二つ目は、自分たちの身体の部分がもつ便利さであり、三つ目は、自分たちが自身の勤勉さや幸運によって獲得してきた所持物を享受することである。われわれは一つ目を享受することについて、完璧に安全である。二つ目のものは、われわれから奪われるかもしれないが、われわれからそれらを奪っても、奪った人には何の利益にもならない。最後のものだけが、他の人たちからの暴力に晒されていて、なおかつ、いかなる損失や変更をこうむることもなく移譲させることができるものである。それと同時に、それら所持物 488 は、あらゆる人の欲求と必要不可欠なものとを満たすほど、量が十分ではない。それゆえ、こうした財に関する改善・増大が、社会の主要な有益さであるわけだが、それと同様に、財の所持の不安定さが、財の希少性とともに、社会の主要な障害なのである。

　文明によって陶冶されていない自然本性の中に、この厄介な点に対する救済が見つかるはずだなどと期待しても無駄である。そしてまた、いかなる原理であれ、人間のこころに関する原理のうち、人為的でないものによって、そうした偏った情緒が制御され、そして目下の事情から生じる誘惑にわれわれが打ち克つようになるということを期待しても無駄である。正義の観念は、この目的に対して何の役にも立たない。つまり、正義の観念を、人々を導いて、お互いに対して公正な振る舞いをさせることを可能にするような自然的原理だと考えてはならないのである。いましがた理解したように、正義の徳は、無教養で粗野な人々の間では夢にも思われなかったことだろう。その理由は以下の通りである。侵害、あるいは不正義という考えには、他人に対して不道徳なことを、あるいは悪徳的なことをする、という意味が含まれている。そして、あらゆる不道徳さは、情念の何らかの欠陥、ないし不健全さに由来し、この欠陥は、大部分において、こころの構造における人間本性の通常のなりゆきに照らして判定されるに違いない。そのため、なんであれ他の人たちに関して、不道徳という罪をわれわれが負っているかどうかは、他の人たちへと向けられる、いくつかの情緒の自然な通常の力を考察することによって、容易に分かることだろう。ところで、われわれのこころの原初的な仕組みにおいて、われわれは、最も強い注意を自分自身へと向けるものである。その次に強い注意は、自分たちの親族や知人へと拡大される。そして、最も弱い注意だけが、見知らぬ人や無関係な人物へと向けられる。そうすると、こうした偏性や、公平にはたらかない情緒は、社会におけるわれわれの行動や振る舞いに影響を及ぼすだけでなく、悪徳や徳についてのわれわれの観念にさえも影響を及ぼすに違いないのである。その結果、われわれは、情緒があまりに膨れ上がりすぎるか、あるいは収縮しすぎるかのどちらかのために、さきほど見た程度の偏性から著しく逸脱するものであればいかなるものも、悪徳的で不道徳なものだと考えるようになるのである。これについては、われわれが諸々の行為について、日常的に判断するときに観察することができるだろう。そのような場合に、われわれが非難する人とは、自分の愛情すべてを自分の家族に集中させるような人物、あるいは家族にまったく関心がないために、どのような利益の対立に出くわそうとも、見知らぬ人、つまりたまたま知り合いになっただけの人を優先するような人物である。以上すべてから帰結するのは次のことである。すなわち、自然のまま陶冶されていないような道徳の観念は、われわれの情緒の偏性に対して救済策をもたらすどころか、そのような道徳の観念はむしろ、そうした偏性に従うだけでなく、そうした偏性にさらなる力と影響力を与えてしまうのである。

そうすると、救済策は自然ではなく、人為によってもたらされるということになる。より適切に言えば、異常な情緒や、こころに安らぎを与えない情緒に対しては、自然は判断や知性のうちに、救済策を用意しているのである。その理由は以下の通りである。すなわち、人々が、〔家族〕社会における幼少期の教育によって、〔家族〕社会がもたらす無限の有益さに気がつくようになり、さらには、交際や会話に対する新たな情緒を獲得するようになったとき、そしてまた人々が、社会における主要な争乱は、外的財と呼ばれるものに由来することを、言い換えると、それらの財が一所《ひとところ》におさまらず、ある人から別の人へと容易に転移してしまうことが、その争乱の原因であることを見てとった暁には、人々は救済策を探し求め、心身に備わる固定された恒常的な有益さと同じ基盤の上に、可能な限り、これらの財を位置付けようとするに違いないからである。こうしたことは、その社会の全成員が加わって始まる協調《コンヴェンション》行為という仕方以外では成し遂げられえない。この協調によってこそ、それらの外的財を安定的に所持し、また、すべての人が、自身の幸運や勤勉によって獲得できるものを平和裏に享受するようになるのである。このようにして、すべての人は、自分が安全に所持することのできるものとはどのようなものかを知るのであり、諸々の情念は、偏った動きを見せたり、矛盾に向かいそうな動きをしようとしたりすれば、抑制されることになるのである。また、そのような抑制は、これらの諸情念に反するものではない。というのも、もし反するものであるなら、そのような抑制を、人々がやり始めることなどなかっただろうし、その抑制が続けられるということもありえなかっただろうからである。むしろ、そのような抑制は、諸情念の、無茶で衝動的な運動に反するだけなのである。他の人たちの所持物に手を出さないようにすることで、われわれが、自分自身の利益、あるいは最も近しい自分の友人たちの利益から距離を置くかわりに、これら二つの利益双方をうまく考慮に入れる手段は、上述した打算的協調《コンヴェンション》以外に存在しない。なぜなら、そうした打算的協調《コンヴェンション》によってこそ、自分自身の幸せな暮らしや生存にとってだけでなく、他の人たちの幸せな暮らしや生存にとっても、この上なく必要な社会というものを、われわれは維持するのだからである。

この打算的協調《コンヴェンション》は、約束に備わっているような本性を持たない。というのも、後に見ることになるだろうが、約束それ自体でさえ、人間の打算的協調《コンヴェンション》から生じるからである。打算的協調《コンヴェンション》とは、共通する利益の一般的感覚〔が人々の間に獲得されていくこと〕にすぎない。この感覚を、その社会の成員すべてが、互いに対して表明し合うのであり、この感覚に誘われた成員たちは、特定の諸規則によって自分の振る舞いを規制するようになる。他人に財を所持させ続けることは、その人が、私に関して同じ仕方で行為するような場合に限り、私にとっての利益となるだろうということを、私は見てとる。その人も、自分が自身の振る舞いを規制するときに、私が見てとったのと同じような利益に気がつく。利益に関するこの共通する感覚が相互に表明され、両者に知られるようになると、この感覚は適切な決意と振る舞いを生み出すのである。したがって、この感覚を、約束というものを介在させるわけではないものの、われわれの間に生じる協調《コンヴェンション》、あるいは意図の一致《アグリーメント》（agreement）と呼んでも、まったく差し支えないだろう。というのも、われわれ各々の諸行為は、他の人たちの諸行為を参照したものであるから、つまり、なんらかのことが、他の人たちの側でも遂行されるはずだという想定に基づいて遂行されるからである。〔たとえば、〕一艘のボートのオールを漕ぐ二人の人物がいる、としよう。彼らは、互いに約束を交わしていたわけでは決してないのであるが、意図の一致《アグリーメント》あるいは協調《コンヴェンション》によってオールを漕ぐのである。同様に、所持の安定に関する規則も、人間の打算的協調《コンヴェンション》に由来するものである。たとえ、所持の規則は次第に生じ、それが、ゆるやかながらも力を獲得するのは、その規則に違反することで被る不都合をくり返しわれわれが経験することによってであるとしても、である。それどころか、こうした経験によって、われわれはなおさら利益の感覚が仲間たち全員に共通するものとなってきたと確信するだけでなく、将来仲間たちが規則的に振る舞うことにも信頼を置くようになるのである。つまり、われわれの節度や節制が依拠しているのは、このような期待だけなのである。諸言語が、いかなる約束もなしに、人々の打算的協調《コンヴェンション》によって次第に定着するようになるのも、これと同じ仕方である。金と銀が交換の共通尺度となり、その百倍の価値を持つものの十分な代金と見なされるのも、これと同じやり方なのである。

他の人たちの所持物に手を出さないよう節制することに関して、こうした打算的協調《コンヴェンション》が始まり、そしてすべての人が自分の所持物における安定性を獲得してしまった後には、すぐに正義、不正義という考えが生じるが、これと同様に、所有、権利、そして責務という考えもまた生じる。後者〔＝所有・権利・責務の考え〕は、まずもって前者〔＝正義・不正義という考え〕を理解しないのならば、まったくもって不可解なものである。われわれが所有するものとは、社会の諸法、すなわち正義の諸法が、その恒常的な所持を定めているところの財に他ならない。それゆえ、正義の起源を説明してしまわないうちに、所有や権利や責務という言葉を用いる人、あるいは正義の起源を解明する際に、その言葉をうっかり用いてしまうような人は、言語道断の錯誤とも言うべき罪を犯しているのであり、確固とした根拠に基づいて推理をしているはずは決してないのである。ある人が所有するものとは、その人と関係のある何らかの事物である。この関係は自然的なものではなく、道徳的なものであり、正義に基づくものである。それゆえ、正義の本性について完全に理解しておらず、また、正義の起源は、人々の人為と考案にあるということを示しもしていないにもかかわらず、われわれは所有ということについて何らかの観念を持つことができると想像することは、完全に本末転倒なのである。正義の起源が、所有の起源を説明する。同じ人為が、正義と所有の両者を生み出す。われわれが抱く道徳感情のうち、最初の最も自然的なものは、われわれの情念の本性に基づいており、見知らぬ人よりも、自分自身や友人を優先するものである。それゆえ、人々の対立し合う情念が、人々を互いに、反対の方向へと駆り立て、それら情念が、なんらかの打算的協調《コンヴェンション》あるいは意図の一致《アグリーメント》によって抑制されないうちは、なんであれ一定の権利や所有というようなものが自然的に存在するということは、不可能なのである。

次のことを疑うものはおるまい。すなわち、所有を区別するための、つまり所持を安定させるための打算的協調《コンヴェンション》は、あらゆる事情のうちで、人間の社会の設立のために最も必要なものである、ということを。そしてまた、この規則を定めて、それを遵守するために意図の一致《アグリーメント》を見たのちには、完璧な調和と和合を確保するためになすべきことなど、ほとんど、あるいはまったく残っていない、ということを。利益を求める情念を除けば、他のすべての情念は、容易に抑制されるか、それとも、その情念に耽溺していても、かの〔社会を崩壊させるほどの〕害をもたらす帰結を引き起こすものではないかのどちらかである。〔たとえば、〕虚栄心は、どちらかというと社会的・社交的な情念と、つまり人々の間の団結の紐帯と見なされるべきである。哀れみや愛も、同じく社会的・社交的な情念と考えられるはずである。そして妬みと復讐心に関して言えば、それらは害をもたらすものではあるにしても、間欠的に働くだけであるし、自分たちより上位にあると考えられる特定の人、あるいは自分たちの敵と考えられる特定の人に対して向けられるものである。自分自身や自分の最も近しい友人たちのために財や所持物を獲得しようとする貪欲さだけは、飽くことがなく、果てしなく、普遍的なものなのであり、社会を直に破壊するものである。貪欲さによって、行為に駆り立てられることがないような人などほとんどおるまい。そして、なんの抑制もされずに貪欲さがはたらく場合、そしてその貪欲さが、自身の最初で最も自然的な運動のままはたらくとき、それを恐れる理由を持たない人はどこにもいない。かくして、概して言えば、社会を打ち立てる際の困難は、この貪欲さという情念を規制し抑制する際にわれわれが出くわす困難の大小に応じて、増大したり減少したりするものだと思われるはずである。

確かに、人間のこころに現れる感情のうちには、利得愛を弱めるための十分な力、およびそのための適切な方向性の両者を併せ持ち、そして各人に、他人の所持物には手を出させないようにすることによって、人々を社会の成員としてふさわしいものたらしめるようなものなど、ありはしない。見知らぬ人に対する善意は、この目的にとってあまりに弱すぎる。そしてそれ以外の情念に関して言えば、われわれが、自分たちの所持物が増大すればするほど、自分たちの欲望すべてを満足させる能力が増すということを見てとるとき、それらの情念はむしろ、この貪欲さを燃え上がらせてしまう。それゆえ、利益にとらわれた情緒を統御することのできるものは、当の情緒そのもの以外にはなく、その情緒の方向を変更することによるしか、情念を統御する術はないのである。ところで、この変更は、ほんのわずかな反省をするだけで、必ず生じるに違いない。というのも、その情念は、それをほしいままにするよりも、それを抑制した方がずっとよく満足させられるのは明らかであり、また暴力と普遍的な放埒が原因で間違いなく生じるところの、孤独で寄る辺ない状態へと至ってしまうよりも、社会を維持しておく方が、われわれが所持物を獲得する点で、より一層前進するということも明らかだからである。それゆえ、人間本性は本来悪しきものか、あるいは善良なものかということについての問いは、社会の起源に関するこれ以外の問いの中には、いっさい含まれていないのである。そしてまた、実際に考慮すべきであるのは、人々の賢愚の程度以外にはなにもないのである。というのも、自己利益の情念が悪徳的と見なされるにせよ、有徳的と見なされるにせよ、情念それ自体しか情念を抑制するものは存在しない以上、どちらが正しくとも、結果は同じなのだからである。かくして、自己利益の情念が有徳的と見なされるなら、人々は自己利益という徳によって社会的になる。逆に、悪徳的と見なされるなら、自己利益という悪徳によって、同じ結果〔社会的〕となるのである。

さて、所持を安定させるための規則を定めることによって、自己利益の情念は、自らを抑制するようになる。それゆえ、仮にその規則が極めて難解で、発明するのが困難であるのなら、社会とは、必然的にできあがるものではなく、ある意味では、たまたまできあがった偶然的なものと見なされ、数世代かけた結果だと見なされるに違いない。しかし、①所有の規則以上に単純明白なものはありえないこと、②親は皆、自分の子どもたちが諍《いさか》いをせぬよう、その規則を定めるに違いないということ、そして③こうした正義の最初の萌芽は、社会が拡大するにつれて、日々研ぎすまされていくに違いないということ、こうしたことが見出されるとしよう。これら三つのことすべてが明白だと思われるのなら、そしてしかも、それが明白であることとは間違いないことであるので、次のように結論することができるだろう。すなわち、人間たちが、社会というものに先立つ粗野な条件・状態の下に、ほんのわずかな時間でさえとどまることはまったくもって不可能なのであり、むしろ、人間のまさに最初の状態・状況とは、まさしく社会状態と見なされうるのだ、と。
しかしながら、このことは、哲学者たちが、もしお望みならば、彼ら自身の推理を、いわゆる自然状態へと拡大させることを妨げるものではない。ただしそれは、彼らが自然状態を、これまで〔歴史上〕実在しなかったし、また実在しえなかった単なる哲学的虚構《フィクション》であると認める限りにおいてである。人間本性というものは、二つの主要な資質、すなわち情緒と知性から構成されており、これらは人間本性が活動する場合にはいつでも必要となる。それゆえ、後者〔=知性〕によって方向付けられることのない場合、前者〔=情緒〕の盲目的な動きによって、人々が社会を作るのに必要な能力を奪われてしまうことは確実である。このように、こころを構成する二つの資質の別個なはたらきから引き起こされるそれぞれの結果を、別々に考慮することそれ自体は、許されるであろう。自然哲学者に認められるのと同じ自由は、精神哲学者にも認められねばならない。つまり、何らかの運動を、互いに別個な二つの資質によって複合・構成されているものとして考察することは、自然哲学者にとっては日常茶飯事である。だが、同時に自然哲学者は、その運動それ自体が、複合されたものではなく、分離不可能なものであるということを認めてもいるのである。

それゆえ、上記の自然状態は、単なる虚構《フィクション》と見なされるべきであり、詩人たちが発案した黄金時代の状態と似ていなくもない。なぜなら、違いは次のことにしかないからである。すなわち、前者〔=自然状態〕は戦争、暴力そして不正義に満ちたものとして描かれるが、後者〔=黄金時代〕は、想像しうる限り最も魅力的で最も平和な状態として描き出されるという違いしかないからである。仮に詩人たちを信じるのであれば、自然のその最初の時代には、四季は極めて温和なので、人々が暑さや寒さという暴力に対抗する防護策として、着物や家を用意する必要はまったくなかった。川にはワインとミルクが流れ、樫の木からは蜜が流れ出るなど、自然はおのずから、最大限のごちそうをもたらしたのである。そしてまた、これらが、その幸福な時代の主要な便宜だったのではなかった。嵐や暴風は、単にそれが自然界から取り除かれていたというだけではなく、むしろ人間のこころに、知られてさえいなかったのである。だが、今の世の現実では、凄まじい暴風が、ご承知のような、かの騒乱を引き起こし、かの混乱を生み出している。〔また黄金時代では、〕強欲、野心、残酷さ、利己性などを耳にすることは決してなかった。思いやりの情緒、同情、共感だけが、人間のこころに、ともかくも知られていたところの、こころの動き（movements）であった。わたしのものとあなたのものという区別すら、この幸福な人間種からは追放されていたのであり、その区別とともに、所有と責務、正義と不正義についての考えそのものも、運び去られていたのである。

　以上のことは、もちろん、たわいのない虚構と見なされるべきである。だがそれでも、われわれの注目には値する。なぜなら、目下の探究の主題である〔正義の〕徳の起源を、これ以上明確に示すことのできるものは他にないからである。すでに述べてきたように、正義は、人間のいくつかの協調行為《コンヴェンション》から生じるものである。そして、これらの協調行為《コンヴェンション》は、いくつかの不都合に対する救済策として意図されたものである。それらの不都合とは、人間のこころに備わるある種の諸特性と、外的事物がもつ状況とが、同時にはたらくことから生みだされる不都合である。こころの諸特性とは、利己性と、限られた範囲にしかはたらかない気前のよさである。そして外的事物がもつ状況とは、外的事物が〔所持者を〕容易に変えることであり、これは、人間の欲望および欲求と比較したときに、外的事物に見られる希少性と結びついている。しかし、哲学者たちがどれほど彼ら自身の論証において途方に暮れてきたとしても、詩人たちは、ある種の趣味、ないし共通する本能によって、哲学者たちほど誤ることもなく導かれてきたのである。この趣味、ないし共通する本能によって、詩人たちは、ほとんどの種類の推理において、われわれがこれまですでに獲得してきた技芸と哲学のいかなるものよりも、はるかに先を行っている。詩人たちが、いとも容易く見てとっているのは、仮にすべての人が他人に対して優しい顧慮を示すのであれば、あるいは、仮に自然がわれわれのすべての欲望と欲求を十分満足させるのであれば、正義が想定する利益への嫉妬など、もはや生じることはなく、いま現在、人類の間で用いられている所有や所持物の区別と制限が生じる機会もなかっただろうということである。十分な程度にまで、人々の善意、あるいは自然の恵みを増やしてみよ。そうすれば、正義が占めている場所に、〔正義以上に〕一層気高い美徳と、〔正義以上に〕一層価値のある自然の恵みとが置き換わることによって、正義は無用のものとなるのである。人々の利己性が活性化してしまう原因は、自分たちの欲望と比較したときに、われわれの所持物の数が少ないことである。そして、この利己性を抑制するために、人々は共用状態〔＝所有の区別のない状態〕を自ら抜け出して、自分自身の財と他の人たちの財とを区別することを余儀なくされたのである。

以上のことを学ぶために、詩人たちの虚構に訴える必要はない。ものごとの道理による以外にも、通常のありふれた経験と観察によって、同じ真理を発見することができる。次のことに気がつくのは容易である。すなわち、友人たちの間の思いやりの感情が、あらゆる事物を仲間の共有物にしてしまうこと、そしてまた、とりわけ結婚した人々は、互いに自分たちそれぞれの占有権〔物〕を失い、わ、た、し、の、も、の、とあ、な、た、の、ものとの区別が分からなくなるということに、である。しかし、この区別は、〔思いやりの通じない者どうしの集まりであるところの〕人間社会において必要不可欠であり、しかも、人間社会に、さきほど〔6、7段落で〕述べたような混乱を引き起こす区別でもある。これと同じ結果は、人々の欲求すべてを満たすほどに、ものが豊富にある場合にも、人類の事情がわずかにでも変化することによって生じるのである。この場合、所有の区別は完全に失われ、あらゆるものが共有のままとなる。そのことは、あらゆる外的事物のうちで最も価値あるものである空気や水に関して見てとることができる。かくして、次のように結論づけるのは容易であろう。すなわち、人々に対して、あらゆるものが同じくらい豊富に与えられているのなら、もしくは、万人が万人に対して、自分自身に対するのと同じ愛情と優しい顧慮を示すのであれば、正義と不正義はどちらも、人類の間で知られることはなかったであろう、と。

したがって私は、次の命題を、確かなものと見なしうると考える。すなわち、人々の利己性と限られた気前のよさ、および、人間の欲望に対して自然がわずかな量しか〔財を〕供給してくれないこと、この二つだけが、正義の起源なのである、と。これまでの議論を振り返ってみれば、すでに本節の主題について述べておいたいくつかの言明に、この命題が、さらなる力を与えることが分かるだろう。

第一に、上記の命題から、次のように結論することができるだろう。公共的な利益への顧慮、すなわち、強力で広範囲に及ぶ善意は、正義の諸規則を遵守するためにわれわれがもつ最初の原初的な動機ではない。というのも、仮に人々にそのような〔広範囲に及ぶ〕善意が備わっているのだとしたら、これら〔正義〕の諸規則など、夢にも思われなかっただろう、ということが認められるからである。

第二に、同じ原理から、次のような結論を引き出すことができる。正義の感覚は、理性に基づいてはいない、すなわち、正義の感覚は、永遠不変で普遍的な責務を課すところの、諸々の観念間の特定の結合や関係を発見することに基づいてはいない、と。というのも、上述のように、人類の気性の変更や、事情の変更が、われわれの義務や責務をすっかり変えるだろうということは明白であり、それゆえ、徳の感覚は理性に由来するという一般に普及している学説に基づくのであるなら、それらの変更によって関係と観念に生み出されるはずの変化なるものを、示さねばならないからである。しかし、人間の広範囲に及ぶ気前のよさと万物の完璧なまでの豊富さが、正義についての観念を破壊するであろうということの唯一の原因は、それら人間の広範囲に及ぶ気前のよさと万物の完璧なまでの豊富さによって、正義の観念そのものが、無用のものとなるからだということにある、ということは明らかである。他方、人間の限られた善意と、人間を困窮させる条件によって、正義の徳が生み出されるのは、只々それらが、正義の徳を公共的な利益、および全個人の利益にとって必要不可欠なものにすることによって、である。それゆえ、われわれは、自分自身の利益と公共的な利益との両方に対する関心によって、正義の法を定めたのであり、この関心をわれわれにもたらすものは、観念間のいかなる関係でもなく、われわれ人間の印象と感情であるということ、逆に、印象と感情がないとしたら、自然のうちにある万物は、われわれにとってまったく何の関心もないものとなり、われわれのこころを微塵も動かさないということ、こうしたこと以上に、確かなことはありえないのである。それゆえ、正義の感覚が基づいているのは、われわれの観念ではなく、印象なのである。

第三に、先述の命題、すなわち、正義の感覚を生み出す印象は、人間のこころにとって自然的なものではなく、人為と人間の協調《コンヴェンション》に由来するものであるという命題をさらに裏付けることができる。というのも、なんであれ人間の気性と事情に著しい変更がある場合、どちらかが変更されると、正義も不正義も等しく破壊されてしまうし、そのような変更は、われわれ自身の利益と、公共的な利益とを変化させることによってのみ生じる結果だからである。それゆえ、正義の諸規則を最初に定めるものは、これら二つの相異なる利益に依存している、という結論になるのである。しかし、仮にもし人々が自然に、心の底から、公共的な利益を追求するのであるならば、人々はこれらの諸規則によって互いを抑制しあうことなど、夢にも思わなかったであろう。そして、人々が、予防策をいっさい持たずに自分自身の利益を追求するのであったなら、人々はあらゆる種類の不正義や暴力の状態へと、真っ逆さまに転落することであろう。それゆえ、これらの諸規則は、人為的なものであり、そして規則自身の目的を、紆余曲折を経る間接的な仕方で追求するのである。そしてまた、これらの諸規則を生み出す利益は、人々の自然的な情念、つまり人為的ではない情念によって追求できるような類のものではないのである。

この点をより明確なものとするために、次のことを考察しよう。正義の諸規則は、利益のみによって設定されるわけだが、正義の諸規則と利益との繋がりは、幾分風変わりなものであり、別の事例で見てとることのできるものとは異なっている。正義にかなう、ある一つの行為が、公共的な利益に反するということは頻繁に見られることである。そして、ある正義の一行為に、他の人たちの諸行為がともなわず、それ自体で孤立しているような状態であるとしたら、その〔正義の〕行為自体は、社会にとって極めて有害なものとなりうるのである。称賛に値する美点を備えた人、すなわち善意にあふれた気質を持つ人が、莫大な財産を守銭奴や公共の秩序を乱す扇動的な偏屈者に返す場合、彼がおこなった行為は正しいし称賛に値するが、公衆は事実上の被害者となる。しかしまた、正義の行為は、それが別々に考慮されるとしたら、そのすべてが、公共的な利益になるよりは個人的な利益になる、というわけでもない。そして実際のところ、ある人が、清廉さを示すようなたった一度の事例によって落ちぶれる様子や、その一回の行為に関して、正義の法が一瞬この世で停止されれば、と望む理由をもつ様子は、難なく想い抱かれる。しかし、どれほど正義の一行為が、公共的な利益であれ個人的な利益であれ、どちらの利益に反するとしても、その全体的な計画ないし枠組みが、社会の維持、および各個人の幸せな暮らしの双方に大いに役に立ち、実際のところ絶対に必須のものであることは確実である。正義の良いところと悪いところを分離することは不可能である。所有は、一般的規則によって安定させられ、固定されねばならない。たった一つの事例において、公衆が被害者になるとしても、この瞬間的な欠陥は、所有の規則を安定して執行することによって、そして所有の規則が社会に打ち立てる平静と秩序によって、十分に補われるのである。さらに各個人でさえ、収支計算をおこなえば、自分は利得者であることがわかるに違いないのである。というのも、正義がないと、社会は即座に解体するに違いないし、各人は、社会の中で想定できる限りの最悪の状況以上の、比べものにならないほど悪い、粗野で孤独な状況へ陥るに違いないからである。それゆえ、一個人によって実行される正義の一行為の帰結がどのようなものになろうとも、社会全体によって一致してなされる諸行為の全体系は、全体に対してだけでなく、すべての部分に対しても、無限に有益なものとなるということに気がつくほど、人々が十分に経験を積んでしまったら、正義と所有が生じるのに、そう長く時間はかからない。社会の全成員のことごとくが、この利

498

益に気がつくのである。つまり、全員が、他の人たちが〔自分と〕同じようにする限り、この利益の感覚によって自分の行為を規制するという決意とともに、この利益の感覚を仲間たちに表明するのである。正義の行為を実行する最初のきっかけをつかむ人を促して、正義の行為を実行させるために、これ以上に必要なことなどない。この最初のきっかけが、他の人たちにとっての一つの模範となる。かくして、正義とは、ある種の慣習《コンヴェンション》への協調、ないしは意図の一致《アグリーメント》によって、すなわち全員に共通すると想定されている利益の感覚によって、他の人たちも同じく遂行するはずだという期待の下で、単一の行為がすべて遂行される場合に、打ち立てられるものなのである。そのような慣習《コンヴェンション》への協調がないのなら、正義という徳が存在するなどと夢にも思われなかったであろうし、自分の行為を正義に従わせるよう促されることもなかったであろう。なんであれ単一の行為を取り出してみれば、私の正義は、あらゆる点で害をもたらすものかもしれない。それゆえ、他の人たちが私を模範にするはずだという想定に基づいてしか、私がその徳を受け入れるよう促されることはありえないのである。というのも、正義を有益なものとし、私に自分自身をその規則に従わせるなんらかの動機を与えることができるものは、このような連携動作以外にはないからである。

　われわれは、提示しておいたうちの第二の問いに、いま、たどり着いた。すなわち、われわれはなぜ徳の観念を正義に付け加え、悪徳の観念を不正義に付け加えるのか。今やこの問いは、諸々の原理を打ち立ててしまったあとでは、われわれを長く引き止めることはないであろう。目下のところ、この問いについて言えることはすべて、二言三言で片付けられるだろう。ただし、さらに満足な答えを得るためには、読者にはこの巻の第三部をまってもらわねばならない。正義への自然的責務、すなわち利益については、これまで十分に説明をしてきた。しかし、道徳的責務、すなわち正と不正の感情に関しては、まず初めに自然的徳の検討が必要であり、これが終わった後に、道徳的責務についての十分に満足のいく説明をすることができるのである。

人々は、自分たちの利己性と限られた範囲にしか及ばぬ気前のよさを、ほしいままにはたらかせていると、自分たちから、社会に必要な能力が完全に奪われてしまうということを経験によってすでに見出し、それとともに、そうした情念自体を満足させるためには、社会が必要不可欠のものであるということをも見てとってしまうと、人々は、自分たちの財のやり取りを、より安全で都合の良いものにしてくれる諸々の規則の抑制に、自然と従うようになる。そのとき、一般的な事例においても、あらゆる個別事例においても、これらの諸規則を課し、遵守するよう人々を第一に動かすものは、利益への顧慮しかない。そしてこの動機は、社会を最初に形成する段階では、十分に強力で、効果的なものである。しかし、社会が大規模なものとなり、部族ないし国民（nation）にまで拡大してしまうと、この利益は、はるか遠くのものとなってしまう。そしてまた人々は、これらの諸規則への違反があるたびに、無秩序と混乱が生じるということを、より狭く範囲の限られた社会に自分たちがいる場合ほど、即座に理解しなくなるのである。しかし、なるほど、われわれは自分自身が行為するときには、秩序を維持することで得る利益を見失うことが多く、それよりも少ない利益だが、より目の前にある利益に従ってしまいがちであるだろう。しかし、われわれは、他の人たちの不正義によって自分たちが被る損害には、間接的なものであれ直接的なものであれ、気付かないことはな

499

い。なぜなら、そのような場合、われわれは、情念によって盲目になることもなければ、何らかの反対の誘惑によって、偏見を抱くこともないからである。それどころか、当該の不正義が、われわれから極めて遠いところにあるために、われわれの利益にいっさい影響を及ぼさない場合でさえ、不正義というものはわれわれを不愉快にする。なぜなら、われわれは不正義を、人間の社会に対して有害なものと考えており、また不正義は、そういう罪を犯す人物の近くにいる人すべてに、害をもたらすものと考えているからである。われわれは被害者たちの不快感を、共感によって分かち合う。そして、人間の行為のうち、一般的に眺めて不快感をもたらすものはすべて悪徳と呼ばれ、なんであれ、同じ仕方で、満足感を生み出すものはすべて徳と称される。かくして、これこそが、正義と不正義によって道徳的善の感覚と道徳的悪の感覚が生じる理由なのである。そして、この道徳的善悪の感覚は、目下の場合、他の人たちの行為を熟慮することによってしか生じえないのだが、われわれはそれを、自分自身の行為にまでも必ず拡大する。一般的規則は、それを生じさせた諸事例を飛び越えてゆく。このとき、その飛び越えと同時に、自分たちについて抱かれた感情を持つ他の人たちに、われわれは自然と共感するのである。このゆえに、正義を打ち立てるための原初的な動機は、自己利益である。これに対し、公共的な利益への共感は、正義の徳に伴う道徳的是認の源泉である。［共感 500 についての、この後者の原理は、あまりに弱すぎてわれわれの情念を制御することができない。しかし、われわれの趣味には影響を及ぼし、われわれに、是認と非難の感情をもたらすのには、十分な力をもつ。］

　こうした感情の成長（progress of sentiments）は自然的なものであり、必然的なものですらある。だがその際、この成長が、政治家の人為によって助勢されているということも確かである。つまり政治家は、人々を一層容易に支配し、人間社会の平和を保つために、正義に対する尊重の念や、不正義への忌避感を作り出すよう努めてきた。これに効果があるということに、間違いはない。しかし、道徳については、ある論者たちによって、この点があまりにも強調され過ぎてきたということほど明白なことも、またないのである。その論者たちは、人類の間から徳の感覚すべてを根絶しようと、これ以上ない努力をしてきたようである。政治家のなんらかの人為が、自然がわれわれにもたらす感情を生み出す際に、自然を助けることはありうる。そして、ときには政治家の人為だけで、ある個別の行為に対して、是認ないし尊重の念を作り出すことさえできる。しかし、政治家の人為が、悪徳と徳の間にもうけられる区別の唯一の原因であるということはありえない。というのも、仮に自然がこの点に関してわれわれを助けてくれないとしたら、政治家が「名誉となる」「不名誉な」、「称賛に値する」「非難に値する」などと語ることは虚しかっただろうからである。〔自然が助けてくれないとしたら、〕これらの言葉は、まったく理解できないであろう。つまり、それらの言葉が、われわれにまったく知られていない類の言語である場合にもまして、これらの言葉には、いかなる観念も付与されはしなかったであろう。政治家のなしえる精一杯のことは、自然的な感情を、そのもともとの限度を超えて拡大させることである。しかし、そうだとすればやはり、自然が素材を提供し、道徳的区別についてのなんらかの考えを、われわれに〔元から〕与えてくれていなければならないのである。

　公共的な称賛や非難によって、正義に対するわれわれの尊重の念は、さらに大きくなる。これと同じように、家庭での教育と訓練にも〔公共的な称賛や非難と〕同様の効果がある。親たちが容易に見てとることであるが、人は、自分に与えられる誠実さや名誉の程度が増せば増すほど、自分自身だけでなく他の人たちにとっても、ますます有用な存在となる。そして、それらの諸原理〔＝誠実さや名誉〕は、慣習と教育が、利益と反省を助ける場合には、より一層の力をもつようになる。こうした理由のために、親たちは自分の子どもに、幼年期の最初の頃から、誠実さに関係する諸原理を教え込むようになる。さらに親たちは、子どもにたいして、社会を維持する諸規則を遵守することには価値があり、それを名誉に値することだと見なすよう、逆に、それら諸規則を破ることが、下劣で不名誉なことだと考えるよう、教えるように促されるのである。このようなやり方によって、名誉の感情は、子どもたちの柔らかなこころに根を張るようになる。そして名誉の感情は、われわれの本性にとって最も本質的で、しかもわれわれの内的構造に最も深く定着した諸原理〔＝利己性〕に負けないくらいの堅固さと堅実さを獲得するのである。

美しさは正義に伴い、汚らしさは不正義に伴うという意見が、ひとたび人類の間で堅固に打ち立てられた後に、名誉感情の堅固さをさらに強めるものは、われわれからの評判という利益に他ならない。われわれの評判以上に、緊密にわれわれのこころに触れるものはない。そしてまた、他の人たちの所有に関係するもので、われわれの振る舞い以上に、われわれからの評判が依拠しているものはない。このような理由で、自分の性格にわずかでも関心をよせる者、あるいは人類と仲良く過ごしたいと思う者はみな、不可侵の法を自分自身に定着させるに違いないのであり、誠実さと名誉の心を兼ね備える人物にとっての本質的な諸原理を、どんな誘惑によっても犯してしまわぬよう、心がけるのである。

本節の主題から離れる前に、一つだけ述べておきたいことがある。それは、自然状態、すなわち社会状態に先行する想像上の状態には、正義も不正義も存在しないと私が主張するからといって、そのような状態で

501

は、他の人たちの所有を侵害しても、それは許されていたのだと主張しているわけではない、ということである。私が述べたのはただ、〔自然状態においては〕所有などというものは存在しなかったし、したがって、正義や不正義などという考えも存在しえなかった、ということに過ぎない。われわれは後に、約束について考察するようになるとき、それに関して、ここと似たような省察をする機会があるだろう。そして、その省察が適正に評価されれば、その省察によって、正義と不正義に関する先述の〔私の〕意見から、それについてのあらゆる悪評が十分に取り除かれるだろう、そう私は願っている。

第三節　所有について決定する、諸々の規則について

所持の安定に関する規則を定めることは、人間社会にとって有用であるだけでなく絶対に必要ですらあ 501
る。だが、そうした規則が、こうした一般的な表現にとどまっている限り、それは、いかなる目的にも役立
つことはない。〔そこで〕われわれは、そうした規則を用いるための何らかの方法を示さねばならない。それ 502
は、どの特定の財が、個人それぞれに割り当てられるべきなのかを、われわれ自身が見極められるようにす
るとともに、われわれ以外の人々が、かれら自身のものではない財を所持したり享受したりすることがない
ようにするための、方法でなければならない。そうであるなら、われわれの次の仕事は、これまでの一般的
規則の表現の形をいくぶんか変えて、それが、世間で共通して使用・実践されることに適い・一致する理由
を見つけだすことでなければならない。

明らかなことだが、そうした理由が、次のようなことから得られる効用や有益さがある、ということに由
来することなどない。すなわち、ある特定の人、あるいは公共の人々が、何らかの特定の財を享受すれば、
その特定の人物以外のだれかある他の人が、それらの財を所持することで享受する効用や有益さ以上の、効
用や有益さを刈りとれる、ということに、その理由は由来するのではない。確かに、万人がそれぞれに最も
ふさわしく、それぞれが使用するために最も適切なものを所持することの方が、より一層よいことではあろ
う。だが、このふさわしさという関係は、幾人ものひとに対して同時に当てはまってしまうことがあるだけ

でなく、この関係は、極めて多くの論争を引き起こしやすいものでもある。しかも、これらの論争について判断を下す際に、人々は偏見にとらわれ、頭に血がのぼってしまう。それゆえ、そんなにも締まりがなく不確実な規則など、人間社会の平和とは、絶対に相容れないことであろう。所持の安定に関する協調行為《コンヴェンション》が開始されるのは、不和と諍《いさか》いが、いっさい起こらないようにするためである。そして、この目的は次のような場合には、決して達成されないであろう。すなわち、われわれがこの規則を、個別の事例ごとに別様なやり方で適用してもよいとするような場合、つまり、そのように適用する際に見出される個別の効用それぞれに応じて、この規則を適用してもよいとする場合には、先の目的は達成されないであろう。正義は、その決断にあたって、特定の人々に対して諸々の事物がふさわしいか否かということを顧慮するのではなく、むしろ、より広い視野のもとで実践されるものなのである。ある人物が、気前のよいひとであれ守銭奴であれ、そのひとは他の人々と等しく、正義に適正に受け入れられるし、彼にとってまったく役に立たないものに対してさえも、彼は同等の容易さでもって、自分に有利となる決定を獲得するのである。

それゆえ、所持物は安定的に持たれなければならないという一般的規則は、個々の事例で個々別々に異なる判断をしながら適用されるのではなく、いくつかの他の一般的規則の制限を受けながら、適用されることになるのである。いくつかの他の一般的規則とは、すなわち、社会全体に拡大され、しかも悪意や好意によって揺らぐことがあってはならない一般的規則のことである。こうしたことを説明するために、以下のような例を提出しよう。まず、粗野で孤独な条件のもとにある人々を考えよう。そして、次のように想定しよう。彼らは、その状態の惨めさに気がつき、社会が存在すれば得られるであろう有益さを予見することで、互いに交際することを求め、互いに守りあい支えあうことを申し出る、と。さらにまた、彼らは極めて聡明なので、次のことに即座に気がつく、と想定しよう。すなわち、社会や協力関係というこの計画に対する主たる障害は、自分たちの自然的な気性に備わる貪欲さや利己性にあり、この障害を除去するために自分たちは、所持の安定のための、そして相互の抑制と辛抱のための協調行為《コンヴェンション》を開始するのだ、と。以上のような進展の仕方はすべてが自然なものであるわけではない、ということを私も心得ている。しかし、それ以外に私の想定しているのは次のことだけである。すなわち、実際には、気付かないうちに段々と生じる反省が、この場合には一挙になされるということ、である。これに加えて言うならば、さまざまな偶然によって、当初に属していた社会から切り離されてしまうような人々が、その人たちの間で新たな社会を形成せざるを得ないということは、極めてありそうなことである。そしてその場合、彼らはまさに上述の状況にいるのである。

　そうすると、社会を設立し、所持を恒常的なものとするための一般的な協調の枠組み《コンヴェンション》が形成されたのちに、先述の状況にいる人々が第一に直面する困難が、次のものであることは明らかである。すなわち、それは、どのようにして彼らの所持物を分けるのか、そして、各人に対して、今後変わることなく享受すべきところの、各々に固有の取り分を、どのように割り当てるのか、という困難である。この困難は、彼らを長く引き止めはしないだろう。むしろ、もっとも自然な方策として、万人は、現在、自分が、その所有者であるところのものを享受し続けること、そして所有、すなわち恒常的な所持は、当座の所持と結びついていることを、即座に思い浮かべるに違いない。習慣が及ぼす影響のために、われわれは、自分たちが長いあいだ享受してきたいかなるものに対しても、それに甘んじるだけでなく、われわれはそれに、愛情を感じさえする。そのため、その長いあいだ享受してきたものを、それよりも価値があるけれど、それほどは馴染みのない他の事物以上に、好むようになるのである。長いあいだ自分たちの目に触れてきたもの、そして自分たちが得をするために、しばしば用いてきたもの、そうしたものをわれわれは、常に、他のあらゆるもの以上に、手放したいとは思わないのである。逆に、これまで一度も享受したことのないもの、そして、いまだに慣れていないものを所持しなくても、われわれは安楽に暮らすことができる。それゆえ、明らかなことだが、万人が現在所持しているものを享受し続けるという方策に、人々は容易に従うことであろう。こういうわけで、極めて自然に、この方策を選ぶという点で、人々は意見を一致させるであろう(1)。

504

(1) 哲学上の諸問題の中でも、この上なく難しいのは、数多くの諸原因が同じ現象に対して現れるとき、どの原因が主要なものであり、支配的なものであるのかを決めることである。われわれが何を選択するのかを決めるにあたっての、極めて正確な論証というものなど、まずもって存在しないし、類比から生じるある種の趣味や空想と似通った事例の比較によって導かれることに、人々は甘んじなければならない。たとえば目下の場合、確かに、所有について決定する諸々の規則のほとんどのものにとっては、公共的な利益こそが、その動機である。しかし、それでも、これらの諸規則を主として定めるものは、想像力なのではないかと、つまり、われわれが何かを考えたり想い抱いたりするときの、どちらかというと浮ついた属性なのではないのかと、私はやはりまだ疑っているのである。私は引き続き、これらの原因について説明することに専念することにしよう。そして、〔所有について決定する諸々の規則が〕公共的な効用に由来すると考えるのか、それとも、想像力に由来すると考えるのかの選択を、読者にお任せすることにしよう。そこで、まずは、現在の所持者がもつ権利について、説明することにしよう。

二つの事物が、お互いに〔時空間的に〕隣接した関係で現れるとき、こころはその結びつきを完璧にするために、それら二つの事物に、ある付加的な関係を帰属させてしまいがちである。そして、〔こころの〕この傾向は極めて強力なので、もしある錯誤が、仮に、その結びつきを完璧にするという目的に資することが分かると、われわれは、しばしば錯誤（思考と物質とを結びつけてしまう錯誤と同様の錯誤）へと、陥ってしまうことになる。これは、（第一巻第四部第五節において）すでに見た、人間本性に備わる特性である。われわれが知覚する印象の多くは、場所、すなわち局所的な位置〔という属性〕を持つことができない。しかし、それでもわれわれは、まさにそのような印象が、視覚の印象や触覚の印象に、場所的に連接していると思っている。しかも、それらの諸印象が、因果関係によって連接しているという理由だけで、すなわち、すでに想像力において結びつけられているという理由だけで、そのように思うのである。それゆえ、結びつきを完璧にするためであるなら、新しい関係を、いや不合理な関係さえも、われわれには捏造することが可能なのである。そのため、次のことが容易に想像されるだろう。すなわち、なんであれ、こころに依存する諸関係が存在するのであれば、こころは即座に、それらの諸関係を、すでに存在しているあらゆる関係とも連接させて、すでに空想において、ある結びつきを持っているような諸事物を、新しい接着剤によって結びつけるのである、と。かくして、たとえば、われわれは物体を配置する際に、類似した物体を互いに近づけて置く、少なくともそれに対応する観点の下に必ず置く。なぜなら、隣接の関係を類似の関係に加えると、つまり位置の類似性を特性の類似性に加えると、われわれは満足感を覚えるからである。そしてこのことは、人間本性に関する、〔第一巻第一部第四節で確認した〕ご存知の性質から、簡単に説明される。ところが、何らかの諸事物を結びつけることについては決定されているものの、いずれの個別的な事物を選ぶのかについては未だ決定されていない場合、こころは、関係し合っているものへと自然に目を向ける。それらの事物は、すでにこころにおいて結びつけられている。つまり、それらの事物は、それらについて知覚され思い抱かれるもののうちに、同時に現れるのである。それらが連接するための新たな理由は、まったく不要である。それどころか、われわれがこの自然な親近性を見過ごしてしまうのなら、この見過ごしを説明するための極めて強力な理由が求められることだろう。この点についてはのちに美しさを取り扱うようになるときに、一層十分な説明をする機会があるだろう。そこで、さしあたっては、次のように述べることで満足しておこう。すなわち、秩序や斉一性に対する愛は、書斎にある本を整理し、そして客間の椅子をきちんと並べるのと同じ愛であるが、この愛が、所持の安定に関する一般的規則を修正することによって、社会の形成や人類の幸せな暮らしにも役立つのである、と。所有ということで、ある人物とある事物との間に、ひとつの関係が形成されるのだから、所有ということが、先行する何らかの関係の上に位置づけられるのは自然なことである。そして、所有とは、社会の法律によって保護される恒常的な所持に他ならないのだから、所有に類似した関係である、現在の所持というものが、所有に付け加えられることも自然なことなのである。というのも、このこと〔＝類似していること〕も影響を及ぼすからである。もしも、あらゆる種類の関係を連接させることが自然であるのなら、類似していて、かかわり合っているような諸々の関係を連接させることは、なおさら自然なことなのである。

しかし、われわれは次のことに気がつくかもしれない。すなわち、所有権を、現在の所持者に割り当てる規則は自然的なものであり、そのことのゆえに有用であるとしても、その規則の効用は、社会の最初の形成段階をこえて延び広がりはしないということ、そしてまた、その規則を、揺るがず墨守し続けること以上に、有害なことはないかもしれない、ということに。そうなれば、その規則によって、正当な権利の返還が許されなくなり、あらゆる不正義が認められてしまうだけでなく、逆に、不正義が誉め称えられてしまうことにもなりうるだろう。それゆえ、われわれは、ひとたび社会が形成されたのちに、所有なるものを生み出すような、別の何らかの事情を、探し求めねばならない。そして、この種のもののうち、次の四つが、すなわち「占有」「時効」「付加」「相続」こそが、最も注目に値すると思われる。これらを逐一、簡潔に検討していこう。まずは占有から始めよう。

すべての外的な財は、それらを所持することについて、〔その持ち主が〕変更されやすく、そして不確実である。このことは、社会設立に対する、最も重大な障害のひとつである。そしてこのために人々は、明示的にであれ暗示的にであれ、意図の普遍的な一致（universal agreement）があれば、正義と公正の諸規則と呼ばれるものを用いて、自らを抑制するのである。このような抑制をする前の状態の悲惨さこそ、われわれが可能な限り早急に、その救済策に従おうとすることになる原因である。そして、こうしたことによって、なぜわれわれが、最初の所持、すなわち占有に、所有の観念を付け加えるのかということの納得しやすい理由が与えられる。人々は所有を、わずかな間であっても、不安定な状態のままで放っておいてよいとは思わないし、暴力や無秩序に対しては、ほんのわずかの余地すらも与えてよいとは思わない。このことに加えて、最初の所持とは常に、最大の注意を引くものである。そして、われわれが、最初の所持に関心を払わないのであれば、それに続く何らかの所持に、所有を割り当てる理由には、ほんのわずかのもっともらしささえも、ありはしないことだろう(2)。

（2）哲学者の中には、占有の権利を説明するために、次のように述べるものがいる。すなわち、すべての人は、自分自身が労働することによって所有権を持つようになる。言い換えると、人が、本人の労働を何かに付け加えると、その労働によってその人は、労働が付け加えられたすべてのものに対して、その所有権を獲得するのである、と。しかし、自分たちの労働を、獲得した事物に付け加えるとは言えない場合にも、占有とされる場合のものが、いく種類か存在する。たとえば、われわれが自分たちの牛に牧草を食べさせることによって、その牧草を所持するというような場合である。このことについては、付加によって問題点が説明される。そして、それは不要な循環である。比喩的な意味以外で、自分たちの労働を何かに付け加えるなどと、われわれは言うはずがない。適切な言い方をするならば、われわれは労働をすることによって、何かに変更を加えるにすぎない。このことは、われわれとその事物との間に、一つの関係を作り出す。そして、このことから、先に見た諸原理に従って、所有が生じるのである。

課題として残されているのは、所持ということで意味しているものの中身を定めることだけである。しかしながら、これは一見して想像されるほど、容易なことではない。われわれが、ある何らかのものを所持していると言われるのは、その何らかのものに直接触れている場合だけではない。次のような場合も、そうだと言われる。すなわち、われわれが今、「何らかのもの」という言い方で指しているその当のものに関して、当のそのものを使うことのできる能力を持つという状況にありつつ、当のものを持つ立場にあり、それゆえに、自分たちの現在の快や有益さにしたがって、その何らかのものを動かし、変化させ、あるいは破壊することができる場合にもまた、その何らかのものを所持していると言われるのである。そうすると、この関係は、一種の原因と結果〔の関係〕である。これに加えて、所有とは、正義の諸規則、すなわち、人々の協調的営み《コンヴェンション》によって生み出されたもの〔＝規則〕に由来するところの、安定的な所持に他ならないのだから、所有は、〔所持と〕同じ種類の関係として、考えられるべきである。しかしここで、次のことを見てとる

506

ことができる。すなわち、何らかの事物を用いる能力は、われわれが妨害に出くわす蓋然性の高低に応じて、より確実なものになったり不確実なものになったりする。また、この蓋然性は、気付かれることのないまま、増加することがある。それゆえ、多くの場合、所持の始まりと終わりを定めるのは不可能であるし、そしてまた、そのような論争に決着をつけることができるような特定の基準など、存在しないのである、と。〔たとえば、〕野生のイノシシが人間の罠にかかるとき、その罠から逃げ出すことが不可能であるならば、そのイノシシは、われわれ人間の所持物になると考えられている。しかし、ここでの「不可能だ」ということでは、いったい何が意味されているのだろうか。われわれはどのようにして、「〔イノシシが罠から逃げ出すのは〕不可能だ」ということを、「〔イノシシが罠から逃げ出すのは〕ありそうにない」ということから、切り離すのだろうか。また、われわれはどのようにして、「ありそうにないこと」を「ありそうなこと」から厳密に区別するのだろうか。一方〔＝可能性〕と他方〔＝蓋然性〕それぞれの、正確な境界を明らかにせよ。そして、起こりうるあらゆる論争、および経験を通じて見られるような、この主題に関して頻繁に起こっている、ありとあらゆる論争に決着をつけるための基準を示してもらう(3)。

（3）こうした諸々の困難の解決を、理性や公共的な利益のうちに探し求めるのであれば、満足な解決は決して見出されないだろう。そして、その解決を想像力のうちに探し求めるのであれば、明らかなことではあるが、想像力にはたらきかける諸特性は気づかぬうちに、互いに次第に混ざり合うので、それら諸特性に、何らかの正確な線引きや限界を与えることは不可能なのである。この項目に関する困難の度合いは、次の場合に、さらに高まることになる。すなわち、自分たちの判断が、問題に応じて、極めて目につく仕方で変化すると考えられる場合、および、同じ能力と隣接性が、あるときは所持とみなされ、別のときには所持とはみなされないと考えられる場合、である。〔たとえば、〕ずっと野ウサギ狩りを続けたために疲労困憊の極限にいたって動けなくなった人は、別の人が自分の前に急に出てきて、自分の獲物を奪うとすれば、それを、その別の人のおこなう不正義だと見なすだろう。しかし、同じ人物が、自分の手の届く範囲にぶら下がっているリンゴをもぎ取ろうとして前に出ようとするとき、別の人物が、より機敏に彼を追い抜いて、そしてそのリンゴを手に入れてしまうとしても、追い抜かれたその人物には、文句を言う口実がない。こういう差異が出てくる理由として、何があるだろうか。その理由としては、動けなくなったということ以外にはない。これは野ウサギにとって自然的なものではなく、労働の結果にとって、自然的なものであるのだが、この動けなくなったということで、野ウサギの場合には、狩人との強い関係が形成されるのに対し、リンゴの場合には、そういう関係が欠けているのである。

それゆえ、どうも次のようであるのだ。すなわち、このように、〔対象との〕接触、あるいは感知可能な他の関係が当該の場面に見てとれないのなら、〔その対象の〕享有に関する確実で不可謬な能力を当人が持っているのだとしても、だからといってその人が、その対象を所有することになるわけではない場合が、しばしばあるようなのである。そしてさらには、感知可能な関係が存在しさえすれば、それに関連する能力をなんら持たないとしても、ときおり、何らかの対象に対する権限がその人に与えられるには十分であるということを、私は見てとるのである。なにかある物が見えているということが、重大な関係であることはほとんどなく、それは、対象が隠れていたり極めて不明瞭であったりする場合にのみ、重大な関係として顧慮されるだけである。後者の場合、大陸でさえも、それを最初に発見した人に、そのすべてを帰属させるという根本原則にしたがうと、大陸を見たということだけで、その所有が認められているということがわかる。しかしながら、注目すべきことは、発見の場合も、所持の場合も、ともに、第一発見者と第一所持者は、自分自身を持ち主にしようとする意図を、その関係に加えなければならない、ということである。なぜなら、そうでないならば、その関係は何の効果も持たなくなるからである。すなわち、われわれの空想のなかでの、所有とその関係との間の結びつきは、実はそれほど強くはないので、そのような意図によって補助される必要があるからである。

こうした事情すべてからは、容易に、次のことを見てとることができる。すなわち、占有による所有の認定についての多くの問いは、非常に入り組んだ難解なものである。そして、ほんのわずかでも考えようとする努力をするのならば、いかなる理性的な決断によっても許容されることのない事例が、いくつも見えてくる、ということを。想像上の事例よりも、実際にあった事例が好ましいと思うのなら、自然法について取り扱ってきたすべての論者のほとんどが取り組んできたはずの、次の事例について、考察するのがよかろう。

二組のギリシア植民団が、祖国を離れて、新たな本拠地を探していた、とせよ。彼らは、自分たちの近くにある街が、住民たちによって捨てられたことを知らされた。この報告の真偽を見極めるため、彼らはすぐさま、それぞれの植民団から各々一人ずつ、使者を派遣した。派遣された二人の使者は、その街に近づくにつれて、自分たちの情報が真実であると分かり、各々が、自分の同朋のために、その街を所持しようとして、お互いに競争をし始めた。二人の使者のうち片方は、もう片方には敵わないと思い、自分の槍をその街の門めがけて投げた。すると、たいへん幸運なことに、もう片方の競争相手が街に到着する前に、彼の槍は門に突き刺さった。以上のことは、二つの植民団の間で一つの論争を巻き起こした。つまり、二つの植民団のうち、どちらが、その空っぽになった街の持ち主となるのか、という論争が起こったのである。そしてこの論争は依然として、哲学者たちの間で論じ続けられている。私が思うに、その論争は決着をつけるのが不可能である。なぜなら、その問題は、全体が空想に依拠しているが、空想は、この場合、宣告を下す際の何らかの正確で決定的な基準を持ってはいないからである。

このことを明確にするために、次のことを考察しよう。すなわち、先ほどの二人は、それぞれが植民団の成員のうちの一人に過ぎず、使者ないし代理人ではなかったとしたら、彼らの行為は、何の重要な結果を持つものにもならなかっただろう。なぜなら、その場合、彼らと植民団との関係は、脆弱で不完全なものでしかないからである。これに加えて、彼らを壁よりも、あるいは街の他のどの部分よりも、まっさきに門へと走るように決定付けたものは、次のこと以外にはない。すなわち、門とは、その街のもっとも明白で目立つ部分であるので、その街全体を指すにあたって、門以上に、空想を最高度に満足させるものはない、ということである。このことは、詩人たちが、街のシンボルや隠喩を、しばしば門から引き出していることからも分かる。さらに、われわれは次のことを考察できるだろう。すなわち、一方の使者が壁に接触したり触れたりすることは、適切に言うと、所持すること、ではない。それは、槍で門を突き刺すことが、所持することではない、というのと同じである。それはただ、一つの関係を作るだけである。そして、触れる場合にも、一つの関係が存在しているだけだということは、槍の場合と同じように明らかである。とはいえ、〔槍の場合は、接触の場合と〕関係のもつ力は等しくないかもしれない。それゆえ、これら二つの関係のうち、どちらが権利や所有権をもたらすのかということ、あるいは、これらの関係のうち、いずれが権利をもたらすために十分であるのかということ、こうしたことの決着については、私は自分より賢明な人の決定に任せることにする。

しかし、そのような論争は、所有や所持といったものが、そもそも実在するのかということに関して生じるだけでなく、所有や所持の程度に関しても生じうるのであるから、ほとんどの場合、これらの論争は、いかなる決着をも認められることがない、あるいは想像力以外のいかなる能力によっても、これらの論争に決着をつけることはできない。無人で未開の小さな島の海岸に上陸する人は、その最初の瞬間から、その島の所持者であると考えられるのであり、そしてその人が、その島すべての所有権を獲得する。なぜなら、その

507

所有の対象は、その島において限界づけられ、そして、空想において境界が設けられるのであり、そのとき同時に、その対象が、新たな所持者に割り当てられることになるからである。〔これに対して、〕同じ人が、グレートブリテン島ほどの大きさの無人島に上陸するのであれば、その人物が自分の所有を、自分の直接的な所持以上に広げることはない。けれども、〔上陸するのが〕数多くの人からなる植民団であるならば、彼らは揚陸したその瞬間から、その島全土の所有者と見なされるのである。

しかし、最初の所持の資格は、時間が経つと不明瞭なものになり、そして、最初の所持の資格に関して生じうる数多くの論争に決着をつけることが不可能であることは、しばしばある。そのような場合には、長期の所持、すなわち時効が自然と発生して、とある人物に、その人が享受しているいかなるものにも、十分な所有権を与えるのである。人間社会は、その本性上、厳密に正確であることを排除する。また、ものごとの現状について決定を下すために、そのものごとの最初の起源へと常に遡るわけでもない。かなりの時間が経つと、諸々の事物は、ある意味で、その現実味を失い、まるで諸々の事物がこれまで存在してこなかったかのように、こころに対してほとんど影響を及ぼさなくなるのである。ある人の資格は、現在のところは明晰で確実であり、その資格の依拠する事実が、たとえ最大限の明証性と確実性でもって証明されたものであったとしても、五十年も経った後では、不明瞭で疑わしいように思えてくるであろう。同一の事実は、それほどまでの長い間隔をあけたのちには、同じ影響力を持たないのである。そしてこのことは、所有と正義に関して、先に見た説を支持する説得力ある議論として受け取ることができるだろう。長期間にわたる所持は、いかなる事物に対しても、一定の資格をもたらすものである。しかし、確かなことであるが、あらゆるものは、時間経過のうちで生み出されるものの、だからといって、時間によって生み出される実在的なものなど存在しない。そのため、時間によって生み出される所有権とは、事物のうちに実在するものなのではなく、心情の所産なのである。この心情に対してのみ、時間がなんらかの影響を及ぼしているということが見出されるのである(4)。 509

(4) 現在の所持が、人と事物との間の関係だということは明らかである。しかし、現在の所持は、それが長きにわたって続くものでないのなら、最初の所持という関係に拮抗するほど十分なものではない。そのような場合、その関係は、時間の長さによって、現在の所持の側では強められ、時間がどれだけ離れているかによって、最初の所持の側では弱められるのである。その関係におけるこうした変化によって、所有における変化が結果として生み出されるのである。

われわれが、付加によって、諸々の事物の所有権を獲得するのは、次の場合である。すなわち、諸々の事物が、すでに自分たちの所有となっている事物と密接に結びつき、それとともに、それらすでに所有しているものよりも、当該の事物が劣っている場合である。たとえば、自分たちの庭で実る果物、自分たちの畜牛の子ども、そして自分たちの奴隷が作ったものは、そのすべてが、たとえ自分達の所持物となる前であっても、われわれの所有と見なされる。諸々の事物が、想像力において一緒に結びつけられる場合、それら諸々の事物は、同列におかれることが多く、同じ特性が与えられているものと想定されるのが普通である。われわれは即座に一方〔すでに所有しているもの〕から他方〔付加によって新たに所有するもの〕へと移行するのであり、それらに関して判断を下す際に、違いをもうけない。とりわけ、後者が前者よりも劣っている場合に、われわれが違いをもうけることがないのは、なおさらである(5)。

(5) 所有に関するこの源泉は、想像力にうったえる以外のやり方では、説明することができない。そして、この場合、いくつかの原因が入り混じることはないということについて、肯定してくれる人が一人くらいはいるであろう。そこで、われわれはさらに進んで、それら諸々の原因を、より詳細に説明し、普段の生活や経験に見られる諸事例によって、例証することにしよう。

すでに述べたことだが、こころには自然な性向が備わっており、その性向は、いくつかの関係がある場合、特にそれら関係が類似している場合には、それら関係を結び合わせるものであり、そしてまた、こころはそのような結びつきに、ある種の適合性や一貫性を見出すのである。こうした性向から、次の自然法則が引き出される。すなわち、社会の最初の形成段階において、所有は常に現在の所持に従っている。そして、社会が形成された後では、所有は最初の所持か、長期にわたる所持かのどちらかに由来する。ところで、容易に気づかれることではあるが、関係というものは、〔その強弱が〕一つの程度だけに限定されているわけではない。むしろ、われわれに関連している事物から、その事物に関連する他のすべての事物との関係をわれわれは獲得し、最終的には思考が、あまりに長く進展してしまったがために、その連鎖を見失うまで続くのである。しかしながら、その関係が各々の隔たりによってどれほど弱められようとも、その関係が即座に破壊されることはない。むしろ、その関係はしばしば、二つの事物を、その両者と関係し、かつ両者の中間にある事物を用いて、結びつけるのである。そしてこの原理は、付加の権利を生み出すほどの力を持っているのであり、そのためにわれわれは、自分たちが直接所持しているような事物の所有権だけでなく、直接所持している事物と緊密に結びつけられているような事物の所有権をも獲得するようになるのである。

ドイツ人、フランス人、スペイン人が、ある部屋にやってきたとしよう。その部屋には、テーブルの上に3本のワインボトル、すなわちラインワイン、ブルゴーニュワイン、そしてポルトワインが置かれている。そして、彼らがそれらワインの分配について口論するようになったとしよう。裁定者に選ばれた人は、自分が公平であることを示すために、三者に対し、各々の国の製品をそれぞれに与えるのが自然であろう。そして、このことが行われるときには、一つの原理に基づいているのだが、その原理は、所有を、占有、時効、そして付加に帰す自然法の、いくらかの源泉であるものなのである。

以上のすべての事例において、そして、とりわけ付加の場合に、はじめに、人物の観念と事物の観念との間に自然的な結びつきが生じ、次いで、その人物に帰される権利、すなわち所有権によって生み出される新しい道徳的な結びつきが生じる。しかし、ここで一つの困難が生じる。この困難は注目に値するものであり、目下の主題に対して用いられてきた独特の推理方法を審査する機会をわれわれに与えてくれるものである。すでに述べたことだが、想像力は、小なるものから大なるものへと移る方が、大なるものから小なるものへと移るよりも、容易である。そしてまた、その観念間の移行は、前者の〔小から大へ移る〕場合の方が、後者の〔大から小へ移る〕場合よりも、常に容易かつスムーズである。ところで、付加によって獲得される権利は、観念間での移行が容易だからこそ生じるのであり、その容易な移行によって、関連する諸事物が互いに結びつけられるのであるから、付加によって獲得される権利の強さは、観念間の移行が一層容易になされるのに応じて増すに違いないと、自然と想像されるはずである。それゆえ、われわれが何らかの小さな事物の所有権を獲得した場合、われわれは、その小さな事物に関係している何らかの大きな事物を、付加によって獲得されたものだと、つまり、その大きな事物は、その小さな事物の所有者に属するものであると、即座に見なすことであろう。というのも、その場合、小さな事物から大きな事物への〔想像力の〕移行は極めて容易なことであり、その移行によって、それらは互いに最も緊密な仕方で結びつけられるはずだからである。しかし、実際には、ものごとは常に、これとは別様であることが見出される。〔たとえば〕

グレートブリテン島の統治権には、本島に加えて、オークニー諸島、ヘブリディーズ諸島、マン島、ワイト島の領有権が伴っているように見える。しかし、それらの小さな島々を支配する権威は、グレートブリテン島に対して与えられる何らかの資格を、自然と含むわけではない。端的にいえば、小さな事物が、大きな事物に、その〔大きな事物の〕付加物として付随するのは自然である。しかし、そのような所有〔＝小さな対象にたいして所有権を有していること〕と〔対象どうしの大小〕関係とがそこに認められるという理由だけでは、大きな事物が、それに関係している小さな事物の所有者に属すると想定されることは、決してないのである。しかし、〔「観念間の移行の容易さ」ということについて、いま一度確認するならば〕、後者の〔領有権の観念が小さな島々からグレートブリテン島へと移行する〕場合の、所有者からその人の所有する小さな事物へ、そして小さな事物から大きな事物への、観念間の移行の方が、前者の〔領有権の観念がグレートブリテン島から小さな島々へと移行する〕場合の、所有者から大きな事物へ、そして、大きな事物から小さな事物への、観念間の移行よりも、よりスムーズである。それゆえ、これらの現象は、先に見た仮説、すなわち所有権を付加に帰すことは、観念の関係が及ぼす効果、および想像力のスムーズな移行の効果（結果）に他ならないという仮説に対する異論と考えられるかもしれない。

　この異論は容易に解決されるであろう。しかしそのためには、想像力が、さまざまな視点から、その対象を絶えず位置づけ続けているときの、想像力の機敏さと不安定さについて考察する必要がある。ひとりの人物に、二つの事物の所有権を割り当てるとき、われわれ〔の想像力〕は常に、その人物から一つの事物へと移行し、そしてその事物から、それに関連するもう一つの他の事物へと移行するわけではない。この場合、それら二つの事物はいずれも、その人物の所有と考えられているので、われわれ〔の想像力〕は二つの事物を一緒くたにして、同じ光の下に置きがちなのである。それゆえ、大きな事物と小さな事物とが互いに関連し合っていると想定すると、そのとき、もしある人が大きな事物と強く関係しているのであれば、その人は、一緒のものと考えられているそれらの事物両方と、〔大きな事物と〕同じくらい強く、関係することになるだろう。なぜなら、彼は最も著しい部分と関係しているのだからである。他方で、もし彼が小さな事物とだけ関係しているのだとすれば、一緒のものと考えられているそれらの事物両方と、強く関係することはないであろう。というのも、彼の関係は最も些末な部分にしか責任がないからであり、その最も些末な部分は、われわれがその全体を考察するときに、われわれを触発することは、まったくと言っていいほどないからである。こういうわけで、小さな事物は大きな事物に対する付加となるが、その逆とはならないのである。

哲学者や民法（ローマ法）学者たちの一般的な意見によれば、海はいかなる民の所有ともなりえない。その理由は、海を所持すること、あるいは、所有の根拠となりうるような海との判明な関係を作り出すことが不可能だからである。〔逆に、〕この理由が停止すれば、所有はすぐさま生じることになる。たとえば、入江と湾は付加物として、それを囲んでいる大陸の所有者に属するのが自然である、ということは、海の自由を熱烈に支持する者によってさえ、普遍的に認められている。これら入江と湾には、適切に言うと、土地との接合や結びつきがない。そしてそれは、太平洋が、土地との接合や結びつきを持たないだろうというのと同じである。しかし、入江や湾は、空想上では〔大陸と〕結びついており、それと同時に、それらが〔大陸よりも〕小さいものであるのだから、入江や湾が、〔大陸の〕付加物と見なされるのは当然なのである。

ほとんどの国家が奉じている法、およびわれわれの思考の自然な性向によると、河川の所有権は、その河川の土手の所有者に割り振られるものである。ただし、例外となるのがライン川やドナウ川のような広大な河川である。それらは想像力にとってあまりにも大きすぎるので、それらが付加物として、隣接する地面の所有に付随することはないように見えるのである。しかし、こうした広大な河川でさえ、その所有者と見なされるのは、その河川が流れる領土を所有する国である。国家という観念には、そうした河川に見合うほどの、そして、想像するにあたって、河川と上述の関係を保つのにふさわしい、嵩《かさ》があるのである。

〔ある土地の〕付加が、河川に隣接する土地についておこなわれる場合は、民法（ローマ法）学者によれば、それは、土地に付随するのではあるが、ただし、それには必要条件があって、それは増地と呼ばれるものによって、すなわち、見られることも気づかれることもなく土砂が堆積することによって、土地が作られる場合でなければならない。これは、連接するものを見る場合に、想像力を強力に後押しする要因である。土地のかなりの部分が、あるひとつの土手から一度に切り離され、他方の土手へと付け加えられるような場合には、付け加えられた当の部分が、その流れ着いた先の土地と結びつくまで、そして、木々や植物がその〔流されたかなりの部分と他方の土手の〕両方に広く根を張ってしまうまでは、切り取られた部分が流れ着いた他方の土手を持つ者の所有とはならないのである。そのようになる〔ほど時間が経つ〕までは、想像力が両者を、十分に繋ぐことはないのである。

付加について、上記のことといくらか類似するが、根本的なところで大きく異なっており、それゆえわれわれの注目に値する別の諸事例がある。この種のものとは、さまざまな人々の所有が、分離を認めないような仕方で連接することである。この問いは、結びつけられた塊が誰に所属するかというものである。

この連接が、区分は認めるが分離は許さないような本性のものであるのなら、問題の決着は自然かつ容易である。塊の全体は、それぞれの部分の所有者の間で共有のものとして想定されなければならず、その後、これらの諸部分の割合に応じて、区分されなければならない。しかしここで私は、混合と混和とを区別する際のローマ法の注目すべき細やかさに、気づかずにはおれない。混合とは、二つの物体、たとえば異なる液体が、それぞれ完全に区別できなくなるまで結びついているような場合のことをいう。混和とは、二つの物体、たとえば二ブッシェルのトウモロコシが、それぞれ明らかに見える仕方で区分されたまま混ぜ合わされるような場合のことである。後者〔＝混和〕の場合、想像力は前者〔＝混合〕ほどの完全な結びつきを二つの物体間に見出すことはないが、各々の所有に関する判明で別個な観念を辿って突きつめて、そしてそれを保持することができる。そのために、ローマ市民法は、混合の場合には、完全な共有を定め、その後に、割合に応じた区分を定めたのだが、混和の場合には、所有者それぞれが、別個の権利を持ち続けていると想定しているのである。たとえ、結局は必要性によって強制されて、〔上記の混合の場合と〕同じ区分に所有者たちが従うようになるかもしれないとしても、である。

「しかし、もしティティウスのトウモロコシが、あなたのトウモロコシと混ざり合ってしまったなら、そしてこのことが相互の同意によっておこなわれたことなら、そのすべてのトウモロコシは、共有のものとして、あなたたち二人のものとなることだろう。なぜなら、以前はあなたたちのいずれかに、単独で保有される形で別々に属していた物体・穀物は、双方の同意によって、二人の共同所有となったのだからである。しかしながら、もしその混ぜ合わせが、事故によるものであったとしたら、あるいは、ティティウスが、あなたの同意を得ずに、そのトウモロコシの二つの山を混ぜたのだとしたら、それらが共有のものとして、二人のものとなることはなかっただろう。なぜなら、別々の穀物は、所有者が別個のままであり、それぞれの実質が変更されていないからである。つまり、そのような場合、そのトウモロコシは、ティティウスの飼っている羊があなたの飼っている羊と事故によって混ざり合うことで一つの群れを作ってしまった場合と同じく、共有の所有とはならないのである。しかし、あなたたち二人のうちの一方が、混ざり合ったトウモロコシのすべてを手元に置いたままであるなら、他方は、自分のものであるはずのトウモロコシを回復するために、訴訟を起こすことができる。そして、それぞれにどれほどの量のトウモロコシが属しているかを決めるのは、裁判官の役目である。」（『ユスティニアヌス法学提要』第二巻第一項第二十八節）

二人の所有権が、区分も分離も許さないような仕方で結びつく場合、たとえば、一方が他方の地面の上に家を建てるような場合、〔地面と家〕全体は、二人の所有者のうちのどちらかに属さねばならない。そしてこの場合に私は次のように主張する。すなわち、その土地と家全体は、そのもっとも重要な部分の所有者に帰属すると考えられるのが自然である、と。というのも、その複合した事物は、二人の異なる人たちに対して一つの関係をもち、われわれの目を同時に彼ら両方に向けるかもしれないが、しかし最も重要な部分が、主としてわれわれの注意を引くのであり、この部分が、厳密な結びつきによって、それに伴う劣った部分を従わせるからである。よって、全体はその重要な部分の所有者に、一つの関係をもたらし、そのために全体は彼の所有と見なされるのである。唯一の困難は、最も重要な部分、そして想像力にとって最も魅力的な部分と、われわれが納得いく形で呼ぶものが何であるかということである。

この特性は、互いにほとんど結びつきのない、いくつかの異なる事情に依存している。複合的な事物の一部が、他の部分よりも重要なものと見なされる理由はいくつかある。たとえば、それが恒常的で持続的だから、それがより大きな価値をもつから、それが明白で顕著なものだから、それが大部分を占めているから、あるいは、その存在がより識別されやすく独立しているから、などの理由である。これらの事情は、想像しうるかぎりの、あらゆるさまざまな仕方で、また、あらゆるさまざまな程度でもって結びつけられたり対立させられたりするのであるから、両方の側に対する理由が完全に等しいほど拮抗し合い、何らかの満足いく決着をつけることができないような多くの事例が、結果として出てくるだろうと思いつくのは容易なことだろう。それゆえここに、人間本性の諸原理が未決定にしているものを確定するという、国内法のなすべき本来の仕事があるのである。

ローマ法によると、地表にあるものは土壌に従う。つまり、書かれるものは紙に従うけれど、画布は絵に従うのである。これらの決着のやり方は、ひっくるめると首尾一貫はしていない。これらの決着の理由が一致していないというのは、それらの理由の由来する先の諸原理が、相反していることの証拠なのである。

だが、こうした種類のあらゆる問いのうち、もっとも奇妙なものは、実に長い間、プロクルスの門徒とサビヌスの門徒とを分かった問いに他ならない。他人の鉄でコップを一つ作る人、あるいは他人の木材で船を一艘作る人を想定してみよう。そして鉄と木材の所有者が、自分の財を要求するとしよう。このとき問われるべきは、彼がそのコップや船に対する資格を得るのかどうか、ということである。サビヌスは肯定の立場にたって、次のように主張した。すなわち、材料ないし物質は、あらゆる特性の根拠である。そしてそれらは、永続的であり不滅である。それゆえ、材料ないし物質は、それに対して因果的で依存的である形（かたち）よりも上位にあるのだ、と。これに対し、プロクルスは次のように述べた。形こそがもっとも明らかで顕著な部分なのであり、形に基づいて物体は、あれやこれやの特定の種だと呼ばれる名称を得るのである、と。このことにプロクルスは次のことを付け加えてもよかったであろう。すなわち、物質ないし材料は、ほとんどの物体において、極めて変動しやすく安定しないものなので、そのすべての変化の過程においてそれらを、ひたすら辿っていくということは、まったくもって不可能である、と。私の意見は、どのような諸原理から、そうした論争が確実に決着されるのかということはわからない、というものである。それゆえ私は、トリボニアヌスの決着が極めて利口に思えると述べることで甘んじよう。つまり、コップは鉄の所有者に属する。なぜなら、コップは、元の形に戻すことができるからである。しかし、船は、コップの場合とは反対の理由で、その形の作者に属する、と。とはいえ、どれほどこの理由が利口に見えようとも、その理由は、空想に依存していることが明らかである。空想は、そのような、材料への還元の可能性によって、コップとその鉄の所有者との間の方が、船とその材木の所有者の間（この場合、材料である材木は――木の姿のままで用いられており、その実質は、コップの場合よりも形が定まっており、変えることができない）よりも、より緊密な結びつきと関係があると見なすのである。

相続の権利〔の成立〕は、極めて自然なものであり、親もしくは近親者が同意すると推定されることと、

そして人類の一般的な利益とに由来する。人類のこの一般的な利益は、人々の所持物が、それらの人々に
とって最愛の人たちの手に渡ることを要求するけれど、それは、〔親をはじめとした〕人々を、一層勤勉かつ 511
質実にするためなのである。これら相続の権利の成立の原因〔＝同意と利益〕は、おそらく、関係の影響に
よって、すなわち観念連合によって支えられている。つまり、観念連合によってわれわれは、親が亡くなっ
た後に、息子のことを考えるよう自然と導かれるだけでなく、息子に対して彼の父親の所持物に関する資格 512
を帰するように、自然と導かれることにもなる。それらの財は、誰かの所有とならねばならない。だが、誰
の所有となるのかということが問題である。この場合、明らかに、その人物の子どもたちが自然と思い浮か
ぶのである。そして、その人物の子どもたちは、親が亡くなったことによって、親たちの所持物とすでに結 513
ばれてしまっているので、われわれは、その子どもと親の所持物を、所有の関係によってさらに強力に結び
つけがちなのである。このことについては、数多くの似通った事例が存在している(6)。

（6）統治の権威に対するさまざまな資格を検討するにあたり、われわれは、相続の権利が、大部分、想像力に依存しているということについて自分たちを納得させる、さまざまな理由にでくわすだろう。それまでのところ、私は、目下の主題に属する一つの事例を観察することで満足しておこう。ある人が子どもをもうけぬまま亡くなり、彼の遺産をめぐって、彼の親族の間で論争が起こるとしよう。彼の財産は、その一部が彼の父親から譲り受けられたものであり、他の一部が彼の母親から譲り受けられたものであるとしよう。その場合、そのような論争に決着をつける最も自然なやり方は、彼が持っている諸々の事物を分割し、各部分をそれが由来した家族へと割り振ることである。さて、その人は、かつてそれらの財の十分で完全な所有者であったと思われている。そこで、次の問いを

たてることにしよう。すなわち、この分配において確かな公正さと自然な理由を見出せるものが、想像力以外に存在するだろうか、と。これら家族に対する彼の愛情は、彼の所持物に依存していない。そのために、彼の同意をそのような分配に対して正確に推定することはできない。そして、公共的な利益に関して言うと、それは、どちらかの側に、ほんのわずかでも関心を寄せることはないように思われるのである。

第四節　同意による所有権の移譲について

所持の安定が、人間の社会にとってどれほど有用であっても、あるいは必要でさえあっても、所持の安定には、極めて重大な厄介ごとがともなう。それは適切さ、すなわち相応さの関係にかかわるものであり、この適切さや相応さの関係は、人類の所有物を割り振る際に、決して考慮に入れられるべきではない。むしろ、われわれが自分自身を統治するためには、規則に頼らねばならず、そうした規則は、それが用いられる際には、一層一般的で、疑いや不確実性から一層免れているような規則でなければならない。この種の規則こそ、社会設立の最初の段階における現在の所持〔という規則〕であり、そののちに生じるのが、占有、時効、付加、そして相続である。これらの規則の案出は、かなりの程度、偶然に依存しているため、人々の欲望および欲求の双方と、しばしば対立することになるのは間違いなく、そのため、人々と所持物との間のバランスは、ひどく崩れたものとなるに違いない。これは、救済策を必要とする、一つの重大な厄介ごとである。ある一つの規則をそのまま用いて、そして万人に、自分にとって適切と判断するものを暴力によって獲得させてしまうのなら、社会は破壊されてしまうことになるだろう。それゆえ、正義の諸規則は、厳格な安定性と、変わりやすく不確実なこの調整との間の、何らかの中庸策を探し求めるのである。しかし、次のような明白な中庸策以上の良策は存在しない。すなわち、最上の策は、所持および所有は、所有者が所持物や所有物を誰か他の人に与えることに合意する場合を除いて、常に安定的であるべきである、というものである。この規則によって、争いや意見の相違を引き起こすような、悪しき帰結が生じることはいっさいなくなる。というのも、当該の譲渡の際には、唯一の関係者であるその所有者の同意がともなうからである。そしてこの規則は、所有物を人々に割り当てるときに、たいへんよく役に立つことだろう。地球上のさまざまな地域では、さまざまな品が作り出される。それは、ただそうだというだけではなく、さまざまな人々はそれぞれ、生まれつき、さまざまに異なった職業に適しているのであり、そうした自分に適したひとつの職業だけに専念するならば、いかなる人も、〔他の人〕より優れた卓越性を獲得する、ということでもあるのだ。こうしたことすべてがうまくいくためには、お互いの間での交換、および財のやり取りが必要となる。このようなわけで、同意による所有物の移転は、そのような同意がない場合の所有の安定とともに、自然法に基づいているのである。

ここまでのところ、ものごとを定めてきたものは、明白な効用と利益とであった。しかし、引き渡し、すなわち事物が目に見える形で移譲されることが、市民法によって、また、大概の論者によれば自然法によっても、所有権の移転における必須な条件として、普通一般に求められているわけだが、この要求はおそらく、〔明白な効用や利益ではなく〕どちらかというと、もっと瑣末な理由によるのであろう。〔というのも、〕ある事物の所有権が、道徳や、こころの諸々の感情に関連しないにもかかわらず、実在的なことだと見なされている場合には、それ〔＝事物の所有権〕は感覚されることも、想い抱かれることさえも、まったくないような特性なの〔だから〕である。そしてまた、所有権が安定していることについても、所有権が移転することについても、われわれはそれらの判明な観念を形成することができない〔のだからである〕。〔ところで〕所有権が安定していることに関する目下の観念が、このように〔判明ではないという点で〕不完全であるということは、気づかれにくいことである。なぜなら、所有権が安定していることが、われわれの関心を引きつけることはあまりないので、こころは、それ〔＝所有権が安定していること〕のいささかの慎重な検討もしないまま、やすやすとそれを見逃してしまうからである。しかし、ある人から別の人へと所有権が移転することは、所有権が安定していることよりも目につくことなので、われわれの観念の〔判明ではないという〕その欠陥は、その場合には、より一層気がつかれることとなり、そのために、われわれは何らかの救済策を探し求めて、あらゆる方面に目を向けざるをえなくなるのである。ところで、何であれ観念を活気づけるもののうち、現在目の前に現れている印象、およびその印象と観念との間の関係以上に強力なものは他にはない。そのため、自然とわれわれは、この方面から、誤った光を探してしまう。所有権が移譲されることを想像力が想い抱きやすいようにするために、われわれは、目に見える事物を用いて、その事物の所持を、われわれが自分の所有権を与えるところの人物へと、実際に移譲するのである。それらの〔目に見える事物を用いる行為と、その事物を移譲する行為との二つの〕行為が、想定されているものと類似しており、そして目に見えるこの引き渡しが、目の前に現れているために、こころはだまされてしまい、そして自身〔＝こころ〕が、所有権の神秘的な転移について想いを抱いていると、空想してしまうのである。そして、事柄をこのように説明することが正しいということは、実際の譲渡が実行できない場合には、空想を満足させるために、人々が象徴的な譲渡を発明してきた、ということからも明らかである。たとえば、穀物庫の鍵を与えることは、そこに入っている穀物を譲渡することであると理解される。石や土地を与えることは、荘園を譲渡することを表している。これは市民法、および自然法においては、迷信的な慣行の類であり、宗教においては、ローマカトリックの迷信と似ている。ローマカトリック教徒はキリスト教の不可解な神秘を表し、それら神秘をこころに一層現前させるために、それら神秘と類似していると思われている蝋燭、僧服、しかめ面を用いる。これ 516
と同様に、法律家や道徳学者も、同じ理由で、似たような発明を用いるようになり、そのような手段を用いて、同意による所有権の移譲に関して満足しようと努めてきたのである。

第五節　約束の責務について

約束の履行を命じる道徳の規則が自然的なものではないこと、このことは、これから私が示そうとしている、以下の二つの命題から十分明らかになるだろう。それらはすなわち、①約束とは、それが人間の打算的協調《コンヴェンション》によって定められる前の段階では、知性によって理解できるようなものではないだろうという命題、および②たとえ約束が知性によって理解可能であっても、そのような知性によって理解可能な約束には、何らの道徳的責務も伴わないだろうという命題である。 516

私は第一に、次のように主張する。約束とは、自然本性的にわれわれの理解できるものではないし、人間の打算的協調《コンヴェンション》に先立つものでもない。そして、さらに、社会を直《じか》に知らない人間は、他の人間と、たとえ彼らが互いの思考を直観によって把握できるとしても、いかなる取り決めを結ぶこともできないであろう、と。もし約束というものが自然本性的に理解可能なのだとしたら、「私は約束する」というこうした言葉には、こころの何らかのはたらきが伴っているはずであり、こころのこのはたらきに、責務は依存していなければならない。それでは、魂のすべての能力を見直し、われわれが約束するときには、それらのうちどの能力がはたらいているのか、確かめてみることにしよう。

約束によって露わとなるこころのはたらきは、何かを履行しようとする決意ではない。というのも、決意だけでは、何らかの責務がわれわれに課されることは決してないからである。そしてそれは、約束を履行したいという欲求でもない。というのも、われわれはそのような欲求を持たずとも、いやむしろ、嫌悪を表明・明言しながらでも、約束に縛られうるからである。さらにそれは、われわれが履行を約束するところの行為を、意志することでもない。というのも、約束は常に、ある未来を顧慮しているのだけれど、意志が影響を及ぼすのは現在の行為に限られるからである。以上から、次のことが帰結する。すなわち、約束を結び、約束の責務を生み出すこころのはたらきは、何か特定のことを、履行しようと決意することでも、欲求することでも、意志することでもないのだから、それは必然的に、約束に起因する責務を意志すること、でなければならない、と。しかもこれは、哲学上の結論であるだけにとどまらない。この結論は、自分たちは自分自身の同意に縛られており、そしてその責務はわれわれの端的な意志や意向から生じていると、そう述べるときの、われわれに共通するふつうの考え方・表現の仕方に、完全に一致してもいるのである。そうすると、ただ一つ問われるべきは次のことだけである。すなわち、こころに、このような〔約束に起因する責務を意志する〕はたらきがあると想定することのうちに、明白な不条理が、つまり偏見や言語の誤った使用によって考えが混乱していない人であれば、誰も陥ることなどありえないような不条理が、あるのではないか、ということが問われるべきである。

517

　道徳はすべて、われわれ人間の感情に依存している。すなわち、何らかの行為、あるいはこころの特性が、特定のやり方でわれわれを喜ばせるのなら、われわれはそれを有徳的だ、と言う。逆に、そうした行為を無視すること、あるいは遂行しないことが、同じように〔＝特定のやり方で〕われわれを不快にする場合には、われわれは自分たちが、それを遂行する責務のもとにある、と言う。責務の変化は、感情の変化を前提とする。そして、新たな責務の創出は、何か新たな感情が生じることを前提とするのである。ただし、以下のことは諸々、確かなことである。すなわち、人間本性上、われわれは、自分自身の感情を変化させることができないけれど、それは、われわれが人間本性上、天空の運動を変えることができないのと同じである。それのみならず、自分たちの意志をただ一回はたらかせるだけでは、すなわち、約束をひとつ結ぶだけでは、何らかの行為を快適にしたり不愉快にしたり、つまり、何らかの行為を道徳的なものにしたり不道徳なものにしたりすることができないのも確かである。だが、当の行為は、そうした〔約束をするという〕意志のはたらきがなければ、反対の諸印象を生み出したか、または、もっと他の特性を付与されたことであろう。そうであるならば、何らかの新たな責務を意志するということ、つまり、何か新たな快または苦の感情を意志するということは、不条理であるだろう。そしてまた、人々が、かくも馬鹿げた不条理に自然と陥ってしまうということも、ありえないことである。それゆえ、約束とは、自然的には、まったくもって知性的に理解できないものなのであり、約束というものに付属する、何らかのこころのはたらきなど存在しないのである(7)。

(7) 仮に道徳が、感情によってではなく、理性によって発見されうるのだとしたら、約束というものが道徳に対して、何らの変更も加ええないということは、なお一層明らかであろう。〔道徳が理性によって発見されるのなら、その場合〕道徳の本質は関係に存している、と想定されている。それゆえ、道徳上の新たな賦課はそのすべてが、諸々の対象の間の、何らかの新たな関係から生じなければならない。すると、その論理的帰結として引き出されるのは、意志は、直接的なやり方では、道徳に対して、いかなる変化も与えないだろうということであろうし、意志がそうした影響を及ぼしえるのだとすれば、それは、諸々の対象を変化させることによってでしかない、ということであろう。しかし、約束の道徳的責務は、意志のみによる混じりけのない効果・結果なのであり、このとき、世界の側には些かの変化ももたらされていないのであるから、約束は自然的な責務をもたない、ということになる。

　意志のこのはたらきは、実質的にはひとつの新たな対象なのだから、この意志のはたらきが新たな関係と新たな義務を生むのだと、そう言われるとしよう。この主張に対して、私は、次のように答えよう。すなわち、この主張はまったくの詭弁であり、そのことについては、並みの的確さと厳密さをもってすれば、見出すことができるのだ、と。新たな責務を意志することは、新たな対象の関係を意志することである。それゆえ、もしこの対象の関係が、意志のはたらきそのものによって形成されたのだとしたら、われわれは実質的に、意志のはたらきを意志していることになるはずである。〔だが〕このことが不条理で不可能だということは明白である。この場合、意志には、それが向かうべき対象としては、何も与えられておらず、ただ自分自身へと無限に戻ってこなければならない。新たな責務は、新たな関係に依存している。新たな関係は、新たな意志のはたらきに依存している。新たな意志のはたらきは、新たな責務をその対象とし、したがって、新たな関係を、それゆえ新たな意志のはたらきを、その対象とすることになる。つまり、この意志のはたらきは再び、新たな責務、関係、そして意志のはたらきを考慮にいれることになり、終わることがない。それゆえ、われわれが、何であれまだ存在していない新たな責務を意志することができるなどというのは不可能なことなのであり、したがって、意志が、何であれ約束に伴って生じるということ、すなわち道徳の新たな責務を生み出すということは不可能なのである。

しかし第二に、仮に約束には、何らかのこころのはたらきが伴っているのだとしても、そのこころのはたらきは、自然的には、いかなる責務をも生み出すことはありえないだろう。このことは、先ほどの推論から明らかである。約束からは、新たな責務が生み出される。新たな責務は、新たな感情が生じることを前提としている。〔その一方で〕意志は、新たな感情をまったく生み出さない。それゆえ、いかなる責務も、自然的には、約束から生じてくることはないだろう。たとえこころが、そのような責務を意志するという不条理に陥ることがあると想定するとしても、である。

以上で立証された事実が正しいことは、正義が一般には人為的徳であるということを立証した推論によって、さらに明らかなものとして、示されることだろう。人間〔の自然〕本性には、行為を生み出すことのできる、われわれを駆り立てる何らかの情念ないし動機が植え付けられていないのであれば、いかなる行為も、われわれの義務として、われわれに要求されることはありえない。〔そして〕この動機が義務感である、ということはありえない。義務感とは、それに先立つ〔自然的〕責務を前提としている。そして、ある行為が何らかの自然的情念によって求められていないのであれば、その行為が何らかの自然的責務によって求められることもありえない。というのも、その行為がなされないとしても、こころや気性における何らかの欠陥ないし不完全さを示すことにはならないし、したがって何かの悪徳を示すことには、ならないからである。ところで、義務感とは別に、約束の履行へとわれわれを導く動機が、われわれに〔自然的に〕備わっていないということは明らかである。仮にわれわれが、約束には道徳的責務がまったくないと考えているのであれば、約束を遵守しようとする傾向性を、われわれが感じるはずもないだろう。このことは、自然的徳には当てはまらない。不幸な人を救うという〔道徳的〕責務などないとしても、自分たちの人間性〔=自然的徳の代表格〕によって、そうするよう〔＝不幸な人を救うよう〕、われわれは導かれることだろう。そして、われわれがその〔自然的〕義務を怠れば、それは、われわれには人間性という自然的感情が欠けているということの証拠となるのだから、その怠慢は、不道徳だということになるのである。〔たとえば〕父親は、自分の子どもの世話が自分の義務であることを知っている。とはいえ、父親にはまた、子どもを世話する自然的な傾向性も備わっている。すなわち、加えて言えば、人間にそのような傾向性が備わっていないとしたら、人は、どのような責務であれ、そのもとにわれわれが置かれるようなことにはならなかっただろう。ところが、約束の責務の感覚とは別に、約束を遵守するような傾向性など、自然的には存在しないのだから、〔約束を守ることの〕忠実さは、自然的徳ではない、ということになる。すなわち、約束は、人間の打算的協調《コンヴェンション》に先立っては、何の力ももたない、ということになるのである。

519

　誰であれ、以上の議論が不服であるのなら、その人は、次の二つの命題についてのきちんとした証拠を提出しなければならない。すなわち、約束に付け加えられる、特殊なこころのはたらきが存在するという命題、および、こころの当該のはたらきの結果として、義務感とは別に、約束を履行する傾向性が生じるという命題の二つである。私は、これら二つの命題のどちらも、証明することは不可能であると推定している。それゆえ、私はあえて、約束というものが、社会の必要性と利益とに基づく、人間の発明であると結論するのである。

　これらの必要性と利益を発見するためには、人間本性に備わる諸々の特性について考察しなければならない。それら諸々の特性は、先述した社会の諸法を生み出したものとして、われわれがすでに見てとったものとまさに同じものである。人間は、自然的には、利己的な存在であり、〔利他的な要素としては〕限られた気前のよさしか与えられていない。それゆえ、見知らぬ人々のために何らかの行為をするように人間を誘導することは、容易いことではない。ただし、そのような行為によってしか獲得する望みがまったくないような、何らかの互酬的な利得の見込みがある場合は別ではあるが。ところで、こうした相互行為の遂行が、関係者相互にとって同時に終わるということがないというのは、しばしばあることである。そのため、一方は不確実な状態に甘んじなければならず、親切というお返しを求めるにあたっては、他方の感謝の気持ちに頼らなければならない。しかし、人々の間には、腐敗堕落がひどく蔓延しているのだから、一般的に言って、このこと〔＝他方の感謝の気持ちに頼らなければならないこと〕は薄弱な保証にしかならない。しかもこの場合、恩人とは、自己利益を見込んで自分の好意を与える者なのだと想定されている。よって、このふたつのことは責務〔感〕を弱め、それを取り去ってしまうだけでなく、忘恩の真の母である利己性の一例ともなるのである。それゆえ、もしわれわれが、自分たちの情念や傾向性の自然ななりゆきに従うはずだとするのならば、われわれが、自分たちの利害にとらわれることなく、他者の利得のために遂行する行為というものは、その数がほんのわずかしかないことになることだろう。なぜなら、われわれは、自然本性的には、自分たちの親切心や愛情という点で、〔先ほども触れた通り〕きわめて制限されているからである。また、利益の顧慮に基づいていても、われわれが履行するその種の〔利他的な〕行為は、同じように、ほんのわずかしかないはずである。というのも、われわれは、他者の感謝の気持ちに頼ることができないからである。そうすると、こうした場合に好意をやり取りし合うことは、いわば、人類の間では失われてしまい、万人は、自分の幸せな暮らしと生存のために、自分自身の手腕と勤勉さ〔に頼る状態〕へと舞い戻ることになる。〔なるほど〕所持の安定に関する自然法の発明は、すでに人々を、互いに対して寛容にはしたたし、同意による所有と所持物の移譲に関する法は、人々を、お互いに有益な存在にし始めている。しかし、依然としてこれらの自然法は、それがどれだけ厳しく遵守されようとも、人々が本性上そう〔つまり、お互いに有益な存在に〕なるに適うというほどに、人々を互いにとって役立つものとするには至らないのであり、不十分なのである。たとえ所持が安定的であるとしても、多くの場合に人々が、そのこと〔＝所持が安定していること〕から利得を獲得するとしても、それはほんの少しのものでしかないことだろう。その一方で、人々は、特定の種類の財を、自分が必要とする分よりも多くの量、所持していたり、同時にまた、他の種類の財が不足して悩んでいたりする。こうした不都合に対する適切な救済策である所有権の移譲〔の正義の規則〕は、その不都合を完全に救済するわけではない。なぜなら、〔今のところ〕所有権の移譲が唯一行われるのは、現前する事物や個別的な事物に関してなのであって、目の前にない事物や一般的な事物に関しては行われえないからである。ひとは、二〇リーグ離れたところにある個人の家の所有権を、移譲することができない。なぜなら、その同意には、〔移譲のために〕必要な事情である譲与が伴わないからである。そしてまた、ひとは一〇ブッシェルの穀物の所有権、あるいは五ホッグズヘッド〔＝約一、二〇〇リットル〕のワインの所有権を、単に何かを表明したり同意したりすることによっては移譲することができない。なぜなら、これらは一般的な名辞にすぎず、何らかの個別的な量の穀物やワインに対して、直接的な関係を持たないからである。さらに、人々の間での財のやり取りは、商品の物どうしの交換だけに限定されてはおらず、サービスや行為にまで拡大しうる。そして、われわれはお互いの利益や利得のために、このサービスや行為を交換し合うことが可能である。あなたのところの穀物は、今日実りを迎え、私のところの穀物は、明日実りを迎えるとしよう。私が今日、あなたと一緒に働き、あなたが明日、私の手伝いをしてくれることは、われわれ双方にとって有益なことである。〔だが、〕私は、あなたに対して親切心をまったく持ってはいないし、同様にあなたが、私に対する親切心をほとんど持っていないことを、私は知っている。それゆえ、私はあなたのために、いささかの骨折りもしないことだろう。そして、仮に〔あなたからの〕見返りを期待して、私が自分のためにあなたと一緒に働くとしたら、自分が〔あなたの裏切りによって〕失望することを、そして、あなたの感謝の気持ちに頼っても無駄であることを、私は知っているのである。そこで私は、こうした場合には、あなたを一人で働かせておくのであり、あなたも私を、同じように扱うことになる。〔その結果、〕季節が移れば、相互の信頼と保証が無いために、われわれは双方ともに、自分の収穫物を失うことになるのである。

以上すべては、人間本性に備わる自然的で生来的な諸原理や諸情念の結果である。そして、これら諸情念や諸原理は変わることがありえないのだから、次の二つのことが考えられるだろう。すなわち、①それら諸情念と諸原理に依拠するわれわれの振る舞いも、情念や原理と同様、変わることはありえない。また、②道徳学者であっても政治家であっても、公共的な利益を目指して、われわれの自然本性に手を加えること、つまり、われわれの行為の通常のなりゆきを変化させようと試みることは無駄であるだろう、と。そして実際のところ、道徳学者や政治家の目論みが成功するか否かは、人々の利己性と恩知らずとを修正することに彼らが成功するか否かにかかっているのだとしたら、全能の神の手助けがない場合には、いかなる進展も成し遂げられないことだろう。というのも、全能の神によってしか、人間のこころを新しく鋳直したり、その性格を、そのような根本的なところまで変化させたりすることはできないからである。彼らにせいぜい主張できそうなことといえば、それは、そのような自然的な情念に新たな方向性を与えること、そして、われわれは、間接的で、紆余曲折を経る人為的なやり方で自分たちの欲望を満足させる方が、欲望の向こう見ずで性急な運動によって満足させるよりよい、ということをわれわれに教えることくらいである。以上のことから、私は他人に、まことの親切心などまったく抱かずとも、奉仕するようになる。なぜなら、他人が、同じ種類の別の奉仕を期待しており、そしてまた、私や他の人々との間で、同様に好意のやりとりをし続けるために、その他人は、私の奉仕にお返しするだろうということを、私は予見するからである。したがって、私が彼に奉仕し、そのために彼が私の行為によって生じた利得を所持した暁には、彼は、自分が奉仕しなかった場合の帰結を予見するがゆえに、自分の役目を履行するよう仕向けられるのである。

しかし、自己利益の感覚に由来する財のやり取りが人々の間で行なわれ始め、そしてそれが社会で支配的なものとなり始めるとしても、そのことによって、友情や好意の、一層気前のよい崇高な相互の交流が、完全に廃れてしまうわけではない。〔そのような場合であっても〕私は、自分が愛する人々や、個人的によく知っている人々に対して、自分が利得をえる見込みをいっさい持たずに、依然として奉仕することだろう。そして彼らは、私の過去の奉仕に対するお礼の意味合いだけで、同じようにして、私にお返しをすることだろう。それゆえ、それら二つの異なる種類のやりとり、すなわち①利益感覚に由来するやり取り〔＝人為的徳〕と、②利益感覚に由来しないやり取り〔＝自然的徳〕とを区別するために、前者のために発明された特定の形式の言葉が存在するのであり、この言葉によってわれわれは、何らかの行為を履行するよう拘束される。この形式の言葉が、約束とわれわれが呼ぶところのものに他ならないのであり、この約束こそが、人々の間の利益に由来するやり取りを拘束するものなのである。ある人が、自分は何事かを約束すると言うとき、彼は実際には、その何事かを履行するという決意を表明している。そしてそれに伴い、彼がこの形式の言葉を用いることで、不履行の場合には、二度と信頼されないという罰を受けることになるのである。決意とは、約束によって表明される、こころの自然なはたらきである。しかし、約束をする際に、決意以上のものが仮に存在しないのだとしたら、約束なぞ、自己利益に由来する〔約束する以前から持っている〕われわれの動機を表明するものでしかないだろうし、約束それ自体が、何らかの新たな動機や責務を作り出すこともないであろう。人々の打算的協調《コンヴェンション》こそが、新たな、ひとつの動機を作り出すのである。この新たな動機が作られるにあたっては、われわれは経験によって、次のことをすでに学んでいる。つまり、われわれが特定の象徴や印を定め、それらを用いて、自分たちがお互いに対して、ある特定の出来事において自分たちは、一定の振る舞いをするぞという保証を相手に与えるならば、人間に関わる事柄は、さらに一層、お互いの利得のために、営まれることになるだろう、ということを。これらの印が定められた後には、その印を用いるものは誰もが、自分の利益感覚によって、自分で取り決めたことを遂行するよう拘束されるのであり、そしてその人が、自分で約束したことの履行を拒むようなことがあれば、彼は、自分が信頼されるということを、金輪際期待してはならないのである。

そしてまた、約束という社会制度を定めて、そしてそれを遵守すると、上述のような利益を手にできるのだということを人類に気づかせるために必要な知識は、人間本性に備わる能力がどれほど粗野で陶冶されていないものだとしても、そうした能力を超えるようなものだと見なされるべきではない。これまでに論じた帰結と利得のすべてをわれわれが把握するためには、世の中についての、ほんの少しの実践を積めば、それでこと足りるのである。社会についての最低限の経験によって、上述の帰結と利益は、すべての人間に明らかとなる。そして、各個人が、自分たちの仲間すべてが同じ利益の感覚を共有していることを把握するとしよう。そのとき各個人は、仲間たちが自身の役目を果たし損なうことはないだろうと確信して、何らかの契約における自分の果たすべき役目を、即座に履行するのである。彼らは皆、一致共同した行動によって、共通の利益を実現するためによく考案された諸行為の枠組みに参加し、そして自分たちの言葉に背かない点で一致するのである。そしてまた、この一致した行動、すなわち打算的協調《コンヴェンション》を形成するために必要なことは、すべての人が、取り決められたことを忠実に果たすことで手にできる利益の感覚をもち、そしてその感覚を社会の他の成員たちに表明すること以外にはないのである。こうしたことが行なわれることによって、当該の利益は即座に、社会の全成員に対して影響を及ぼすようになる。すなわち、利益〔の感覚〕こそが、約束履行のための、最初の拘束・責務となるのである。

　その後に、道徳感情が、その利益〔の感覚〕と一致し、人類に対する新たな責務となる。約束を履行する際の、この道徳についての感情が由来する原理とは、他の人たちの所有に手を出さないようにする際に生じる感情の由来先となる原理と同じものである。それは、公共的な利益、教育そして政治家の人為であり、これら三つの原理が、どちらの場合にも同じ効果を発揮するのである。道徳的責務が約束に伴うと想定すると

523

きに想い浮かぶいくつかの困難については、それを克服するか、それともそれをうまく避けるかのどちらかしか、われわれには手がない。例えば、決意を表明することが、責務的なものであるとは、普通には考えられていない。そして、特定の形式の言葉を用いることが、いかにして何らかの実質的な差異を生みだすのかということも、われわれは即座に理解することができない。それゆえ、この場合にわれわれは、責務を意志することと呼ばれる、こころの新たなはたらきをねつ造し、それに道徳が依拠している、と想定するのである。しかし、すでに示したように、そのようなこころのはたらきは存在せず、したがって、約束が自然的な責務を課すなどということは、まったくないのである。

以上のことを確かめるために、約束というものを開始する、そして約束の責務の原因にもなると考えられているところの意志に関して、さらなる省察をいくつか付け加えることにしよう。明らかなことだが、意志がそれ単独で、約束の責務の原因になるとは考えられない。むしろ意志とは、それによってひとが拘束されるためには、言葉や印によって表現されなければならないものである。その表現〔＝言葉や印〕が、意志に付き従うものとしていったん提示されるや否や、それはすぐさま、約束の主要な部分となる。そしてまた、ある人が密かに、自分の意図を〔約束したものとは〕異なる方向に向け、そして自身の決意と、そして責務を意志することとの両方に従わないのだとしても、自分の言葉に拘束される程度が弱まるということはないだろう。しかし、その表現が、ほとんどの場合に約束の全体を構成するとはいえ、常にそうであるわけではない。〔たとえば〕ある人が何かの表現を用いるとして、その人は、その表現の意味を知らず、しかも、自身を縛る意図を持つこともないまま、その表現を用いるとする。そのような場合、その人が、その表現に縛ら

524

れることなどないということは確実であろう。いや、彼がその表現の意味することを知っているとしても、彼はその表現を冗談で用いているだけであるのなら、つまり、自身を拘束するという真剣な意図をまったく持たないことを明らかに示すような印とともに、その表現を用いているのだとしたら、彼には、約束履行の責務がないことになるだろう。しかし、〔そんなことではなく〕ここで必要なことは、約束の言葉は、意志を完璧に言い表したものであり、かつ反対の印をいっさい伴わないものである、ということなのである。いや、このことでさえ拡大解釈をして、次のように想定してはならない。すなわち、われわれがせっかちに知性をはたらかせて、ある特定の徴証・印があるということから、われわれを欺こうとしているのではないかと憶測されるような人については、たとえその人の表現、すなわち言葉の上での約束を、われわれが受け入れるとしても、その人は、それらによって拘束されることがないなどと想定するような類いのことを、してはならないのである。しかし、この結論は、その徴証・印が、詐欺の徴証・印とは異なる種類のものであるような場合に、限定されなければならない。こうしたすべての矛盾は、約束の責務が社会の便益のための人間の発明品にすぎないとするなら、それを説明することは容易である。逆に、約束の責務が、心身の何らかのはたらきに由来する、実在的で自然的な何かであるとするのなら、それについて説明することは無理であろう。

さらに、つぎのことを述べておこう。すなわち、新たな約束はいずれも、約束をする人物に対して新たな道徳の責務を課す。そして、この新たな責務は、約束する当人の意志から生じる。それゆえ、約束とは、想像しうる限り最も神秘的で不可解な、こころのはたらきの一つなのであり、特定の形式の言葉に、特定の意図が伴うことで、外的事物の本性を変え、そして人間という被造物すら変えてしまう場合には、化体説や叙階(8)に準《なぞら》えることさえできるだろう。しかし、これらの神秘は、その点までは〔化体説や叙階と〕類比的であるのだが、他の点では大きく異なっており、そしてその違いを、それら約束と宗教的神秘との間の、起源の違いの強力な証拠と見なしうることに、なによりも注目すべきである。約束の責務は、社会の利益のために発明されたものである。そのため、約束の責務は、その利益の要請に応じて、多くのさまざまな形式へと変形し、その対象を見失うどころか、完全なる矛盾へと陥ってしまうことさえある。他方、かの悍《おぞ》ましき説は、聖職者の単なる発明品にすぎず、公共的な利益を考慮に入れているわけではない。そのためこの説は、新たな障害によって、その進展をゆがめられることが少ないのである。つまり、最初の不合理があったあと、それらの説は、理性と優れた分別の流れにそのまま従うことが多い、ということが認められねばならない。神学者たちにとっては、まったく当たり前のことなのだが、言葉の外面的な形式は、単なる音に過ぎないので、その言葉に何かの効果を持たせるためには、何らかの意図が必要となる。逆に、いったんこの意図が、必要な事情だと見なされてしまえば、その意図が欠けている場合、それが明言されたものであれ隠されたものであれ、誠実なものであれ詐欺的なものであれ、先ほどとは反対に、いずれも等しく、何の効果も持たなくなってしまうのである。以上のことから、神学者たちは一般に、次のことを定めてきたのである。すなわち、聖職者の意図が聖礼典を作るということ、そして、聖職者が密かに自分の意図を撤回する場合には、彼がより大きな罪を犯すものだということ、いやむしろ洗礼、聖体、叙階を破壊しさえするものだということを、定めてきたのである。この説の帰結は恐るべきものであるのだけれど、だからといって、その説の成立が妨げられることはなかった。他方で、約束に関する同様の説には不都合があるので、約束に関しては、そういう説が打ち立てられることはなかったのである。人々はいつも、来世よりも現世に関心を寄せる。そして、現世における最小の悪の方を、来世における最大の悪よりも、重要なものと考えがちなのだ。

（8）ここでの私の意味は、叙階が、消しえない性格を生み出すものだと考えられている限りのものである。それ以外の点では、叙階は法律上の資格付与に過ぎない。

われわれは、約束の起源に関して、同様の結論を、〔権〕力から引き出すことができるだろう。なぜなら〔権〕力は、あらゆる契約を無効にし、われわれを契約の責務から自由にするものだと思われているからである。約束には自然的な責務がなく、約束とは社会の便益と有益さのための人為的な考案物にすぎないという原理が、一つの証拠となる。物事について適切に考えるのなら、〔権〕力は、希望や恐れといった他の動機と本質的に異なるものではない。なぜなら、希望や恐れによっても、われわれは自分たちの言葉に縛られることを余儀なくされるのであり、何らかの責務の下に置かれるからである。〔たとえば、〕瀕死の重傷を負ったひとが、自分を治療するために十分な額のお金を医者に与えることを約束するとしよう。その人が、医者との間に結んだその約束を履行するよう拘束されていることに間違いはない。しかし、仮に道徳感情が、公共的な利益および便益にいっさい基づいていないのだとしたら、この事例は、盗人にお金を約束するような場合と変わりがないので、目下の道徳感情に、何か大きな差を生むことはないのである。

第六節　正義と不正義に関するいくつかの更なる省察

われわれはこれまで、三つの根本的な自然法、すなわち①所持の安定に関する法、②同意による所持物の移譲に関する法、そして③約束の履行に関する法について概観してきた。人間社会の平和と安全は、それら三つの法が厳格に遵守されることに完全に依拠しており、そのため、これらの諸法が履行されない場合には、人々の間に良好なやりとりが定着するということは、決してありえない。社会とは、人々の幸せな暮らしのために絶対に必要なものである。そして、これら三つの法もまた、社会を維持するために必要なものである。それら三つの法が、人々の情念に対してどのような抑制を課すのだとしても、三つの法は、そのような情念を親として生まれてきた子どもなのであり、それらの法でしか、より巧妙かつ洗練された仕方で、そうした情念が満足することはないのである。われわれの情念以上に、用心深くて発明の才に富んだものはなく、そしてまた、これらの諸規則を遵守するために役立つもの〔＝情念またはその子孫〕としては、打算的協調《コンヴェンション》以上に、明白なものはない。それゆえ、こうした事態は、もっぱら人々の振る舞いに任せられてきたのであって、〔正義樹立の際の〕一連の行為へとわれわれを突き動かすために、自然が何らかの特殊な原初的原理を、われわれのこころに備え付けていたわけではなかったのである。なぜなら、われわれ人間がそのような一連の諸行為へと導かれるためには、われわれ人間の仕組みと構造に備わっている他の諸原理だけで十分だったからである。それでは、このことが真であることをさらに十分納得してもらうために、しばし

526

歩みを止めて、これまでに述べてきたいくつかの推論を振り返り、そこからさらにいくつかの新たな論証を引き出して、これら三つの法は、それがどれほど必然的なものであっても、それでもやはり完全に人為的な、人間の発明であるということを、したがって、正義とは人為的な徳であって、自然的な徳ではないということを、立証することにしよう。

Ｉ　第一の論証として私が用いるのは、正義の通俗的な定義から引き出されるものである。その定義によると、正義とは一般に、万人に対して、その人が当然受け取るべきものを与えようとする、恒常的で恒久的な意志とされる。この定義によれば、権利や所有権といったものが、正義とは独立に、そして正義に先立って存在し、たとえ人々がそのような〔正義の〕徳の実践を、夢にさえ思わなかったとしても、それら権利や所有権は存立したことだろうと想定されている。私はすでに、この意見は誤っていると、大雑把にではあるけれども述べておいた。ここでは引き続き、この主題に対する自分自身の意見・所感を、もう少しはっきりと、打ち明けることにしよう。

まず、次のように述べることから、話を始めることにしたい。すなわち、所有と呼ばれるこの特性は、逍遥学派哲学の想像上の特性の多くと同様、この特性を、われわれの道徳感情から切り離して考え、問題をより正確な検討に付すと、実はその特性が、消え失せてしまうことになるのである、と。まず、明らかなことだが、所有の本質が、対象に備わる何らかの可感的特性に存するということはない。というのも、対象の可感的特性は、変わることなく同一のものであり続ける一方で、所有は変化するものだからである。それゆえ、所有の本質は、その対象に認められる何らかの関係にあるのでなければならない。しかし、所有の本質が存している関係は、当該の対象と、それ以外の外的な無生物との間には存在しない。というのも、これら〔＝当該の対象、および当該の無生物〕もまた、変わることなく同一のものであり続けるが、その一方で、所有は変化するものだからである。それゆえ、この特性の本質が存するのは、諸々の対象と、知性を備えた理性的な存在者との間の関係においてである、ということになる。しかし、所有の本質を形成するものは、外的で物的な関係ではない。というのも、そのような関係は、無生物の間の関係と、あるいは、対象と獣類との関係と同じものであり、そのような場合にはやはり、そのような関係が、所有の本質を形成することはないからである。それゆえ、所有の本質が成立するのは、何らかの内的な関係においてである、ということになる。言い換えると、所有の本質が存しているのは、対象の外的な関係が、こころおよび行為に及ぼす何らかの影響のうちだ、ということになるのである。たとえば、占有、すなわち最初の所持とわれわれが呼ぶところの外的な関係があれば、それだけで、その対象を所有することになると想定されることはない。そうではなく、占有の関係は、ただ単に、その対象を所有することの原因になると考えられるだけである。いまや明らかであろうが、この外的関係が原因となって、外的対象のうちに何かが生み出されるということはなく、この外的関係はただ、こころに影響を及ぼすだけであり、われわれに義務感を抱かせて、われわれがその対象に手を出さないようにし、その対象を最初に所持する者にそれを返すようにするだけなのである。本来、こうした行為こそ、われわれが正義と呼ぶところのものである。そして、その必然的帰結として、正義の徳に、所有の本性が依拠しているのであって、所有に正義の徳が依拠しているのではない、ということになるのである。

それゆえ、何者かが、正義は自然的な徳であり、不正義は自然的な悪徳であると主張しようとするとしよう。その場合その人は、間違いなく次のように主張していることになる。すなわち、ある振る舞いや一連の行為は、それらを所有、権利、そして責務という考え方から切り離しても、それらが諸対象間の特定の外的関係にあるのならば、それらには自然と道徳的な美醜が伴い、そしてそれらは、原初的な快や苦の原因になる 528
のだ、と。たとえば、ある人の財をその人に返すことは、有徳的だと見なされている。そして、そう見なされている理由は、自然が、特定の快の感情を、他の人たちの所有に関わる、そうした〔財の返却という〕振る舞いに、付け加えていたからではなく、自然が、そのような〔快の〕感情を、次のような外的対象に関わる振る舞いに、付け加えていたからである。すなわち、その外的対象は、他の人たちが最初に所持していたものか〔＝占有〕、長期間にわたって所持していたものか〔＝時効〕、あるいは、他の人たちが最初に所持していたか長期間にわたって所持していたものを、その人たちの同意によって譲り受けたところのもの〔＝移譲〕である。仮に自然がわれわれに、そのような感情を抱くようにしてくれていないのであれば、所有のようなものが、自然的にも、人間の打算的協調《コンヴェンション》に先立つ形でも、存在することはない。さて、目下の主題に関する、このような、事実に即したありのままの精密な考察においては、自然が、何らかの快や是認の感情を、そのような振る舞いに付け加えていたことなどないことは、十分に明らかなように思われる。とはいえ、可能な限り、疑問の余地をなるべく残さないようにするために、私はあといくつか、〔正義が自然的なものであるという主張に反論する〕議論を追加して、私自身の意見を裏付けることにしよう。

第一に、仮に自然が、われわれにこの種の快を感じるようにしておいてくれたのなら、そういう快は、他のすべての場合と同様に、明白で識別可能なものであっただろう。また仮にそうであったのなら、われわれは何の困難もなく、次のことを把握していたはずである。すなわち、そのような状況では、そのような行為を考察することによって、ある特定の快や、是認の感情がもたらされる、ということを。〔つまり、〕正義を定義するにあたって、所有という考え方に頼らざるをえないということはなかったはずであり、それと同時に、所有を定義するにあたって、正義という考え方を利用せざるをえないということも、なかったはずであろう。このような〔正義が自然的徳だと称する連中が用いる〕ごまかしの推論法は、次のことを示す明白な証拠である。すなわち、その主題のうちに、何か不明瞭なものや難解なものが含まれており、しかも、そうした不明瞭なものや難解なものを、われわれは乗り越えることができず、そのため、このごまかしによって、それらを避けたいと願っていることの、明白な証拠なのである。

第二に、所有権、権利、そして責務を決定するときの諸々の規則には、自身のうちに、自然的な起源があることを指し示すものがなく、むしろ、人為や考案があったことを指し示す多くのことがある。〔たとえば、〕それらの諸規則は、枚挙できないほど膨大な数のものであるから、自然から生み出されたということはありそうもない。また、それらの諸規則は、人間の定める法によって変更されうるものである。さらに、それらの諸規則すべてには、公共的な善、すなわち社会の維持へと向かう、まっすぐで明白な傾向が備わっている。この最後の事情は、次の二つの理由のために、注目に値する。一つ目の理由は、次の通りである。すなわち、なるほど、これら正義の諸法を定める原因が、公共的な善に対する顧慮であったとしても、そしても

529

ちろん、公共的な善とは実際のところ、これらの諸法がそれを目指すところの自然的な傾向ではあるのだが、しかし、これら正義の諸法は、ある特定の目的のために意図的に考案され、そしてその目的を目指すものであるから、やはり人為的なものであったろう、という理由である。二つ目の理由は、次の通りである。すなわち、仮に人々に、公共的な善に対するそのように強力な顧慮が〔自然本性的に〕備えられていたのであれば、人々はこれらの諸規則によって、自分自身を抑制しようなどとは決してしなかっただろう、という理由である。以上から、次のことが帰結する。すなわち、正義の諸法は、自然的な諸原理から生じるのではあるが、それでもやはり、より紆余曲折を経た人為的な仕方で、生じるのである、と。自愛〔=自然的原理の一つ〕こそが、正義の諸法の真の起源である。そして、ある人の自愛が、別の人の自愛と相容れないことは自然なことなので、利益に囚われたこれらいくつかの情念は、行動と振る舞いに関する何らかの体系に一致するよう、自身を調整することを余儀なくされる。それゆえ、各個人の利益を包括するこの体系は、当然のことながら、公衆にとって有益なものなのである。ただし、その体系は、それを発明した者によって、そうした目的〔=公衆にとっての有益さ〕のために意図されたものではないのだけれど。

Ⅱ　第二に、次のことを見てとることができるだろう。すなわち、あらゆる種類の悪徳と徳は、感知できないほど徐々に、互いに混ざり合うものであり、そして、ほとんど気がつかないまま接近するものなので、悪徳がいつ終わって、徳がいつ始まるのかを定めることは、絶対に不可能とは言わないまでも、とても難しいことだろう、と。そこで、そのことから、先述した原理を支持する新たな議論を引き出すことができるだろう。というのも、あらゆる種類の悪徳と徳に関して、それがどのようなものであれ、権利、責務、所有権が、そのような感知できない段階的変化をいっさい認めないということ、むしろ、人間は十全で完全な所有権を持っているか、それともまったく何も持っていないかのどちらかであり、何らかの行為の履行を完全に余儀なくされているか、いかなる責務の下にも置かれていないかのどちらかであるということ、以上のことは確実だからである。どれほど民法が、完全な領有と不完全な領有というものについて語っていようとも、こうした〔完全・不完全という〕ことが、理性における根拠をいっさい持たない虚構に由来しているということ、そして、こうした〔完全・不完全という〕ことが、自然的な正義や公正という考え方と結びつくことは決してありえないということを見てとるのは容易である。〔例えば、〕お金を出して馬を一頭借りる人は、たとえ一日間だけであっても、その期間のあいだは、その馬を利用する十分な権利をもつ。権利が十分だということの意味は、その馬の持ち主と呼ばれる人が、それ以外の日にその馬を利用する権利を持っていることと同じだということである。そうすると、どれほどその馬の使用が、時間と程度の点で区切られているとはいえ、その権利そのものは、上で述べた段階的変化をいっさい許さず、むしろその権利の及ぶ限り、絶対的で完全なものであるのは明らかである。したがって、われわれは次のように述べることができるだろう。すなわち、この権利は一瞬にして生じるだけでなく、消滅するときも一瞬である。言い換えると、他の諸々の特性や関係においてならば顕著であるところの、感知できない段階的変化をいっさい伴わずに、占有によって、あるいは持ち主の同意によって、何らかの事物の所有権を、完全に獲得するのであり、逆に、自身の同意によって、所有権を失うのである、と。所有権、権利、そして責務に関しては、以上のような次第である。そこで私は、正義と不正義に関しては、どのようであるのかと尋ねることにしよう。この問いに、あなたがどのようなやり方で答えるとしても、あなたは切り抜けることのできない困難へと陥ってしまうのである。〔仮に、〕正義と不正義が程度〔の変化〕を認め、しかも感知できないほど徐々に、互いに混ざり合うと答えるならば、あなたは明白に、責務と所有権はそのような段階的変化を許さないという先ほどの立場と矛盾することになる。これら責務と所有権は、正義と不正義に完全に基づいており、正義と不正義が変動する場合にはいつでも、〔責務と所有権は〕正義と不正義に付き従う。〔すなわち、〕正義が完全であるならば、所有権もまた完全である。正義が不完全であるならば、所有権もまた不完全でなければならない。そして、逆もまたしかりであって、所有権が、そのような変動をいっさい許さないのであれば、それら変動はまた、正義とも相容れないものでなければならない。それゆえ、この最後の命題に同意するのなら、つまり、正義と不正義は程度〔の変化〕を許さないと主張するのであるのなら、あなたは実のところ、正義と不正義が、自然的には悪徳でも徳でもないと主張していることになるのである。というのも、悪徳と徳、道徳的善と悪、そして実際のところすべての自然的な諸特性は、感知できない仕方で互いに混ざり合い、多くの場合、区別することができないからである。

さてここで、次のことは述べておくに値するであろう。すなわち、難解な論究と、そして哲学と法の一般的な根本原則は、所有権、権利、そして責務というものは程度を認めないという立場を打ち立てる。だが、通常の飾らない考え方において、その意見を受け入れることは極めて難しいことが分かるし、その意見とは反対の原理を、密かに奉じてさえいるのである、と。〔例えば、〕ある対象は、ある人の所持物であるか、それとも別の人の所持物であるかの、どちらかでなければならない。ある行為は、履行されるか、それとも履行されないかの、どちらかでなければならない。これらの二者択一において、どちらか一方を選ぶことには必然性があること、言い換えると、逆にそのちょうど中間を見つけだすことは、しばしば不可能である。こうした事情のために、われわれは、その問題についてじっくり検討してみるときに、すべての所有権と責務は完全なものであると、認めざるをえないのである。しかし他方で、所有権と責務の起源について考察し、さらに、それらが公共的な効用に、そしてときおりは、想像力の性向という、なんらかのはっきりとした一つの立場に立つことの滅多にないものに依拠しているということを見いだすとき、われわれは自然と、これら所有権や責務の道徳的関係には、感知できないような微妙な段階的変化が認められるのではないかと、想像してしまいがちなのである。このゆえに、仲裁にあたり、関係者双方の同意によって、仲裁人に当該の問題についての全権がゆだねられるのなら、その仲裁人は、両方の側に公正と正義が見出されるような間をとり、そしてそれぞれの側で差を付けるのが普通である、ということになる。〔しかし、〕民事裁判官には、こうした類の自由はなく、どちらか一方の側の勝訴だとする判決を下すよう余儀なくされるのだけれど、しかし、その判決のくだし方に関しては途方に暮れることも多く、それゆえ仕方なく、この上なくどうでもよいような理由にもとづいて処分してしまうのである。半分の権利や半分の責務といったものは、普段の生活では極めて自然なものと思えるわけだが、裁判所においては、まったくもって馬鹿げたものなのである。こうした理由で、民事裁判官はしばしば、事案を一方か他方のどちらかに決定するために、半分だけについての論拠を、全体にとっての論拠として考えるよう強いられるのである。

Ⅲ　私が利用しようと思っているこの種の論証の三つ目は、以下のように説明することができる。人間の行為の通常のなりゆきについて考察すれば、次のことがわかるだろう。すなわち、こころは、何らかの一般的で普遍的な規則によって抑制されることはなく、むしろほとんどの場合、そのときの動機と傾向性によって決定されるように、はたらくものである、と。それぞれの行為は、個々別々の出来事なのだから、それぞれの行為が生じるのは、個々別々の原理からでなければならない。つまり、自分たちのこころの内のそのときの状況、およびそれ以外の、世界に関して自分たちの置かれている状況からでなければならない。もし、いくつかの場合に、われわれが自分たちの動機を、それが生み出された当該の事情をこえてまで拡張させ、そして、自分たちの振る舞いのための一般的規則のようなものを作り上げるのだとしたら、これらの諸規則が、完璧に不変なものであるわけではなく、むしろ多くの例外を許容するものだということを見てとるのは容易である。それゆえ、以上のことが、人間の行為の通常のなりゆきなのだから、われわれは次のように結論することができるだろう。すなわち、正義の法は、普遍的で完璧に剛直なものなのだから、自然に由来するはずがないし、何らかの自然的な動機や傾向性から直に生み出されたものであるはずもない、と。〔そもそも〕行為は、その行為へとわれわれを駆り立てたり、その行為をせぬようわれわれを思いとどまらせたりする自然的な情念や動機が存在しないのならば、その行為が道徳的に善だ・悪だといわれることはありえない。そして明らかなことだが、道徳は、情念にとって自然であるような変動・変化であれば、そのすべてから影響を受けるに違いないのである。〔たとえば〕ここに二人のひとがいて、彼らは土地財産をめぐって争っている。そのうちのひとりは、金持ちだが馬鹿で独身である。もうひとりは、貧しいけれど分別があり、そして数多くの家族がいる。ひとり目のひとは私の敵であり、ふたり目のひとは私の友人である。この事案において、私を行為に駆り立てるものが公共的な利益の見通しであれ、あるいは私的な利益の見通しであれ、友情であれ敵意であれ、〔それらにかかわりなく〕私は全力を尽くして、その財産をふたり目のひとに与えようとするに違いない。そしてまた、私を行為に駆り立てるのは自然的動機しかなく、しかも、他の人たちとの連携や打算的協調《コンヴェンション》が形成・定着していないとするならば、ふたりの権利や所有権についてどれだけ考慮するとしても、それによって私が抑制されるということなどありえないであろう。というのも〔この場合には〕、所有権はもっぱら、道徳に基づいており、そしてその道徳はもっぱら、われわれ人間の情念と行為の通常のなりゆきに基づいていて、しかも、これら情念と行為はまた、個別の動機によってのみ方向付けられるがゆえに、そのような不公平な振る舞いこそが〔この場合にはむしろ〕、最も厳密な道徳に合致するはずであり、その振る舞いが所有権の侵害となるはずがないことは、明らかだからである。それゆえ、人々が、社会の諸法に関して適切な注意を払わず、他のあらゆる出来事におけるのと同じように勝手に行為するならば、ほとんどの場合に人々は、各自の判断に従って振る舞い、問題になっている事柄の一般的な本性だけでなく、その当事者たち〔いまの場合は先述した二人〕の性格や事情を全部考慮に入れてしまうであろう。しかし、容易に気がつくことであるが、いくつかの一般的で剛直な諸原理によって抑制されないのであれば、こうしたやり方は、人間社会に無限の混乱を生み、そして人々の貪欲さと偏愛によって、世界を即座に、無秩序へと陥らせることだろう。それゆえ、この厄介ごとを見越して、人々は、そうした〔一般的で剛直な〕諸原理を打ち立てたのであり、悪意や好意、そして私的な利益や公共的な利益に対する個人的な見通しによって変えられることのない一般的規則によって、自分たちを抑制しようと意見を一致させたのである。そうだとすると、こうした諸規則は、特定の目的のために、人為的に発明されたのであり、人間本性に共通する諸々の原理に反するものだとさえ言える。なぜなら、人間本性に共通する諸々の原理は、事情に応じて変わるものであり、固定された剛直な仕方では、はたらかないものだからである。

この問題において、どのようにしたら易々と、自分〔＝ヒューム〕が間違っているとされてしまいえるのか、私には理解できない。私には、次のことが明らかであるように見える。すなわち、誰しも他の人たちに関係する振る舞いにおいて、一般的で剛直な諸規則に従うとき、その人は、特定の対象を他の人たちの所有と見なし、その所有を、神聖不可侵なものだと想定している。しかし、所有とは、はじめに正義と不正義を想定しておかなければ、まったくもって理解できないものであるという命題以上に、明確な命題はない。そしてまた次の命題も、同様に明確である。すなわち、これら正義や不正義といった道徳的な特性もまた、もしも、正しい行為へわれわれを駆り立て、そして不正な行為をせぬようわれわれを思いとどまらせる動機がわれわれに、道徳〔の感覚〕とは別個に、〔自然本性的に〕備わっていないのであれば、〔所有について理解できなかったのと〕同様に、理解できないものなのである。それゆえ、そのような動機を、そのほしいままの状態にしておくならば、そのような動機は諸々の事情に即応するのであるから、それら動機が絶え間なく移り変わっていく中で、人間の事柄がその影響を受けるありとあらゆる動機の変動を許すことになるに違いない。結局、そのような動機は、自然法という厳格で剛直な諸規則の根拠としては、極めて不適切なものなのである。そして、人々が自分たちの自然的で可変的な諸原理に従った結果、無秩序が引き起こされてしまう

533

ことに気がついてしまえば、これらの自然法が、人間の打算的協調《コンヴェンション》にしか由来しえないということは明らかなのである。

以上をまとめると、正義と不正義のこうした区別には、二つの異なる根拠があると考えることができる。すなわち、根拠のひとつ目は、自己利益という根拠であって、それは、特定の諸規則によって自分自身を抑制しないでは、社会において生きることが不可能であるということを、人々が見いだす際の根拠である。ふたつ目は、道徳という根拠であって、それは、自己利益が全人類に共通するものであることがひとたび見てとられて、そして、人々が社会の平和を目指すような諸行為を目にすると快を受け取り、その反対の諸行為を目にすると心地悪さを受け取る、というときの根拠である。人々の自発的な打算的協調《コンヴェンション》と人為によって、第一の利益が生じる。そして、それゆえに、そのような正義の法は、その限りで、人為的なものだと見なすことができるのである。その利益がひとたび定着し、広く認められるようになると、道徳の感覚が、これらの諸規則を遵守する際に自然と、すなわち、ひとりでに生じる。けれどももちろん、道徳の感覚はまた、新たな人為によっても、増幅されることになるというのは確かである。つまり、政治家の公共的な指導や、親の私的な教育が、他の人たちの所有に関するわれわれの行為を厳しく規制するときに、名誉と義務の感覚をわれわれに与えることに貢献するのは確かなのである。

第七節　統治機構の起源について

人々は、利益〔の有無〕というものに、大いに支配されているということ、そして、自らの関心を、自分自身のこと以上に拡大させる場合があるとしても、それが、それほど遠くにまで及ぶことはないということほど、確かなことはない。そしてまた、普段の生活においても、人々が、自分たちに最も近しい友人や知人以上のことより遠くにまで目を向けるというのも、それほど見られることではない。さらに、これに負けず劣らず確かなことだが、人々は、自分たちの利益について考慮する場合に、普遍的かつ剛直に正義の諸規則を堅守するということに匹敵するほどの有効な仕方に頼ることは、とてもありえない。そのような正義の諸規則を守ることによってのみ、人々は社会を維持することが可能になるだけでなく、一般には自然状態として描かれる、惨めで粗野な状態へと、人々は陥らずに済むようにもなるのである。さらにまた、社会を支え、そして正義の規則を遵守するにあたって、すべての人たちが抱くこの利益〔の感覚〕は、重大なものであるのだから、この利益〔の感覚〕は、最も無教養で陶冶されていない人間にとってさえ、容易にわかる明白なものである。そして、社会にいた経験をもつ者であればなんぴとも、この点で間違いを犯すことなど、ほとんどありえないのである。そうすると、人々は、心の奥底から自分の利益に執着しているのであり、そして彼らの利益は正義を遵守することと極めて密接に関連しており、しかもこの利益は何よりも確実で公然のものであるのだから、次の二つの問いをたてることができるだろう。すなわち、①〔そうであるにも拘らず〕 534

どのようにして無秩序が社会に生じえるのか。そして、② 人間本性のうちにある原理のうち、そのように強い情念〔＝自己利益〕に打ち克ってしまうほどの力強い原理とは、いったい何であるのか。言い方を変えれば、それほどまでに明確な知識を不明瞭なものにしてしまうほどの激しい原理とは、いったい何であるのか、と。

情念について論じた際に述べておいたことだが、人々は、想像力の強烈な支配を受けている。そのため人々は、自分たちの情緒を、対象がもつ真の内在的な価値に釣り合わせるというよりもむしろ、対象が現前するときの見え方に釣り合わせてしまう。一般に、強く活き活きとした観念でもって人々のこころに打ち当たるものは、より不明瞭な光で照らされているものを圧倒し、それよりも優勢である。それゆえ、〔目の前の対象の〕この優勢な点を埋め合わせることが可能なのは、〔より不明瞭な対象の〕価値の持つ顕著な優位性でなければならない。ところで、空間においてであれ時間においてであれ、われわれに隣接するものはすべて、そうしたふうな〔＝強く活き活きとした〕ありかたをする観念でもって、われわれのこころに打ち当たる。そのため、そのように隣接するものは、その隣接度合いに応じて、意志や情念に対して影響を及ぼし、一般に、より遠くにあって一層不明瞭にしか見えないあらゆる対象よりも、大きな勢いでもって作用するのである。〔遠くにあって不明瞭な〕後者の対象が〔活き活きした〕前者の対象を凌ぐということについて、それを十分に納得しているとしても、われわれはこうした判断によって、自分の行為を規制することができず、むしろ、近くにある隣接するものにならば何にでも味方をし、それを弁護してしまう自分たちの情念の唆しに屈してしまうのである。

こうしたわけで、人々は極めて頻繁に、自分たちがすでに知っている利益に反するやり方で行為してしまうのである。とりわけ、以上の理由から、正義の遵守に大きく依存するところの社会秩序の維持よりも、目の前にあるつまらない利得の方を、人々は選んでしまうのである。〔なるほど、〕公正さを侵害するたびに生じるどの帰結も、非常に疎遠であるように見える。そしてこの帰結は、当の公正さの侵害から収得できる直接的な利得と釣り合わない。しかしながら、これらの〔悪しき〕帰結は、疎遠だからといって、それでもってわずかでも実在性を失うというわけではない〔遠くにあるとしても、やはり実在するものである〕。さらに、人々は皆、ある程度、まさにその弱さに支配されている。そのため、その必然的帰結として、公正さに対する侵害が社会に頻繁に見られるようになるに違いないし、また、そうなることで、人々が行なう財のやり取りは、非常に危険かつ不確実なものとなるに違いないのである。あなたには、私のものと同じ性向があって、二人とも、遠くにあるものよりも近くにあるものに好意を寄せてしまう。それゆえ、あなたは私と同じように自然と、不正義の諸行為に肩入れしてしまうようになるのである。あなたの行動例は、模倣を通じて、このような不正義に向かうよう私の背中を押し、そしてまた、次のことを私に示すことによって、公正さに対する違反を支持する、新たな理由を私に与える。すなわち、もしも他の人たちがやりたい放題しているなか、私ひとりだけが厳格な抑制を負うとするなら、私は清廉なまぬけとなる、ということを示すことによって、である。

それゆえ、人間本性に備わるこの特性は、社会にとって極めて危険であるだけでなく、皮相的に見るだけならば、救いようがないようにも思える。〔しかし〕その救済は、人々の同意によってのみ可能となる。逆に、仮に人々が、自らの力では、近くのものよりも遠くのものを選ぶことができないのであるのなら、彼らは自分たちにそのような選択〔＝遠くのものを選択すること〕を強いるいかなるものにも同意することはなかっただろうし、実に分別あるやり方で、自分たちの自然的な諸原理や諸々の性向に反対することもなかったであろう。誰であれ、手段を選択する者は同時に、その目的をも選択している。すなわち、もしも、遠くの目的を選ぶことがわれわれには不可能であるのなら、そのような行為をする方法を、われわれに強いるいかなる必然性にも、われわれが従うことは、等しく不可能なのである。

しかしここで、次の点に注目すべきである。すなわち、人間本性に備わるこの虚弱性は、それ自体に対する救済策となる。言い換えると、遠くの対象にわれわれが注意を払わないことをどうにかして防ぐためのわれわれの対策は、その不注意へと向かうわれわれの自然的傾向性のみから生じるのである。離れたところにある対象であるなら何であれ、それについてわれわれが考えるとき、その対象の微細な違いなど、すべて消え失せてしまう。すなわち、われわれはいつも、その状況や事情に鑑みることなく、それ自体で選ばれるべきものすべてを選ぶのである。こうしたことが原因となって、不適切な意味で理性と呼ばれるものが、すなわち、対象に接近すると現れるようになる性向に対して、しばしば矛盾する原理が、生み出されるのである。〔たとえば〕いまから十二ヶ月後に、やろうと思っている何らかの行為について検討するとき、その実行予定日が近づこうが、まだ日があろうが関係なく、私はいつも、より大きな善〔財〕を選ぼうと決めている。そしてまた、この時間の遠近という点でどのような違いがあるのであれ、その違いが、自分の現在の意図や決意に影響を及ぼすことはない。私が最終的な決断を下すまで、まだ時間がある場合、そうしたあらゆる微細な違いは消し去られることになり、そしてまた、私に影響を及ぼすものはただ、善悪についての一般的で、よりわかりやすい諸特性のみだということになる。しかし、私がもう少し近寄るとするならば、私が当初は見過ごしていた事情が現れ始めるようになり、それが、私の振る舞いや情緒に影響を及ぼし始めるのである。目の前にある善を取り込もうとする新たな傾向性が生じ、この傾向性のために私は、自分の最初の目的や決意を、揺らぐことなく保持し続けることが難しくなる。この自然な虚弱性を、私はたいへん残念に思い、ありとあらゆる手段を用いて、その虚弱性から自由になるよう努力することだろう。私は自分の頭の中での研究と反省に頼るかもしれないし、友人からの助言に頼るかもしれないし、また頻繁に熟慮したり決意を繰り返したりすることにも頼るかもしれない。そして、これらすべてに効果がないとわかってしまった暁には、私はよろこんで他の方法を受け入れるであろう。すなわち、それによって私が、自分自身に抑制を課すことができて、そしてこの弱さから身を守ることができる方法を、よろこんで受け入れることだろう。

それゆえ、唯一の困難は、この方法を見つけだすことに他ならない。だが、その方法さえ見つかってしまえば、それによって人々は、自分たちの自然な弱さを克服し、遠くのものより近くのものを選んでしまう激しい性向が自身に備わっているのだとしても、正義と公正の法を遵守する必要性の下に、身を置くことになるのである。明らかなことだが、そのような救済は、この性向が矯正されないとしたら、有効なものには決してなりえない。ところで、われわれの本性に生まれつきあるものを、変化させたり矯正したりすることは不可能である。そのため、われわれになしえる最大限のことは、自分たちの事情や状況の方を変化させて、正義の法の遵守を、われわれに最も近い利益とし、正義の法に対する違反を、われわれに最も遠い利益とすることくらいである。しかしこのことを、すべての人々に関して実施するのは不可能であるのだから、それが行なわれるのは、少数の人たちに対してのみということになる。かくしてわれわれは直ちに、これら少数の人たちを正義の執行に携わらせるのである。これら少数の人たちをわれわれは、国の為政者、王とその臣下、われらの統治者、そして支配者と呼ぶ。そして、彼らはその国の大部分の人々とは無関係なので、どのような不正な行為にもまったく関心をもたないし、仮に関心があるとしても、ごくわずかな関心しかもたないのである。そして彼らは、自分自身の置かれる現在の状況と社会における役割とに満足しているので、社会を支えるために何よりも必要な正義を執行することすべてについて、直接的な関心をもっているのである。まさに、これこそが文民統治、および法治社会の起源である。人間は、自分自身のものであれ他者のものであれ、遠くのものよりも目の前のものを選んでしまう魂の狭量さを、根本的に克服することができない。人間は、自分の本性を変えることができないのである。そのような人間たちにできることと言えば、自分たちの状況を変え、正義の遵守を、ある特定の人たちの直接の利益とし、そしてその違反を、彼らの遠い利益とすることだけである。このとき、これらの人たちは、彼ら自身が振る舞うときに、それら諸規則を遵守するよう導かれるだけでなく、他の人たちを同じ規則性へと制約し、そして社会全体に対して、公正の命令を施行するのである。そして、必要なら、彼ら統治者はまた、正義を執行する他者に、より直接的な利益を与えるだろうし、文武いずれの官僚をも数多く創り出し、自分たちの統治機構において、自分たちを補助させることができるのである。

しかし、正義をこのように執行することが、なるほど統治機構の主要な有益さであるとはいえ、その唯一の有益さであるわけではない。激しい情念に妨害されることで、人々は、他の人たちに対して公正な行動をするときに自分たちが得る利益を、はっきりと見ることができなくなる。同じように、激しい情念の妨害を受けた人々は、そうした公正さそのものを見ることもできずに、激しい情念のために、自分に有利になるよう、ひどく偏ってしまうのである。この厄介ごとは、既述の同じやり方で矯正されることになる。正義の法を執行するところのまさにその人が、正義の法に関するすべての諍いにも、判決をくだすようになることだろう。そして、彼らはその社会の大部分の人々とは無関係な立場にあるので、各人が自分で判決を下すよりも一層公正に、それらの諍《いさか》いに判決をくだすことであろう。

正義の執行および判決におけるこれら二つの利点によって、人々は、自分自身の弱さと情念に対する防護策だけでなく、お互いの弱さと情念に対する防護策をも獲得するのであり、自分たちの統治者の庇護の下で、社会およびお互いの支援がもたらす産物を、心安らかに味わい始めるのである。しかし、統治機構はさらに、その有益な影響力を拡大する。つまり、お互いの利益のための協調行為《コンヴェンション》を人々がするにあたって、統治機構は人々を保護するだけにとどまらず、しばしば人々に、そのような協調行為《コンヴェンション》をすることを責務づけもする。言い換えると、統治組織は、ある共通の目標ないし目的へと人々を一致させることによって、彼ら自身の〔相互の〕利得を探し求めるよう彼らを促すのである。人間本性に備わる特性のうち、われわれの振る舞いにおける致命的な錯誤を引き起こす最たるものは、離れていて遠くにあるものよりも、目の前にあるあらゆるものを選ぶようわれわれを導く特性である。そして、この特性によってわれわれは、対象の内在的価値よりも、その対象が置かれている状況の方に従って、対象を欲するようになってしまう。〔たとえば、〕家が隣どうしの二人は、彼らが共通して所持する牧草地を干拓することで意見を一致させることが可能だろう。なぜなら、お互いのこころのうちを知るのは彼らにとって容易であるし、それぞれが自身の役目を怠ることによって生じる直接的な帰結は、その計画全体を断念することであるということに、彼らは気がついているに違いないからである。しかし、千人もの人々がそのような行為に関して一致するというのは、極めて困難であるし、じっさいのところ不可能である。というのも、各人はその苦労や費用から免れるための口実を探し、すべての重荷を他の人たちに押し付けようとするだろう。それゆえ、彼らが、そのように複雑に絡まり合った案に対して、一致して行動することは困難であるし、それを実行することは、なおさら困難だからである。法治的な社会は、これら両方の厄介ごとを容易に救済する。為政者は、自身の被治者のかなりの部分の利益が、自身の直接的な利益となることを見いだす。彼ら為政者たちは、その利益を促進するための何らかの計画を創り出すために、自分以外に意見を求めなくともよい。そして、どれか一部分がそれを実行するときに失敗すると、それは直接的ではないにせよ、全体の失敗に繋がるので、彼らはその失敗を防ごうとする。なぜなら、それがすぐ近くにあるのであれ遠くにあるのであれ、彼ら為政者たちはその失敗に、利益をまったく見いださないからである。かくして、橋が架けられ、港が開かれ、城壁が築かれ、運河が造られ、船隊が配備され、軍隊が統制される。どこもかしこも、統治機構の配慮によるものである。そしてこの統治機構は、人間に備わるすべての虚弱さに支配されている人々によって構成されているにもかかわらず、想像しうる限りで最も洗練され最も絶妙な発明品のひとつによって、ある程度、これらすべての虚弱さから免れた構成物となるのである。

第八節　〔統治機構に対する〕忠誠の源泉について

統治機構は、人類にとって大変有益な発明であり、いくつかの事情のもとでは、人類にとって絶対に必要なものでさえある。そうは言うものの、あらゆる事情において統治機構が必要であるわけではないし、またそのような発明に頼らなくとも、しばらくの間ならば、人々が社会を維持できないわけでもない。確かに、人間とはいつであっても、遠く離れたところにある利益よりも、目の前にある利益の方を選ぶ傾向が大変強いものである。つまり、自分たちから少し離れたところにある害悪のことを、きちんと把握していながらも、自分たちが直ぐに享受することのできるあらゆる利得の誘惑に人々が抗うのは、そう容易なことではない。しかしそれでも、この弱さは、次の場合にはあまり目立つことがない。すなわち、社会の初期段階では常にそうであるように、所持物や生活上の楽しみがそれほど多くもなく、しかも、それらに価値がほとんどない場合である。〔たとえば、〕アメリカの先住民は、他人から小屋を奪ったり、弓を盗んだりしようと誘惑されることなど、ほんのわずかもない。なぜなら彼らは、〔皆が他人と〕同じくらい有益なものをすでに持っているからである。そして、狩りをしたり魚釣りをしたりするときに、ある人よりも別の人の方が、より多くの幸運にあずか〔って、獲物の数や釣果に差が出〕ることはあるとしても、そのような幸運はつかの間の一時的なものに過ぎないので、そのような幸運が社会を乱す傾向をもつということは、ほんのわずかもないであろう。それゆえ私は、人々は統治機構を持たないならば、社会がまったくの不可能なものになると考える

539

哲学者たちと、意見を異にするのである。したがって私は、次のように主張する。すなわち、統治機構の最初の萌芽は、同一の社会の人々の間での争いからではなく、異なる社会の人々との間での争いから生じる、と。後者〔異社会間の争い〕を引き起こすには、前者〔同一社会内での争い〕を引き起こすのに必要であるよりも少ない量の富で十分であろう。人々が、国を挙げての争いである国家間の戦争および暴力で恐れるものとは、その戦争において彼らの遭遇する、敵の抵抗以外にはない。〔外敵の〕その抵抗は、しかし、自国の人々と一緒になって立ち向かうものであるがゆえに、それほど恐ろしいようには思えず、また、その抵抗は、見知らぬ人たち〔＝他国・他社会の人々〕に由来するものであるがゆえに、その帰結は、同国人・同じ社会の人々が、〔他国・他社会の人々を入れずに〕単独で相争う場合に比べると、それほど有害であるようには思われない。これに反し、同国人・同じ社会の人々とは、財のやり取りをすることがお互いにとっての利益となり、しかもその人たちとの間の社会的な関係なしには生き続けることが不可能な人々のことであるのだから、そういう人々と争うのは、〔他国・他社会の人々と争う場合よりも〕一層有害に思われることだろう。ところで、統治機構を持たない社会が対外戦争をすれば、それは必然的に、当の社会の中に内戦を生じさせる。なぜなら、統治機構を持たない社会の人々の間に、何であれそれ相当の財を投じると、その人々は即座に争いに陥り、その間、各人は、諸々の帰結を顧慮することなく、快をもたらすものを得ようと競うからである。対外戦争では、あらゆる財の中でも最も大切なもの、すなわち生命と身体とが危機にさらされている。そして、すべての人が危険な立場を避け、最高の武器を手に取り、ほんのささいな傷ですら口実とするのだから、人々が落ち着いていて平静でいる間ならば十分よく遵守される社会の諸規則は、人々がそのような混

540

乱の中にあっては、もはや通用するはずもないのである。

以上のことは、アメリカの諸部族において実証されている。そこにおいて人々は、おたがい友好的に仲良く暮らしているが、しかし、何らかの堅固な統治機構を戴いているわけではない。そして彼らは、自分たちの仲間の誰かに従属するということもない。例外は、戦争時である。戦争時に彼らの首長は、権威のようなものを持つことになるのだけれど、その権威は、彼らが戦地から帰還し、近隣の諸部族との間に平和を打ち立てた後には、失われることになる。しかしながら、この権威は人々に、統治機構が有益であることを教示する。そして、戦争時の略奪によるのであれ、商取引によるのであれ、あるいは何らかの思いがけない発明によるのであれ、人々の富や所持物が相当な量にまで膨らんでしまったがゆえに、平和と正義を維持することで得られる利益を、人々が事あるごとに忘れてしまうようなとき、この権威は、統治機構に頼るよう人々を教え導くのである。なぜ全ての統治機構が、最初は君主制であって、混合政体でもなければ、変容する〔＝時期によって色々な形態をとる〕政体でもないのか、そして、なぜ共和制が、君主制と専制的な権力の乱用からしか生じないのかということに対して、その理由はいくつかあるだろうけれども、もっともな理由を一つ、以上の考察から与えることができるだろう。軍営こそが、都市の真の生みの親なのである。すなわち戦争では、あらゆる危急の事態が突如として起こるのだから、ひとりの人物にのみ何らかの権威が委ねられているのでないと、戦争に対処することはできない。それゆえ、同種の権威が、軍事政権に引き続く文民統治において生じるのは、自然なことなのである。そして、こちらの理由の方が、通常耳にする理由、すなわち家父長的統治、すなわち父親の権威から引き出される理由よりも、一層自然な理由だと私は考える。通常耳

541

にする理由によると、はじめに父親の権威が一家族のなかで生じ、その後その権威は、その家族の成員たちを、一人物を頂点とする統治機構に慣れさせるのだと言われる。〔だが、〕統治機構のない社会状態は、人間たちの最も自然な状態の一つなのであり、統治機構のない社会状態は、多くの家族が寄り集まった場合に、そしてその最初の発生以降もずっと、存続しうるのである。〔むしろ、〕他ならぬ富と所持物の増加によってこそ、人々はそうした統治機構のない状態をやめることを余儀なくされてしまったのである。そうであるとはいえ、すべての社会は、その最初の形成段階では、実に野蛮で無知なものであるのだから、かなりの年月が経過しないと、人々が平和と友好を享受することを阻害するほどにまで、これらの富と所持物は増加しえないであろうけれども。

しかし、なるほど人々は、小さな規模の未開社会であるならば、統治機構がなくとも、それを維持することは可能であっただろうが、正義なしには、すなわち①所持の安定、②同意による所持物の移転、そして③約束の履行、それぞれに関する三つの根本的な法の遵守なしには、それがいかなる種類の社会であれ、その社会を維持することは不可能である。それゆえ、これら三つの法は、統治機構に先行するのであり、それらの法が責務を課すのだと、ひとたび人々が想定するようになった後でようやく、国の為政者に対する忠誠の義務について考えられるようになるのである。いや、さらに進んで私は、次のように断言しよう。すなわち、統治機構は、その最初の設立段階では、その責務を、上記の自然法から、とりわけ、約束の履行に関する法から引き出すと想定されるのが自然なのだろう、と。平和を維持し、正義を執行するためには統治機構が必要であることを人々がひとたび理解してしまえば、人々は自然と一堂に会し、為政者たちを選び、彼らの権力を定め、そして彼らに対する服従を約束することであろう。約束は、すでに使用されている紐帯、すなわち保証にほかならず、しかも、約束は道徳的責務を伴うものと想定されている。そのため、約束は、統治機構の原初的な拘束力であり、服従を命じる第一の責務の源泉であると、考えることができるのである。以上の推理は極めて自然であるように思えるので、目下流行中の政治学説の根拠とされてきたのであ
542
り、わが国における、とある党派〔＝ウィッグ党〕の、いわば信条となっている。彼らは、自分たちの哲学、および自分たちの思想の自由が健全であることに基づき、理由を立てて、自らを誇っている。彼らに言わせると、万人は生まれながらにして自由かつ平等である。統治権や優越というものは、同意によってしか打ち立てられえない。統治権を設立するときの人々の同意によって、人々は新たな責務を課されるわけだが、この新たな責務は、自然法には書かれていないものである。それゆえ、人々が自分たちの為政者に従うよう拘束されるのは、彼らがそれを約束したからという理由以外にはない。そして仮に、人々が明示的にであれ暗黙的にであれ、忠誠を尽くすことを約束していなかったとすれば、それが人々の道徳的な義務の一部となることはなかっただろう。しかしながら、統治機構を、そのあらゆる時代や状況のなかにあるものとして〔＝歴史的な事実に照らして〕理解しようとする限り、この結論は完全に誤っている。そこで私は、次のように主張する。すなわち、忠誠の義務は当初、約束の責務に接ぎ木され、しばらくの間、その責務によって支えられている。しかし、統治機構は有益なものだということが十分に知れわたるやいなや、統治機構は即座にそれ自身で根を生やし、そして、すべての契約からは独立した形で、原初的な責務と権威を獲得するのである、と。これこそが重要な原理であり、さらに議論を先に進める前に、注意深く検討しておかなければなら

ないものである。

正義は自然的徳であり、それは人間の打算的協調《コンヴェンション》に先立っていると考える哲学者たちが、次のように主張することは理にかなっている。すなわち、国に対するあらゆる忠誠を約束の責務に帰し、そしてその上で、自分たちの同意のみが、為政者たちへの服従へとわれわれを拘束するのだと、そう主張することは、〔彼らなりには〕理にかなったことである。というのも、すべての統治機構が人間たちの発明であることは明らかであり、そしてほとんどの統治機構の起源については、歴史的に知られている。そのため、法治社会におけるわれわれの義務（our political duty）には、自然的な道徳の責務が含まれていると主張しようとするのであれば、当該の義務の源泉を見出すにあたり、必然的に、時代をさらにさかのぼらざるをえないことになるからである。それゆえ、これらの哲学者たちはすぐさま、次のように述べる。すなわち、社会というものは人間種と同じくらい古く、そして、かの三つの根本的自然法も社会と同じくらい古いのだ、と。このようにして、古さと、そしてこれらの自然法の起源の曖昧さとをうまく利用することで、彼らはまず、それらの自然法が、人間たちの人為的で自発的な発明であるということを否定し、そして次に、それらの自然法の上に、人為的であることが一層明白な、他の義務を、接ぎ木しようとするのである。しかしひとたび、この点に関する真実を悟り、法的正義（civil justice）だけでなく、自然的正義すらも、その起源が人間の打算的協調《コンヴェンション》にあることを見いだしてしまえば、一方〔＝法的正義〕を他方〔＝自然的正義〕に帰すことがどれほど無駄なことなのかということ、さらに詳しく言えば、法治社会における義務の根拠として、利益〔の感覚〕、および人間の打算的協調《コンヴェンション》以上に強力なものを、自然法のうちに探し求めることが、どれほど無駄であるのかということを、われわれは即座に理解することだろう。それというのも、そもそもこれらの自然法それ自体が、まさに当のその根拠〔＝人間の打算的協調《コンヴェンション》〕に基づいて作られているのだからである。この問題をどのように考えようとも、次のことがわかるだろう。すなわち、これらの二種類の義務〔自然的義務と法的義務〕はまさしく、同一の基盤に根ざしている、つまり、それらの最初の発明と道徳的責務はともに、同一の源泉に由来しているのである、と。①それら二種類の義務は、似通った不都合を救済するために考案されており、そしてまた、②それら二種類の義務がそうした不都合を救済することから、同じようなやり方で、道徳的な拘束力を獲得するのである。これら二つの点については、可能なかぎりはっきりと、以下で証明するよう努めることにしたい。

すでに示しておいたことだが、人々は、自分たちの相互の生存のためには社会が必須であることを見てとったとき、そしてまた、人々の自然な欲求を何ら抑制しないでは、ともに、何らのやり取りをもし続けることは不可能であることを見いだしたとき、三つの根本的自然法を発明したのである。それゆえ、自愛は、人々をお互いに対して極めて不都合なものとしてしまうものであるわけだが、しかしまさにこの自愛が、新しい、一層都合のよい方向へと進むことによって、正義の諸規則を生み出すのであるから、この自愛こそが、正義の規則を遵守する最初の動機に他ならない。しかし、正義の諸規則は、何らかひとかどの社会といえるほどのものを維持する上では十分であるのだけれど、巨大で洗練された社会において正義の諸規則を遵守するのは、自分たちの力だけでは不可能だということを人々が見てとると、自分たちの目的を達成するための新たな発明として、人々は統治機構を打ち立て、そして正義を、より一層厳格に執行することによって、古い利得を保持する、いや、新たな利得を手に入れるのである。それゆえ、われわれの法的義務（civil duty）と自然的義務は、前者が主として後者のために発明されたものである限り、そしてまた、統治機構の主要な目的は、人々を抑制して自然法[訳注5]を遵守させることにある限り、結びつけられているということになる。しかしながら、この結合関係について言うと、約束の履行に関する当該の自然法は、残りの自然法〔＝所持の安定、および同意による所持物の移転〕と一緒に、含まれているだけである。そのため、約束の自然法を厳格に遵守することは、統治機構を設立したことの結果と見なされるべきであって、統治機構への服従が、約束の責務の結果と見なされるべきではないのである。なるほど、われわれの法的義務の目的は、自然的義務を強化することである。しかし、法的義務と自然的義務との両方を遂行する動機だけでなく、それらを発明する最初の動機も、自己利益以外にはないのである(9)。そして、約束を履行する場合の利益とは別に、統治機構に従う場合にも利益が発生するのだから、〔約束履行の場合のものとは〕別の責務をもまた、われわれは認めなければならないのである。国の為政者に従うことは、社会における秩序と和合を維持するために必要である。約束を履行することは、生活上の日々の雑事において、お互いの信用と信頼を生み出すために必要である。〔為政者への従属と、約束の履行それぞれについて〕手段と同様、その目的も、完全に別々なのであり、そしてまた、一方が他方に従属するということもないのである。

（9）時間の点で第一という意味であって、尊厳や権力の点で第一という意味ではない。

以上のことを一層明らかにするために、次の点を考察してみよう。すなわち、人々はしばしば、約束を結

544

ばずとも、それをすれば自分たちの利益になるであろうことを遂行することについて、わざわざ約束をむすんでまで自身を拘束するという点を考察してみよう。それは例えば、自分たちがもともと負っている責務に、利益による新たな責務をさらに付け加えることによって、人々が他の人たちに、より完全な保証を与えるような場合である。約束を履行することには、それに関わる道徳的責務があるだけでなく、それによって利益ももたらされるのであり、その利益は、一般的で公然のものであり、そして生きる上で最大の重要性をもつものである。〔他方で、〕約束履行のもたらす利益以外の他の諸々の利益は、〔約束履行のもたらす利益に比べると〕より個別的で、しかも成り行きの疑わしいものであるかもしれない。そのためわれわれは、人々が、彼ら自身の気分や情念に流されてしまって、約束を反故にしてしまうのではないかという疑念を、募らせかねないのである。それゆえ、このような場合に、約束が自然と機能するようになるのであり、より完全な満足と保証のために、しばしば約束が必要とされるのである。しかし、そのような〔約束履行による利益以外の〕他の諸利益が、約束を履行することで得られる利益と同じくらい一般的で公然のものだとしてみるのならば、それらの他の諸利益は、約束がもたらす利益と同じ基盤に根づくものと見なされるであろうし、そのために人々は、約束による利益と同じ信頼を、それらの他の諸利益にも置きはじめることだろう。ところで、こうしたことはまさに、われわれがいま論じている諸々の法的義務、すなわち為政者に対する服従につ

〔訳注5〕「自然」法と述べられているが、しかし当然これは、人為的な打算的協調によって形成された正義の諸規則のことである。以下同様。

いても当てはまる。仮に、この法的義務がないとすれば、いかなる統治機構も存続し得ないことだろう。そして、一方において、極めて多くの所持物があるのに対し、他方では、実際のものであれ想像上のものであれ、極めて多くの欲望があるような大きな社会にあっては、いかなる平和も秩序も維持されることはありえないだろう。それゆえ、われわれの法的義務は間もなく、われわれの約束とは無関係なものとなり、約束とは別個の力と影響を獲得するに違いないのである。双方の利益〔＝約束遵守の利益と、統治機構へ服従する利益〕はまったく同じ種類のものである。つまり、その利益は、一般的なものであり、公然のものでもあり、あらゆる時代や場所において見受けられるものである。そうすると、一方を他方の上に基礎づけるための理由という口実など存在しないことになる。むしろ、各々にはそれぞれに特有の根拠があることになる。統治機構への忠誠の責務を、約束の責務に帰してしまうのなら、他人の所持物に手を出さないという責務をも、約束の責務に帰してしまえばよいだろうに。その二つの利益は、一方の場合の方が、他方の場合よりも判明であるわけではない。すなわち、所有に対する顧慮は自然的な社会に必要だということが、服従は法治社会ないし統治機構に必要だということ以上に、言えるわけではない。そして同様に、前者の社会は人類の暮らしに必要であるということが、後者の社会は人類の幸せな暮らしや幸福に必要であるということ以上に、言えるわけでもない。つまり、約束の履行が有益であるのなら、統治機構に対する服従も同じように有益である。前者の利益が一般的であるのなら、後者の利益も同程度に一般的である。一方の利益がしばしば目にする公然のものであるのなら、他方も同じである。それゆえ、これら二つの規則は、利益の似通った責務に基づいているので、各々は、他方には依存しない、特有の権威を持っていなければならないのである。

利益という自然的責務が、約束と忠誠において、それぞれ別個のものであるのみならず、名誉や良心という道徳的責務もまた、約束と忠誠において、それぞれ別個のものである。つまり、一方の美点や汚点は、他方の美点や汚点に、微塵も依存していない。そして実際のところ、自然的責務と道徳的責務との間に存在する緊密な結びつきについて考察してみると、この結論は、完全に避けられないものであることがわかるだろう。われわれの利益は常に、為政者たちに服従するよう、われわれにはたらきかける。そして、目の前の大きな利益をおいて他に、われわれを反乱へと導きうるものはないわけだが、それは、目の前の大きな利益のために、われわれが、社会における平和と秩序を維持することで獲得する遠方の利益を、見落としてしまうからである。しかし、なるほど目の前の利益によって、自分自身の行為に関してわれわれは盲目になることがあるとしても、それが、他者の行為に関しても生じるということはない。そしてまた、目の前の利益によって、他者の行為がそのありのままの姿で、すなわち、われわれの利益にとって極めて有害なものとして、あるいは、少なくとも共感によってわれわれが分かち合う公共的な利益にとって有害なものとして、映らなくなる、ということもないのである。きわめて扇動的で不忠な行為のことを考えると、われわれは共感によって自然と不愉快になり、そしてそのような行為に対して、悪徳の観念を、すなわち道徳的な醜さの観念を貼り付ける。この同じ原理〔＝共感〕が原因となって、われわれはあらゆる種類の私的な不正義を、その中でも特に、約束の不履行を、否認するようになるのである。われわれは、あらゆる裏切りや背信行為を非難する。なぜなら、自由かつ広範囲でなされる人間どうしの財のやり取りが、約束に関する忠実さに完全に依存していると考えられているからである。われわれは、為政者に対するあらゆる不忠義を非難する。な

546

ぜなら、所持の安定、同意による所持物の移行、そして約束の履行における正義の執行は、統治機構に従属することなしには不可能であるということが了解されているからである。ここには、まったく別々の二つの利益が存在する。それゆえ、これら二つの利益は、双方ともに別々の独立した二つの道徳的責務を生み出すに違いないのである。仮に世界に、約束のようなものが存在しないとしても、統治機構は依然として、巨大で文明化したあらゆる社会において必要とされるだろう。そして、仮に約束にはそれ自体に固有の責務しかなく、それとは別個の、政府による制裁がないのだとしたら、約束は、そのような社会においては、ほとんど効果を持たないであろう。このために、われわれの公的な義務と私的な義務とは分離されるのであり、また私的な義務は公的な義務に依存しているのであって、公的な義務が私的な義務に依存しているのではないことが分かるのである。教育および政治家たちの人為は一致して、〔私的な義務である〕忠義の上に、さらなる道徳性〔＝公的な義務〕を授け、またあらゆる反乱に、ひどい罪や汚名の烙印を押すのである。そしてまた、政治家たちが、政治家自身の利益が特に関わっている場合に、そうした考え方を何よりも熱心に〔人々に対して〕植え付けるとしても、そこには何らの不思議なこともないのである。

以上の議論が完全に決定的なものだと思ってもらえないといけないので（というのも、私は決定的なものだと考えているからであるが）、私は権威に頼ることにしよう。そして、統治機構に従属する責務が、被治者のいかなる約束にも由来しないということを、むしろ人類の普遍的な同意から、示すことにしよう。次のことに驚く必要はない。すなわち、私は当初からずっと、自身の学説を、純粋に推論にのみ基づいて築き上げようとしてきたのであり、いかなる論説においても、歴史家の判断、あるいは哲学者の判断すら、ほとんど引用することはなかったのであるが、私はいまここで、通俗の人々の権威に訴えて、そしてその大衆の所感を、哲学的論究であればいかなるものにも対置させようと思う。というのも、次のことを見てとって欲しいからである。すなわち、人々の意見が、この場合には、その大衆の所感に特殊な権威を与えるということ、そして人々の意見が大部分、不可謬である、ということを。道徳的善悪の区別は快苦に基づいており、この快苦は、何らかの感情ないし性格を眺めることによって生じる。そして、そのような快苦は、それを感じている人に分からないはずはないのだから、次のことが帰結する[10]。すなわち、いかなる性格にも、すべての人がその性格に帰すのと同じぶんだけ、たくさんの徳と悪徳とが存在するのであり、この点について、われわれが間違うことはありえないのだ、と。そして、何であれ悪徳・徳の起源に関するわれわれの判断は、その〔悪徳・徳の〕程度に関する判断ほど確かなわけではないけれど、この場合に問われていることは、責務の哲学的な起源ではなく、明白な事実に関係しているのだから、われわれが錯誤に陥るということは考えられないのである。〔例えば、〕ある人が、ある額のお金を他の人に返すよう拘束されていることについて、本人が自覚しているとするならば、それが自分自身の拘束によるものなのか、それとも自分の父親の拘束によるものなのか、それが彼の単なる好意であるのか、それとも彼が借りたお金のためなのかということを、さらには、彼が自身を拘束しているのは、どのような条件の下で、どのような目的のためなのかということを、彼は確実に知っているに違いない。これと同じ理屈で、みんながそう考えているという理由で統治機構に従う道徳的責務が存在することは確かなことなので、この責務が約束に由来しないということもまた同様に、確かなことであるに違いないのである。というのも、哲学の学説に、あまりに執着しすぎることによって、か

547

えって自分の判断を迷わせることがなかった人ならば、約束を、統治機構に従う道徳的責務の起源に帰すことなど、夢にも思わなかっただろうからである。為政者にせよ被治者にせよ、目下の法的義務に関してこのように考えた者など、実際のところ、一人も存在しないのである。

（10） 以下の命題は、感情のみによって決定されるあらゆる性質に関して、厳密に言って真であるに違いない。道徳、雄弁、あるいは美における正しい趣味について、あるいは誤っている趣味について語っているとき、われわれはそれをどのような意味で語りうるのかということについては、後ほど考察されるだろう。さしあたっては、人類の一般的感情には、そのような問いに、ほんのわずかな重要性しか持たせないほどの斉一性がある、と述べておいてよいだろう。

われわれは次のことを見出す。すなわち、為政者たちは、自分たちの権威や被治者の服従の責務を、約束、すなわち原始契約という根拠から引き出すことなどしない、ということを。むしろ為政者たちは、自分たちの権威や服従の責務が、そのような約束やら原始契約やらに起源を有しているということを、できる限り自国民に、特に俗衆たちに、知られないようにするのである。仮にこの約束・原始契約が、統治機構を承認するものであるのなら、その場合にせいぜい言えることは、われわれの支配者たちが、暗黙のうちにその承認を受けているということであろう。しかし、実際のところ支配者たちが、そのような暗黙の承認を受けているということなど、決してないであろう。というのも、暗黙のうちに、気づかれないように与えられるものが、明白な仕方で公然と遂行されるようなものほどの影響を、人類に及ぼすということは決してありえないからである。暗黙の約束というのは、意志が、発話という印よりも、それより一層わかりにくい他の印によって表示される場合のものである。確かにその場合にも、意志は、絶対確実に存在しているはずである。つまり、意志がどれほど静かで暗黙のものであるとしても、意志をはたらかせた本人が、そのことに気がつかないはずはない。ところが、仮にあなたが、できるだけ多くの自国の人々に、あなたたちは自分たちの支配者の権威に対して、かつて同意したのかと、あるいは、あなたたちは支配者に従うことを約束したのかと尋ねるとしたら、彼らはきっとあなたのことを、なんて奇妙な人なのだと、そう思うことだろう。そして、自分たちの同意が問題だったのではなく、自分たちは生まれながらそのような服従のもとにあったのだと、彼らが答えるのは確実であろう。このような意見の結果として、われわれがしばしば目の当たりにするのは、人々が次のような想定をしているという事態である。すなわち、その時点ではいかなる権力や権威も持たず、しかも誰からも、愚か者からさえも、自発的には選ばれないような人物が、自分たちの本来の支配者だと、人々が想定しているという事態である。このように人々が想定してしまうのは、それらの想定が成立したのは、おそらくは非常に昔のことなので、何らかの服従の約束をしえた人が生きていることなどほとんどないにもかかわらず、そのような人物が、これまでの支配者の家系の末裔で、かつ相続するのが慣例となっている地位にいるというただそれだけの理由によるのである。そうすると、彼ら被治者は、統治機構に同意しなかっただけでなく、彼らもそのように自由に選択しようとすることそのものを、傲慢さや不敬の現れと見なすのが習いなのだから、統治機構は、このような人々に対する権威をまったく有さないのだろうかというと、そんなことはない。経験に見いだされるように、大逆や反乱と呼ばれるもの（これは、この学説〔＝契約論〕に従うと、普通の不正義に還元されるように思われる）を理由として、統治機構はなんの遠慮もなく、人々を罰する。もしあなたが、その国土に住むことによって、既設の統治機構に、人々が実際に同意していたのだと言うのであれば、私は次のように答える。すなわち、そんなことは、自分たちの選択が問題になると人々が考えている場合しかありえない話であり、しかもそのような想定は、かの哲学者〔＝契約論者であり、暗黙の同意論を主張したジョン・ロック〕以外には、ほとんど、いや誰も想像しなかったことなのだ、と。反乱者が、分別のつく歳ごろになって初めて行なった行為が、その国の主権者と戦端を開くことであったということ、あるいは、反乱者は子どもの間、自分自身の同意によって自分を拘束することができなかったのであり、大人になってから彼は、自分が遂行した〔反乱という〕行為によって、何らかの服従の責務を自分に課す意図などまったく持ってはいなかったことを明白に示したのだということ、こうしたことが、その反乱者を許すための言い訳として認められたことなど一度もなかったのである。反対に、市民法においてこの犯罪は、われわれの同意とは無関係に、それ自体で有罪とされる他のあらゆる犯罪が罰せられるのと同じ年齢であるのなら、つまり、ひとが理性を完全に使えるようになる年齢であるのなら罰せられる、ということが見出されるのである。それにもかかわらず、この犯罪に対して、市民法は、ぜひとも公平のために、いくらかの中間時期を、つまり暗黙の同意が最低限想定できるような時期を認めてしかるべきだというのである。以上のことに、さらに次のことを付け加えることができるだろう。絶対的な統治機構のもとに生活しているひとは、その統治機構に対して何らの忠誠も負わないだろう。というのも、まさにその本性からして、絶対的な統治機構は人々の同意に依存しているわけではないからである。しかし、絶対的な統治機構は、他の形態の統治機構と同じく、自然な、よく見かける統治機構である。それゆえ、絶対的な統治機構が、何らかの責務を生み出すことに間違いはないし、絶対的な統治機構に従う人々が常にそのように（＝自分たちには統治機構への従属責務があると）考えていることは、経験上明白である。このことこそ、普通、自分たちの忠誠が、自分自身の同意や約束に由来するとは考えられていないことの明らかな証拠なのである。そして、更なる証拠を挙げるなら、何らかの理由により、明白な仕方で約束を結ぶとき、われわれは常に二つの責務を厳密に区別し、同じ約束を反復する場合よりも、一方の責務が他方の責務に、より大きな力を付け加えると信じている。約束をいっさい交わしていないのであれば、人は、自分が反乱をしたという理由で、私的な事柄において背信行為をはたらいたと思うことなどない。つまりその人は、名誉と忠誠という二つの義務を完全に区別するだけでなく、分離し続けてもいるのである。このような哲学者たちは、それら二つの義務を一つにまとめることを、極めて精妙な発明だと考えたのであるから、そのことが、それが本当は一つのものではないということの説得的な証拠となるのである。というのも、なんぴとも、自分自身が知らない約束を結ぶことは不可能であるし、自分自身が知らない制裁や責務によって抑制されることはありえないからである。

第九節　〔統治機構への〕忠誠の限度について

549 統治機構に対するわれわれの忠誠の源泉として、約束、すなわち原始契約に訴えてきた政治学者たち〔こ
こではジョン・ロックが想定されている〕が打ち立てようとした原理は、完璧に正しく、そしてまた、理にもか
なったものであった。しかし、彼らがその原理を打ち立てるために依拠した推論は、虚偽のものであり、こ
じつけであった。彼らが証明しようとしたのは、統治機構に対するわれわれの従属については、いくつかの
例外が認められる、ということ。つまり、支配者側の目に余るほどの暴政は、被治者が、あらゆる忠誠の束
縛から自由になるための十分な根拠となる、ということである。彼ら〔＝契約論者〕に言わせると、人々は
550 社会に参入し、そして自分たちの自由で自発的な同意によって統治機構に自ら従属するのだから、それらの
人々が、特定の利得を考慮に入れていることに間違いはない。その利得を、人々は、社会から獲得しようと
目論んでいるのであり、その利得を得んがために、自分たちの生来の自由を放棄することさえ引き受けるの
である。それゆえ、為政者の側に、遂行すべきこととして、〔被治者と〕相互に約束したこと、すなわち〔被
治者たちの〕保護、およびその安全の確保があるのであって、そうであるがゆえに、為政者がこれらの利益
を与えてくれるという希望によってしか、為政者は、人々を説得して自身に従わせることができないのであ
る。しかし、保護と安全が確保されず、人々がむしろ、暴政と圧政に出くわすならば、人々は自分たちが交
わした約束から解放され（それは、条件つきのあらゆる契約の場合に起こることと同じである）、統治機構が設立さ

れる前の、自由の状態へと立ち戻る。自分自身の状況をよりよくする見込みをいっさいもたないにもかかわらず、他者の利益にしかならないような取り決めを結ぶほど、人々が馬鹿であるということは決してないだろう。われわれが誰に従属するにせよ、そのことから、何らかの利得を引き出そうと目論む者はすべて、明白な仕方であれ暗黙の仕方であれ、自分の権威による何らかの利益を、われわれに獲得させるということに従事せねばならない。そして、その人物が、彼自身の役割を果たさないのであれば、われわれが服従し続けることを、その人物は期待すべきではないのである。

　繰り返すが、この結論は正しい。しかし、その諸原理は誤っている。それで私は、僭越ながら自分ならば、同じ結論をもっと理にかなった原理に基づいて打ち立てることができる、と主張するのである。目下論じている法治社会において、義務を打ち立てる際に私の採る方針は、次のような主張ではない。すなわち、人々は統治機構からもたらされる利益のことをよくわかっており、人々はそのような利益を見込んで統治機構を設立するのだけれど、その設立のためには服従の約束が必要であり、この約束によって、ある程度は道徳的責務が課される。だがしかし、その約束は条件つきのものなので、契約したもう一方〔＝為政者〕の側がその取り決めで果たすべき自分の役割を果たさない場合にはいつでも、この約束は拘束力を失う、という主張をするような方針を、私は採らない。私は、約束それ自体が、もっぱら人間の打算的協調《コンヴェンション》に由来すること、つまり、ある特定の利益を見込んで発明されたものであるということ、を見抜いている。それゆえ私は、統治機構に、より一層緊密に結びついているような利益を探してみることにする。この利益は、統治機構を設立した原初的な動機となりうるだけでなく、統治機構にわれわれが服従する源泉ともなりうるものである。そうすると、この利益は、われわれが法治社会にいるからこそ享受し、われわれが完全に自由でひとりぼっちでいる場合には決して獲得できない安全と保護に存するということを、私は見いだすのである。それゆえ、利益こそが統治機構の直接的な承認の証なのだから、利益がない場合には、統治機構など、もはや存立しえないのである。言い換えると、国の為政者（civil magistrate）が圧政を敷いた結果、自分の権威を、〔被治者たちには〕まったく耐えがたいものとしてしまった場合にはいつでも、われわれ〔被治者〕がその権威に従うよう拘束されることは、もはやないのである。原因が消滅すれば、結果もまた消滅しなければならないのである。

ここまでのところ、上述の結論は、忠誠に対するわれわれの自然的責務に関しては、瞬時に、そして直接的に導出される。〔しかし〕道徳的責務に関しては、原因が消滅するとき、結果もまた消滅しなければならないという根本原理が、ここでは偽であろうという意見を、われわれは持つことができるだろう。というのも、われわれがこれまでしばしば注目してきた人間本性の一つの原理が存在するからである。すなわち、人々はいろいろな一般的規則にひどく中毒し、溺れてしまうのである、言い換えると、われわれはしばしば、自分たちを最初に導いて根本原理を確立させた理由をこえて、その根本原理の妥当性を拡張して用いてしまうのである。諸々の事例が、多くの事情において類似している場合、われわれは、それらの事例が最も実質的な事情において異なること、および、その類似点が見かけ上のものであって真実のものではないということを考慮することなく、それらの事例を同じ基盤の上におきがちである。それゆえ、次のように考えることができるだろう。すなわち、〔統治機構に対する〕忠誠の場合には、その忠誠義務のもつ道徳的責務は、その原因である利益のもつ自然的責務が、たとえ消滅してしまったとしても、消滅することはないだろうし、人々は良心によって、自分の利益および公共的な利益に反する暴君的な統治機構に従属するよう拘束されるだろう、と。そして実際、私はこの議論の力に、次のことを認めるところまでは従う。すなわち、いろいろな一般的規則は通常、それが基づいている諸原理を超えて拡大すること、しかしながらまた、そういう一般的規則への例外を承認するということは、次の場合には、すなわちその例外も一般的規則の性質を帯びていて、しかも非常に膨大な数の、普通に見られる諸事例に基づいているのでない場合には、滅多にない、ということを。さて私は、このことが目下の事例〔=暴君に対する抵抗という事例〕に完全に当てはまると主張する。人々が他人の権威に従う場合、そうする理由は、彼らが次のことを期待するからである。すなわち、荒れ狂う情念、および目の前の即座に手に入る利益によって、社会のあらゆる法に常に違反してしまうような人々の邪悪さと不正義に対する何らかの防護策が、他人の権威に従う自分たちにはもたらされるはずだと期待するからである。しかし、この欠陥〔=人間の邪悪さと不正義〕は、人間本性に生来的なものなのだから、その欠陥は、人々のあらゆる状態や状況において、人々に随伴するに違いないということを、われわれは知っている。そしてまた、支配者として選ばれる人々は、権力と権威に関して〔われわれ被治者よりも〕優位に立つからといって、彼らが即座に、それ以外の人々よりも、優れた本性の人になるわけではないということも、われわれは知っている。支配者として選ばれる人々が、われわれの期待することを結実させてくれるかどうかは、彼らの本性が変わるかどうかにではなく、彼らの立場が変わることに、つまり、彼らが、秩序を維持し正義を執行することによって、より直接的な利益を獲得する場合に、彼らの立場がどう変わる

552

かに、かかっている。しかし、これに加えて、次のようなことがある。すなわち、当該の〔支配者が得る〕利益は、被治者の間で正義が執行・遂行されているかどうかに、より直接的に関わっているのであって、支配者と被治者との論争に直接的に関わっているのではない。このことに、さらにつけ加えて言うのであれば、われわれは、人間本性の不規則性からして、しばしば次のことを予期することだろう。すなわち、支配者たちは、この直接的な利益すら無視し、情念にかられて残虐の限りを尽くし、野心の赴くまま振る舞うようになるかもしれない、と。人間本性に関するわれわれの一般的な知識、人類の過去の歴史にわれわれが見てきたもの、そして現在のわれわれの経験、これらすべてが原因となって、われわれは例外に門戸を開くようになるに違いない。つまり、われわれは次のように結論するに違いない。すなわち、最高権力の、より暴虐な結果に対しては、自分たちは抵抗することができるのであり、しかもこのとき、犯罪や不正義をいっさい犯していないのである、と。

以上から、次のように述べることができるだろう。すなわち、これこそ人類が一般的に実践してきたことであり、かつ人類の一般的な原理でもあるのである、と。そしてまた、〔これについて〕何らかの救済策を見出すことのできた国の民（nation）ならば、暴君の残酷な破壊行為に苦しむことなどなかったのであり、たとえ抵抗したからといって、非難されることもなかったのである、と。武器を手に取ってディオニュシウスやネロやフェリペ二世に歯向かった人々は、その歴史を熟読するあらゆる読者の支持を得る。そして、抵抗したその国の民を非難することは、非常識の最たるものに他ならない。それゆえ、確かなことだが、道徳に関するわれわれの考えの中には、絶対服従というような馬鹿げた考えなど存在せず、むしろ、一層目に余るほどの暴政と圧政には、抵抗することが認められているのである。人類の一般的な意見は、あらゆる場合に何らかの権威を持っている。しかし、道徳のうちでもこの場合〔＝圧政に対して被治者が抵抗を示す場合〕には、人類の一般的な意見は完全に不可謬なのである。その意見の基礎にある諸原理を、人々が判明に説明できないからといって、その意見が不可謬でなくなるということはない。ほとんどの人は、次のような推理などなしえないものである。すなわち、「統治機構とは社会の利益のために人間が発明したものに過ぎない。統治者の暴政によって、この利益が取り去られるのであれば、それによって服従の自然的責務もまた同じように取り去られる。道徳的責務は自然的責務に基づいている。それゆえ、それ〔＝自然的責務〕が消滅する場合、道徳的責務も消滅しなければならない。とりわけ、問題となっている事柄が、自然的責務の消滅する機会をわれわれに極めて多く予見させるようなものであり、またその事柄が原因となって、そのような自然的責務の消滅が生じたときに、われわれの振る舞いを規制・調整するようなある種の一般的規則をわれわれが形成しているような場合には、道徳的責務も消滅するのだ」と。しかし、この推理は俗衆にとって、あまりに複雑過ぎるものであるとはいえ、すべての人が、暗にそのように考えているのは確かである。すなわち、自分たちが統治機構に服従する理由は、ただ単に公共的な利益のためであるということにすべての人は気がついており、それと同時に、人間本性は、意志の弱さと情念とに強力に支配されているため、容易にこの〔統治組織という〕制度が悪用され、自分たちの統治者が暴君、すなわち公衆の敵に変わってしまうということにも、すべての人は気がついているのである。仮に、利益の感覚が、服従の原初的な動機でないとするなら、私はすすんで、次のように尋ねよう。すなわち、人々の自然な野心を抑えることができて、しかも人々にそ

553

のような従属を強制することのできる他の原理が、そもそも人間本性のうちにあるのか、と。模倣と習慣だと答えても、それでは十分とは言えない。というのも、われわれが模倣しようとする服従の事例や、習慣を生み出す一連の諸行為を、どの動機が一番最初に生み出すのか、という問いが、さらに生じるからである。利益以外の原理が存在しないのは明らかである。そして利益が、統治機構に対する服従を一番最初に生み出すのであるならば、その利益が大部分、そしてかなりの事例数において、消滅するような場合にはいつでも、服従の責務もまた、消滅するのでなければならないのである。

第十節　忠誠の対象について

しかし、場合によっては最高権力に抵抗することが、健全な政治学および健全な道徳学の両方において正 553
当化されうるとしても、次のことは確実なことである。すなわち、最高権力に抵抗すること以上に有害かつ
犯罪的なものなど、人間に関する事柄の通常のなりゆきにおいてはありえないのであり、そしてまた、革命
にはいつも社会的動乱が伴うだけでなく、それに加えて、そのような抵抗を実践することで、あらゆる統治
機構は、そのほとんどがすぐさま転覆させられるのであり、その結果、人類社会のいたるところに無政府状
態と混乱が引き起こされることになる。以上のことは確実なことである。多数の人々から成る文明社会は、 554
統治機構がなければ、存立することは不可能である。同様に、統治機構は、被治者の厳格な服従がない場合
には、まったく役に立たない。われわれは常に、権力者から得られる有益さを、その不利益さと天秤にかけ
て比べるべきである。そして、そうすることでわれわれは、抵抗という方策を実行することに対して、より
一層慎重になるだろう。通常の規則は、われわれに従属を求める。そして、堪え難いほどの暴政や圧政が敷
かれた場合にのみ、例外が生じうるのである。

そうすると、そのような盲目的な従属は、為政者たちに対する従属であるのが普通なのだから、問われるべきは次のことである。すなわち、いったい誰が、盲目的な従属の対象となるのか。つまり、われわれはいったい誰を、正当な為政者と見なすべきなのか、と。この問いに答えるために、統治機構と法治社会の起

源に関して、すでに打ち立てておいたことを思い出そう。万人がそれぞれ自分自身の支配者であるかぎり、つまり目の前の利益や快にしたがって、社会の諸法に違反したりそれを守ったりしているかぎり、社会には、いかなる安定的な秩序も維持されえないということを人々がひとたび経験してしまえば、そういう人々は自然と、統治機構を発明することになり、そして可能な限り、正義の諸規則への違反を、自身の手の及ばないところにあるようにしておこうとするのである。それゆえ、統治機構は人々の自発的な打算的協調《コンヴェンション》に由来する。そして明らかなことだが、統治機構を打ち立てたのと同じ打算的協調《コンヴェンション》によって、統治者たるべき人物も決定されることになるだろうし、この点に関するあらゆる疑念や曖昧さが取り除かれることになるだろう。そして、人々の自発的な同意は、ここでこそ、より一層大きな効力を持つに違いない。つまり、為政者の権威は、当初は、被治者たちの約束という根拠に基づいているのであり、あらゆる他の契約ないし取り決めの場合と同じように、この約束によって被治者たちは服従するよう拘束されるのである。こうして、被治者を服従へと拘束する約束は、被治者たちを、あるひとりの人物に縛りつけ、そしてその人物を、自分たち被治者の忠誠の対象にするのである。

　しかし、統治機構がこの基盤〔＝被治者の約束〕の上に、かなり長い間定着し続け、そして従属することで得られる〔自然的利益とは〕別個の利益によって、それに対応した別個の道徳感情が生み出されると、事情は一変し、約束が特定の為政者を決定することは、もはや不可能になる。というのも、約束はもはや、統治機構の根拠とは見なされえなくなるからである。われわれは生まれながらにして、すでに従属していると考えるのが自然なこととなり、さらには、ある特定の人には命令する権利があり、自分たちの方はと言うと、そ

555

の人に服従するよう拘束されている、と思うようになる。権利や責務に関するこのような考え方の由来するところは、統治機構がもたらす有益さに他ならない。この有益さによってわれわれは、自分たちが統治機構に対して抵抗を示すことに強い反感を覚え、他人が抵抗を見せると、それを不快に思うようになるのである。しかし、ここで注目すべきは、この新たな事態においては、事柄が約束という基盤に基づいていた当初のときとは異なり、統治機構の承認の本来の証、すなわち統治機構のもたらす利益は、われわれが服従すべき人物が誰かを定めるものであるとは認められていないということである。約束は、不確実なことをいっさい伴うことなく、服従すべき人物を確定し、決定する。しかし明らかなことだが、仮に人々が、公共のものであれ私的なものであれ、なんらかの特有の利益に鑑みて、この〔服従すべき人物の決定という〕点に関する自分たちの振る舞いを規制しようとするならば、その人々は果てしない混乱に巻き込まれ、あらゆる統治機構を、ほとんど役に立たないものにしてしまうであろう。あらゆる人の私的な利益は、それぞれ異なるものである。そして、たとえ公共的な利益それ自体は、常にひとつの同じものであるとしても、それは、それにかかわる個々人の意見がそれぞれ異なるものであるために、甚大な紛争の源泉にもなるのである。それゆえ、われわれを為政者に従属させる当該の利益は、われわれが自分たちの為政者を選ぶ段階では放棄されて、そしてわれわれは、特定の形態の統治機構や特定の人物に、ただただ従うようになるのであり、しかもそのとき、統治機構についても、為政者となる人物についても、この上ない完璧さなどを求めないのである。所持の安定に関する自然法の場合も、事態は同じである。所持が安定することは、われわれにとって極めて有益であるのみならず、社会にとって絶対に必要なことでもある。だからわれわれは、所持の安定に関する規則を打ち立てるようになるのである。しかしわれわれは、特定の個人に特定の所持物を割り当てるとき、仮に当初のものと同一の有益さに従うことにするのなら、自分たちの目的に失望し、その規則が防ごうとしていた混乱を、かえって永久に味わうことになってしまうだろう。それゆえわれわれは、一般的規則に従って物事を進めなければならない。つまり、自分たちを一般的な利益によって規制して、所持の安定に関する自然法を修正しなければならないのである。また、その〔所持の安定に関する〕法が定められるときの利益が軽微なもののように見えてしまうために、この法に対する自分たちの愛着が薄らいでしまうのではないかと、そのように恐れる必要はない。こころへの衝動は、極めて強力な利益に由来するものである。そして、そのように強くはない他のずっと微細な利益にできることと言えば、その衝動の動きの方向付けをすることだけであり、何かをその衝動に付け加えることも、何かをその衝動から差し引くこともできないのである。事態は、統治機構についても同じである。統治機構という発明ほど、社会にとって有益なものはない。そして、われわれが熱心に、そして進んで統治機構を受け入れるようになるためには、この利益で十分である。とはいえ、われわれは後で、同じほどの重要さを持つわけではないいくつかの考慮によって、統治機構に対する自分たちの献身を調節し、そしてその方向付けをするよう義務づけられるのみならず、自分たちの為政者を選ぶにあたっては、その選択によって生じるいっさいの個別的な利得を考慮に入れないよう、義務づけられるのである。

為政者の権利の根拠として、私が注意を引いておきたい諸原理の、第一のものは、この世に打ち立てられてきた統治機構のほとんどすべてに権威を与える原理である。すなわち、私が意味しているものは、いかなる形態の統治機構にも見られる長期的な占有、言い換えると、相次いで君主の地位が継承されてきたことである。あらゆる民族を、その最初の起源にまで遡るのならば、確実に次のことを見出すことだろう。すなわち、ほとんどの王の血筋、あるいはほぼすべての形態の共和国《コモンウェルス》は、もとはと言えば簒奪や反乱に基づいているのであり、それらの権限は初めのうち、いかがわしいだとか不確かだとかいうよりも、もっと悪しきものなのである、と。ただ時間のみが、それらの権利に堅固さを与えてくれる。つまり時間は、人々のこころに徐々にはたらきかけることで、人々に何らかの権威を認めさせ、その権威を正当で理にかなったものに見させるのである。慣習以上に、何らかの感情を喚起してわれわれに大きな影響を及ぼすものはないし、慣習以上にわれわれの想像力を強力に対象へと向けるものもない。長い間、特定の集団の人々に従うことに慣れてしまうと、われわれは、道徳的責務が忠義に伴っていると想定する一般的な衝動、あるいは傾向性を獲得するのである。そしてこの衝動、あるいは傾向性は容易にこの方向へと進み、その特定の集団の人々を忠義の対象として選ぶのである。一般的な衝動をもたらすものは利益であるが、特定の方向性を与えるものは慣習なのである。

　そしてこの場合、同じ時間の長さであっても、こころに及ぼす影響が異なるのに応じて、われわれの道徳感情に及ぼす影響も異なる点に注目すべきである。われわれには元々、あらゆるものを比較によって判断する性質がある。そして、王国や共和国の運命について考えるとき、われわれは長い時間を念頭に置く。それゆえ、王国や共和国の場合、それがわずかな時間続いたというだけでは、われわれが何か他の対象を考えるときほどの影響が、われわれの感情には及ばないのである。〔たとえば、〕馬や、ひと揃いの衣服に対する権

557

利は、ほんのわずかな時間が経つだけで獲得されるものだと考えられている。しかし、何であれ新たな統治機構を打ち立てるためには、被治者のこころからその統治機構に関するあらゆる疑念を取り除くためには、言い換えれば、一世紀という時間の長さでは不十分なのである。これに加えて、君主は、何らかの付加的な権力を簒奪する場合、それに対する権限を獲得するための時間は、すべてのものを簒奪によって獲得する場合にその権利を手中に収めるための時間に比べて、ほんのわずかで済むことだろう。〔たとえば、〕フランスの王は、絶対的な権力を手にしてから、まだ二代以上続いてはいない。だがしかし、それにもかかわらず現在のフランス人たちが、自分たちの諸権利を言い立てたりするなら、それは飛びきり常軌を逸したことだと彼らは思うであろう。付加に関してすでに述べておいたことに鑑みれば、この現象を説明するのは容易である。

いかなる形態の統治機構も、長期的な占有によって打ち立てられてはいないのだとするのならば、現在の占有こそが、その代わりとなるのに十分であり、これを、あらゆる公共的な権威の、第二の源泉と見なしてよいだろう。権威があると主張する権利とは、権威を恒常的に占有することに他ならず、それは社会の諸法と人々の利益感覚とによって維持されるものである。そして、既述の諸原理〔＝安定性と一般的利益に関する原理〕に従うならば、この恒常的な〔権威の〕占有を、現在の占有と結びつけることほど自然なことは他にない。もしも同じ諸原理が、私人の所有に関してははたらかなかったのだとしたら、それはひとえに、利益に関する極めて強い考慮がはたらいたために、それらの諸原理が打ち消されてしまったからである。そしてこのとき、われわれは次のことを見てとったのである。すなわち、他人に渡ってしまった所有物の返還を求めても、現在の占有によって恒常的な権威がその他人に認められることで、あらゆる返還請求が妨げられることになるだろうし、また〔返還請求を退ける際のその他人の〕あらゆる暴力が、権威づけされ保証されることになるだろう、ということを見てとったのである。すると、同じ動機が、公共的な権威に関しても影響を及ぼすように思われるけれど、しかしこれらの動機は、それとは反対の利益と、すなわちその本質が平和の維持とあらゆる変革の回避とに存している利益と、対立するのである。変革は、私的な事柄においては実に容易に発生するのだけれど、公衆が関係する場合には、流血や混乱を伴うことが避けられないものなのである。

標準的な倫理学説では、現在の所持者の権利について説明することなどできないということに気がつくとで、当該の権利を完全に否定しようと決意し、そして、その権利は道徳によって権威づけがなされないと主張するようなひとがいるとしよう。そんなひとは、飛びきり常軌を逸した逆説を主張することで、人々の常識や判断を揺るがそうとしているのだと、そう考えられるのが正しかろう。自分たちがたまたま住んでいる国に打ち立てられていることがわかった統治機構に、黙って従い、しかもその統治機構の起源や最初の設立について、行き過ぎた興味関心でもって探求しないことほど、思慮と道徳の両方に適合する行動の格律はない。非常に厳しい吟味に耐えるような統治機構など、この世にほとんど存在しないであろう。現在の占有という根拠よりもマシな根拠をもちあわせている統治者の統べる王国が、どれほどの数、いま現在この世に存在し、またどれほどの数、歴史の中に見出されるだろうか。〔例えば、〕ギリシア・ローマ帝国に限ってみても、ローマ人たちから自由が奪われて以降、トルコ人たちによってその帝国が終局的消滅に至るまで、長期にわたって皇帝たちが続いたことさえ、その帝国に対して他の何らかの敬称を要求しうるほどのことでは

558

なかったということは明らかではないか。元老院の選挙は形骸化し、軍団《レギオン》の選択にいつも追随した。そして軍団《レギオン》はというと、ほとんどいつも、いくつもの異なる属領に分かれていたが、それをまとめあげることができたのは、武力をおいて他にはなかったのである。それゆえ、武力こそが、すべての皇帝にその権利を獲得させ、また皇帝の権利を擁護したのであったのだ。以上からわれわれは、次のどちらかであると言わざるをえなくなる。すなわち、知る限りすべての世界には、いく時代にもわたって、〔正当な〕統治機構など存在しなかったのであり、それゆえいかなる統治機構にも忠誠の責務を負わなかったのだと言うか、そうでないなら、公共的な事柄における強者の権利は、他のいかなる権限とも対立しないのであるならば正統なものとして受けいれられ、そして道徳によって権威づけられるのを認めなければならないと言うか、のどちらかである。

征服による権利を、主権者たちの権限の第三の源泉と考えることができるだろう。この権利は、現在の占有による権利と極めてよく似ているが、それよりもはるかに強い力を持っている。というのも、征服による権利は、簒奪者に伴う憎しみと憎悪の感情の代わりに、征服者に帰される栄光と名誉という考え方によって手助けを受けるからである。人々が自分たちの愛する人たちを好むのは自然である。それゆえ人々は、主権者に反対する被治者の反乱がうまくいく場合よりも、ある主権者と別の主権者との間の武力衝突において一方が勝利する場合に、権利を認めやすいのである(11)。

(11) ここで主張しているのは、現在の占有、あるいは征服が、長期的な占有と実定法に反対する権限を与えるのに十分であるということではない。そうではなく、それらには力があり、権限がその他の点で等しい場合には、そのバランスを崩す場合があるだろうし、時折ならば弱い方の権限を神聖化するのに十分でさえあるだろうということを言っているに過ぎない。どの程度の力を現在の占有、あるいは征服が持っているかということを定めるのは容易ではない。私の考えは次の通りである。すなわち、節度ある人々ならば、君主の権利に関するあらゆる争いにおいて、それら現在の占有と征服が大きな力を持つことを認めるだろう、ということである。

何らかの君主制を確立した最初の主権者が死んだ場合のような、長期的な占有も、現在の占有も、あるいは征服もないような場合について考えてみよう。そのような場合、継承による権利が、それらに代わって優勢になるのが自然である。つまり人々は一般に、先代君主の息子を王位に据えて、そしてその息子を、その父親の権威を継ぐものであると考えるようになる。父親の推定上の同意、私人の家族における継承の模倣、最も強力で、しかも最も数多くの従者を引き連れる人物を選ぶときのその国の利益、こうした理由すべてによって、人々は先代君主の息子を、他のどの人物よりも選び好むのである(12)。

(12) 間違いを防ぐために、次のことを述べておかねばならない。すなわち、継承のこうした事例は、習慣が継承による権利を定めている場合の、相次ぐ世襲君主の継承の事例と同じではない。これら相次ぐ世襲君主の継承は、上で説明した長期的な占有の原理に基づいている。

以上の三つの理由には、いくらかの重みがある。しかし私は、次のことを確信している。すなわち、正義と利益について先ほどのように捉える際には、想像力のいくつかの原理が同時にはたらいているということは、物事を偏りなく考察する者にとって明らかに思えるであろう、と。思考が自然に推移することにより、王権は、国王の死後はもちろんのこと、国王の存命中さえも、〔その息子たる〕若き君主と結びついているように思えるようになる。そのため、新たな関係を用いることで、つまり、若き君主に属するのが自然であるように見えるものを彼に実際に所持させることによって、この結びつきを完璧なものにしようとするのは、何より自然なことである。

このことを確かめるために、極めて興味をそそる種類の次の諸事象を、比較検討することにしよう。選挙による君主制の場合、法および一定の習慣によって、継承の権利に、存在の余地がでてくるなどということはない。しかし、継承という考え方の及ぼす影響は極めて自然なものなので、その影響を想像力から取り除くことは、具体的に言うと、亡き君主の息子に対して臣民を無関心にさせるということは、まったくもって不可能である。このことから、この種の〔＝選挙による君主制を採る〕統治機構のうち、あるものにおいては、選ばれる者が王族の誰かに落ち着くというのは普通である一方で、別の統治機構では、王族は皆排除されている。そうした正反対の現象が生じるのは、しかし、先ほどと同一の原理〔＝想像力〕からである。王族が排除される場合、それは政治が洗練されるからである。つまり、政治が洗練されることによって、人々は、主権者を王族から選んでしまう自分たちの性向に気がつくようになり、その結果、人々は、自分たちの新たな君主が、自分たちのこの性向をうまく利用して君主自身の家系を定着させ、そして将来的に、いまの選挙の自由を破壊してしまわぬように、自分たちの自由を用心深く守ろうとするのである。

アルタクセルクセスとその弟である小キュロスの歴史はわれわれに、同じ目的のためのいくつかの省察をもたらしてくれる。小キュロスは、自分が父親の即位後に生まれたことを理由に、兄よりも自分に王位継承権があると主張した。私はこの理由が妥当なものであったと申し立てるわけではない。私はただ、その理由から、次のように推論したいだけである。つまり、仮に上述の想像力の諸性質が存在しないのであれば、詳しく言えば、われわれが、何であれすでに結びつけられていることが見出されている諸対象すべてを、新しい関係によって自然と結びつけてしまうときにはたらく想像力の諸性質が存在しないのであれば、小キュロスがそのような口実を決して用いなかっただろう、と。〔なるほど、〕アルタクセルクセスは長兄であり、継承権第一位にあるために、弟よりも有利であった。しかし小キュロスは、父親が王権を与えられた後に、子としてもうけられたがゆえに、王権に一層密接に関係していた。

ここで、次のように反論が提出されるとしよう。すなわち、便益性の見込みこそが継承権のすべての源泉であり、そしてさらに、先代主権者の跡継ぎを定め、新たに実施されるすべての選挙に伴う無政府状態と混乱とを防ぐことができるような規則を、人々は喜んで利用するのである、と。これに対して私は以下のように応えよう。おそらく、この〔便益性という〕動機は、結果が生じるということに対していくらかは役立つのだが、他の原理〔=想像力〕を伴わずしては、そのような動機が生じることはありえない、と。一国の民の利益が要求しているのは、王位の継承が何らかの仕方で固定されることであるけれど、王位の継承が固定される仕方に絡む利益についても、同じこと〔=想像力のはたらきが必要だということ〕が言える。したがって、仮に血縁関係が、公共的な利益とは別個の効力を持たなかったのなら、血縁関係は実定法がない場合には決して考慮されなかっただろうし、さまざまな国の民の間に定められた極めて多くの実定法が、同じ見解と意図において正確に一致することもありえなかっただろう。

以上のことからわれわれは、権威の第五の源泉、すなわち実定法の考察へと進む。実定法においては、立法府が、特定の形態の統治機構と君主の継承とを定めるとされている。一見すると、これ〔＝第五の源泉〕は先述の権威の権限のいずれかに回収されるにちがいないと考えられるかもしれない。すなわち、実定法の由来先である立法権は、原始契約か、長期間の占有か、現在の占有か、征服か、あるいは継承かのいずれかによって打ち立てられるに違いない。したがって、実定法はその力を、それらの原理のいずれかから引き出すに違いないのである、と。しかし、ここで注目すべきことがある。すなわち、実定法はその力をこれらの原理からしか引き出すことはできないが、実定法がその由来先である原理の力をすべて獲得するわけではなく、自然に想像されることだけれど、かなりの部分を、その力の転移の際に失ってしまうのである。たとえば、ある統治機構が、数世紀の間にわたり、継承に関する特定の体系の法、形態、方法に基づいて打ち立てられるとしよう。その立法権は、この長期的な継承によって打ち立てられているのだけれど、その立法権がまったくの突然、統治機構の体系すべてを変えてしまい、その代わりに新たな政体を導入する、と。思うに、この変更に、公共的な善へと向かう明確な傾向がないのであれば、被治者たちは、自分たちがその変更に従うよう拘束されていると考えることはほとんどないだろう。むしろ被治者たちは、自分たちには依然として前の統治機構へと回帰する自由がある、と考えることだろう。このことから、基本法という考え方が生み出される。すなわちそれは、主権者の意志によって変えることができないと考えられているものである。そして、フランスのサリカ法は、この本性を持つものとして理解されている。これらの基本法がどこまで影響を拡大するのかということは、いかなる統治機構においても定められてはいないし、またそれを定めることも絶対に不可能である。最も影響力の強い法から最も些末な法にいたるまで、そして最古の法から最新の法にいたるまで、気づきえない段階的変化が存在している。それゆえ、立法権に境界をもうけて、統治機構の原理を、立法権がどの程度刷新するのかということを定めることは不可能であろう。それは、理性の仕事 562
というよりもむしろ、想像力や情念の仕事なのである。

世界の、いくつかの国の民の歴史、つまりはそれらの民が経験した革命、征服、人口の増減、あるいは個々の統治機構の設立のされ方、および、ある人物から別の人物へと譲り渡される継承権など、これらを考察するものならば誰もが即座に、君主の権利に関するあらゆる論争を、実に簡単に決着させることだろう。そしてまた、何らかの一般的規則に愚直に固執すること、具体的には、ある人々が極めて高い価値をおく特定の人物や家系に厳格に忠誠を尽くすことが、理性に属する徳というよりも、偏狭な考えと迷信に属する徳であることを、先述の〔君主の権利についての論争を決着させた〕人ならば誰もが確信することだろう。この点については、歴史研究が、真の哲学が遂行する推理を裏付けてくれる。真の哲学が、人間本性の原初的な諸特性を示し、それによってわれわれを教導するのは、政治における論争を、ほとんどの場合に決着を見ることができないものだと見なし、そして政治における論争を、平和や自由という利益に完全に従属するものだと見なせということである。確かに、公共的な善が変化を要求していることが明らかではない場合、原始契約、長期的な占有、現在の占有、継承、そして実定法のすべての権限が協働することによって、主権に対するもっとも強力な権限となり、それが神聖不可侵のものだと見なされるのは正しい。しかし、これらの権限がさまざまな程度で混ざり合い、しかも対立する場合、それらの権限はしばしば困惑を生むことになる。しかもそれらは、法律家や哲学者たちの議論によって解決されるのではなく、軍の武力によって解決されるのである。例えば、ティベリウスが亡くなり、ゲルマニクスとドルススとがともに存命であったとき、後継者として二人のうちどちらの名も挙がっていないような場合に、ゲルマニクスとドルススのうちどちらが、ティベリウスの跡を継ぐべきであるかということについて、誰がわれわれに教えてくれるだろうか。養子の権利が、私人の家族においては〔血縁者の権利と〕同じ力を持っていて、しかもすでに公的な場において養子の権利がすでに二例通用していたような民族にあっては、養子の権利が血縁者の権利と等しいものとして受け入れられるべきだろうか。ゲルマニクスはドルススよりも前に生まれたがゆえに、ゲルマニクスが長兄と見なされるべきなのか。それとも、ゲルマニクスはドルススが生まれたあとに養子にとられたがゆえに、弟と見なされるべきなのか。私人の家族の場合に、長兄だからといって継承が行なわれる際に有利になるということがなかった民族において、兄の権利は尊重されるべきなのか。その当時のローマ帝国は、二つの先例を理由に世襲が採用されるものと見なされるべきなのか。それとも、その当時のローマ帝国は、つい最近起こった簒奪にもとづくものであるがゆえに、初期においてさえも、より強き者、つまり現在の占有者が支配するものとして考えられるべきなのか。こうした問いに答えるときに、どの原理に基づいて主張するとしても、公平な探求者を満足させることは無理だろうと思う。なぜなら、公平な探求者は、政治的な論争においていかなる党派にも与せず、健全な理性と哲学以外では満足しないだろうからである。

しかしこのとき、イングランドの読者なら、現政体に極めて幸福な影響を与え、実に重要な帰結を伴うこととなった、かの有名な〔名誉〕革命について調べることが多かろう。すでに述べてきたことだが、極悪な暴政および圧政が敷かれる場合に、最高権力に対してさえも、武器をとって歯向かうことは正当である。そして統治機構とは、人々のお互いの利得、すなわち安全保障のために人間が発明したものに過ぎないのだから、統治機構がひとたびその傾向性を持たなくなるとしたら、統治機構は、自然的なものであれ道徳的なものであれ、何らかの責務を課すことはないのである。しかし、この一般的な原理は、常識によって、すなわちあらゆる時代の実践によって権威づけられているとはいえ、諸々の法によっては、あるいは哲学によってさえも、どういった場合に抵抗が正当なものとなるのか、そのことを知るための何らかの個別の規則を定めることはできないこと、そして、その主題について生じるあらゆる論争に決着をつけえないこと、こうしたことに間違いはない。これ〔＝個別の規則を定めえないこと〕は、最高権力に関して生じるだけではない。それだけでなく、立法の権威がひとりの人物に委ねられていない政体であっても、一人の為政者が非常に傑出しており、そして権力をもつことによって、この点に関して法の沈黙を余儀なくさせることがありえるのである。そしてまた、このような法の沈黙は、法に対する尊敬の結果であるだけでなく、法の思慮深さの結果でもあるだろう。というのも、間違いなく、あらゆる統治機構に生じる、実にさまざまな事情において、そのように偉大な為政者が権力を行使することは、あるときには公共の人々にとって有益であるかもしれないが、別のときには有害で暴政的であろうからである。しかし、制限君主制においては、このように法が沈黙しているにもかかわらず、国民たちが依然として抵抗の権利を保持し続けていることは、確かなことである。というのも、もっとも専制的な統治機構においてさえ、国民たちから抵抗の権利を奪うことは不可能だからである。自己保存を国民がみな同じく必要としていること、そして国民がみな持っている公共的な善に対する同じ動機によって、ある場合〔＝制限君主制〕の国民も、他の場合〔＝専制的統治機構〕の国民も、同じ自由を与えられるのである。そしてさらには次のことを見てとることができる。すなわち、そのように混合した統治機構〔＝制限君主制〕では、独裁的な統治機構に比べて、抵抗が正当となる場合が極めて多くなるに違いない、すなわち、武力によって、被治者たちが自分自身を守る自由が、より多く認められるに違いない、と。〔制限君主制においては、〕主たる為政者が、公衆にとって、それ自体極めて有害な方策をとり始める場合だけでなく、彼が政体の他の部分を侵害し、自分の権力を法的な境界を越えて拡大するような場合でさえ、彼に抵抗し、彼を退位させることが認められている。もちろん、そのような抵抗や暴力は、法の一般的な趣旨においては、不当で反体制的なものと見なされるだろうとしても、である。抵抗が合法的に認められる理由は、公共的な利益にとって、公共的な自由を保護すること以上に本質的なものが他にないということもさることながら、そのような混合した統治機構が打ち立てられるとひとたび想定されるや否や、その政体のすべての部分と成員とが、自衛の権利をもち、そしてあらゆる他の権威による侵害に反対する従来の境界を維持する権利を持つに違いないことは明らかだからである。〔例えば、〕物質から抵抗の力を奪ってしまえば、物質のいかなる部分も別個の存在でありつづけることができなくなり、その全体は一点に寄せ集められてしまうだろうから、物質の創造は無駄に終わったであろう。これと同じように、いかなる統治機構においても、救済策のない権利というものを想定すること、具体的には、最高権力が国民と共有されていることを認めておきながら、国民が自分たちの共有するものを、あらゆる侵略者から防護することが正当であることを認めないことは、不合理の極みなのである。それゆえ、目下の自由な統治機構を尊敬しているように思わせておいて、しかし抵抗の権利は否定するような人々は、自分が常識的だと謳う資格を捨て去ってしまっているのであり、そのような人に対して真剣に応じることなどないのである。

これらの一般的な原理が、先の〔名誉〕革命にも当てはまるということを示すことは、私の目下の目的ではない。また自由な国民にとって神聖なものとされるべき権利と特権すべてが、そのとき、この上ない危険に晒されていたということを示すことも、私の目下の目的ではない。私は、この主題に本当に論争の余地があるとしても、この論争的な主題を捨てて、むしろその重要な出来事から、自然と引き出されるいくつかの哲学的省察をすることに、喜んで身を投じることにしたい。

第一に、次のように述べることができるだろう。すなわち、万が一、現政体において、上院と下院が、公共的な利益を理由とすることなく、在位中の王を退位させるか、王の死後、法や、定着している習慣に従うのであれば継承すべき立場にあるところの王子を排除するとしよう。その場合、その手続きが法的に正当だと考える者など一人もいないだろうし、上院や下院に、自分たちが従うよう拘束されると考える者など、一人もいないことだろう。ところが、王が自身の不正な実践によって、つまり暴政的で専制的な権力を振るおうとして、正当に自分の法的な権威を失うのであれば、彼から王位を奪うことは、道徳的に正当であり、しかも法治社会の本性にふさわしいものとなるだけではない。われわれはさらに、次のようにも考えがちである。すなわち、その政体に残っている成員〔＝上院と下院の人々〕が、先代の王の次の跡取りを排除する権利を、そして彼らが先代の王の後継者として望む人物を選ぶ権利を獲得するのである、と。われわれがこのように考えてしまう理由は、われわれの思考と想像力に備わる極めて風変わりな性質のためである。王が自分の権威を失うとき、彼の跡取りは、自分が王とともにその暴政に加担したがゆえに自分で権威を失うのでない限り、その王が死んでいなくなるのと同じ状況にあり続けるべきだとするのは自然なことである。しかし、このことは理にかなっているように思えるにもかかわらず、われわれは容易に反対の意見に従ってしまう。我が国の統治機構において、王を廃位するというのが、通常の権威すべてを越権する行為であるということは、つまり、それが公共的な善のための権力を不当に想定することであるということは、はっきりしている。この公共的な善のための権力が、統治機構が通常通りに運営されているときに、政体の誰かの手に握られているということはありえない。公共的な善が、その〔王の廃位という特別な〕行動を正当化するほど大きく、また明らかであるのなら、この〔公共的な善のための権力という〕資格が立派なやり方で用いられることによって、われわれは議会に対して、更なる資格を用いる権利を、自然と付与するのである。そして、法の従来の境界が、是認を伴いながらひとたび乗り越えられてしまうと、われわれは自分たちを、その法の限界内に厳格にとどめようとはしなくなるのである。ところが、何であれ自ら始めた行動の連鎖に沿って進んでいくのは自然なことである。また、われわれは、いかなる種類のものであれ、自分たちが最初の行動をしてしまった後には、自分たちの義務について何とも思わないのが普通なのである。かくして、〔名誉〕革命にあって、〔王である〕父親の排除が正当化されると考えた人々は、自分たちが、その幼い息子に縛りつけられているとは思わなかったのである。もちろん、その不幸な君主が革命時に何ら罪を犯していないにもかかわらず死んでしまい、しかも彼の息子が何らかの偶然により、国外へ行っていたのだとすれば、その子が大人になり、自分の国に帰還するまで、間違いなく摂政が指名されるであろうけれども。想像力のもっとも些細な属性でも、その国民の判断に影響を及ぼすのだから、そのような属性を利用することは、つまり、俗衆がもっとも自然に権威と権利を帰すのが誰であるのかということに従って、為政者を、ある家系から選ぶか、それとも別の家系から選ぶか決めることは、法の知恵であり議会の知恵なのである。

第二に、オラニエ公の即位は、はじめのうちは多くの論争を引き起こし、彼の権限に異議が唱えられたかもしれない。だが、今となってはそれを疑わしく思うべきではなく、逆に、同じ権限に基づいて彼の跡を継いだ三人の君主たちから、その即位は、十分な権威を獲得してしまっているに違いないのである。このような考え方は、一見するとまったく理にかなっていないように思われるが、実は、これ以上にありふれているものはないのである。君主はしばしば、権利を、その先祖からだけでなく、その後継者たちからも獲得するように思える。そして、生前には簒奪者と見なされるのが正しかったような王は、後代の人々からは、正統な君主と見なされることがある。なぜなら、彼は自分の家族を王位に据え、またそれ以前の統治機構の形態を完全に変える機会に恵まれていたからである。ユリウス・カエサルは、初代ローマ皇帝と見なされている。その一方で、スラとマリウスは、本当のところはその権限がカエサルと同じであったのに、暴君や簒奪者として扱われている。時間と習慣は、あらゆる形態の統治機構と、君主のあらゆる継承に権威を与える。そして、最初は不正義と暴力にしか基づいていなかった権力は、時間が経つにつれて、法的に正当で責務的なものとなるのである。また、こころはそこ〔＝現君主〕にとどまったままではない。むしろ自身の足跡をたどり直しながら、それらの先祖や祖先に、もとは後代に帰されるのが自然である権利を運ぶのである。なぜなら、先祖や祖先と後代とが、ともに関係づけられる、つまり想像力において結びつけられるからである。現在のフランスの王は、ヒュー・カペーを、クロムウェルよりも正当な君主とする。これと同じで、定着しているオランダ人たちの自由は、オランダ人たちがフェリペ二世に対して根強く抵抗したことを、少なからず弁護するものなのである。

567

第十一節　諸国間の法について

567 文民統治が人類の大部分において定着し、そしてさまざまな社会が互いの近くに形成されると、隣り合う国家の間で、一組の新たな義務が生み出される。この諸々の義務は、隣り合う国家がお互いに続けている商取引の本性に適合したものである。政治論者たちは、次のことを教えてくれる。すなわち、あらゆる種類の国際的な取引において、ひとつの政治体はひとつの人格主体と考えるべきである、と。なるほど、この主張は、さまざまな国民が、私人〔であった場合〕と同じように、お互いに助け合う必要があり、それとともに自分たちの利己性と野心とが、戦争と不和の絶え間ない源泉である限り、正しいものである。しかし、確かにこの点でそれぞれの国民は個人に似ているものではあるけれど、他の側面では極めて異なっているのだから、国々が〔個人とは〕別の根本原理によって自身を規制し、諸国間の法と呼ばれる一組の新たな規則を生み出すということに、何も驚くことはない。この〔諸国間の法の〕項目には、大使である人物の神聖さ、宣戦布告、有毒兵器の禁止というものを含めてよいが、これらは、相異なるさまざまな社会に特有な類の義務、つまり取引に適合するように作られたのが明らかな他の義務とは、別の義務である。

しかし、なるほどこれらの諸規則〔＝諸国間の法〕は、自然法〔＝社会における正義の法〕に付け加えられるものではあるけれど、前者によって、後者が完全に無効になるわけではない。つまり、正義の三つの根本的規則、すなわち所持の安定、同意による所持物の移譲、そして約束の履行は、被治者だけでなく君主の義務でもあると、安心して主張してよい。どちらの場合においても、同じ利益は同じ結果を生みだしている。すなわち、所持が安定しないのなら、絶え間なく戦争が続くに違いない。所有権が同意によって移譲されないのなら、商取引が行なわれることはありえない。約束が守られないなら、いかなる連盟も同盟もありえない。それゆえ、平和、商取引、そして相互に援助し合うことによってもたらされる有益さによってわれわれは、個々人の間で生じるものと同じ正義についての考え方を、さまざまな王国に、拡張して適用するのである。

世間で、非常に流行しているひとつの格律がある。これを喜んで率直に認める政治家はほとんどいないけれど、しかしこの格律は、あらゆる時代の実践によって権威づけられてきた。その格律とは、君主にふさわしい道徳学説は、私人を支配すべき学説よりも、拘束力がはるかに弱い、というものである。このことを、公的な義務と責務の範囲が、〔私的なそれより〕一層狭いと理解してはならないことは明らかである。また、もっとも厳粛な条約が、君主の間でまったく力を持つべきではないと主張するほどに、常軌を逸するような人はいないだろう。というのも、君主たちは実際に、自分たちで条約を策定するのだから、君主たちは、条約を施行することで得られる何らかの利得を念頭においているに違いないからである。つまり、そのような将来的な利得を見込むことによって、君主たちは、自分たちの役割を果たすよう拘束され、その結果として、かの自然法を定めるに違いないからである。それゆえ、この政治の格律の意味するところは、君主の道徳は、私人のそれと比べて、範囲においては同じであるが、拘束力においては異なっており、君主の道徳は、より些末な動機によって違反されるとしても、不当ではないということなのである。以上の命題が、特定の哲学者たちにはどれほど衝撃的なものに見えようと、その命題を、正義と公正の起源を説明したときに用いた原理に基づいて擁護するのは容易であるだろう。

人々が経験を通して、自分たちは社会なくして生活することができないということを、そして、自分たちの欲求をほしいままにしておくならば、社会を維持することはできないということを見出してしまえば、そのように切迫した利益の感覚によって、人々は即座に自分たちの行動を規制し、正義の法と呼ばれる諸規則を守るという責務を〔自分たちに〕課す。利益のもつ〔自然的〕責務は、これだけにとどまらない。それはさらに、情念と感情の必然的ななりゆきにより、義務のもつ道徳的責務をも生み出すのである。こうして、われわれは社会の平和へと向かうような行動を是認し、社会を混乱に導くような行動を否認する。利益のもつ自然的責務は、独立した諸王国の間で発生し、〔正義の場合と〕同じ道徳を生み出す。それゆえ、どれほど腐敗した道徳に従う人であっても、自らすすんで約束を破り、あらゆる条約を破棄するような君主を是認することなど、ありはしないだろう。しかし、ここでわれわれは、次のことを見てとることができる。すなわち、異国間の相互交流は有益なものであり、ときに必要でさえあるのだけれど、それがないと人間本性が完全に存立不可能であるような個人間の相互交流ほど、必要でも有益でもない、と。それゆえ、異国間における正義を守らせる自然的責務は、個人間におけるそれほど、強力なものではないのだから、自然的責務に由来する道徳的責務も、〔これが異国間の正義に関する場合〕その拘束力は弱まらねばならない。だから、必然的にわれわれは、自分の名誉がかかっている約束を破る私人の紳士よりも、他の君主や大臣をだます君主や大臣の方を、甘やかさなければならなくなるのである。

これら二種類の道徳は、お互いに対してどのくらいの割合の強さを持っているのか、と問われるとしたら、私は次のように答えよう。この問いに、正確に答えることはできないし、それらの間で確定すべき割合を数字であらわすことなど不可能である、と。断言して差し支えないのは、次のことだけであろう。すなわち、この割合は、他の多くの機会に観察されたのと同じように、人々についての学知を適用したり、研鑽を積んだりしなくとも、おのずから明らかである、と。世に行なわれている実践は、われわれの義務の程度を教えるときに、これまでに発明されたもっとも精妙な哲学よりも、はるかに進んでいる。そしてこのことは、次のことを説得的に証明するものとして役立ちうるだろう。すなわち、人々は皆、自然的正義と、法的〔に定められた〕正義とに関する道徳規則の根拠について、暗黙にではあれ把握している、ということを。つまり、人々は皆、それらの諸規則が人間の打算的協調《コンヴェンション》に由来することに、すなわち、平和と秩序を維持することで得られる利益に由来するに過ぎないということに、気がついているのである。というのも、そうでない〔＝利益に由来しない〕のであれば、その利益が減るからといって、その〔君主の〕道徳が緩められることにはならなかっただろうから、つまり、被治者どうしの私的な取引の場合よりも、君主や共和国間の取引の方が、正義が侵害されやすいということに、われわれが甘んじることにはならなかっただろうからである。

第十二節　貞操と慎ましさについて

570 自然法と諸国間の法に関する先ほどの学説に何らかの困難が伴うとしたら、それは、それらの法を遵守したり、それらの法に違反したりすることが引き起こす、普遍的な是認と非難に関するものであろう。つまり、この普遍的な是認と非難が、社会の一般的な利益という点からは十分に説明されていないと考えられることがあるのである。できる限りこの種の疑念を取り除くために、私はここで、別組の義務、すなわち、女性に帰される慎ましさと貞操を考察することにしよう。そして、私は確信してやまないのであるが、これらの徳が、これまで主張してきた諸原理〔＝一般的規則〕のはたらきの、なお一層顕著な事例であることが分かることだろう。

哲学者の中には、女性の徳を苛烈に攻撃するものがいる。そうした輩は、女性たちの表情、衣服、そして行動に求められる外見上のすべての慎ましさの根拠は、自然に由来するものではないことを自分たちが示しえるなら、自分たちが、俗によくある錯誤を、実によく見抜いていると空想するのである。こと私について言えば、そのような見えすいた主題〔＝女性の徳が自然的徳ではなく、正義と同じく人為的徳であるというテーゼ〕を主張するようなことに、手間、暇をかけないでよいと思うので、私は、特に何の準備もしないまま、さらに話を進めて、そのような考え方が、教育、人々の自発的な打算的協調《コンヴェンション》、そして社会の利益から、どんなふうにして生じるのかということを検討することにしよう。

男女が自分らの子どもたちについて自然に抱く関心をもちながら、人間の幼少の期間がとても長く、また幼児はその間とても脆弱なものであることを考察するひとならば、だれしも次のことに容易に気づくことだろう。すなわち、幼児を教育するためには、男性と女性とが結びつかねばならず、しかもこの結びつきをかなりの長い間、続けねばならない、ということを。しかし、人々がこの抑制を自らに課し、そしてその抑制によって自分たちが被るあらゆる労力と費用とを喜んで引き受ける気になるためには、その子どもは自分の子であると、親たちが信じていなければならないし、自分たちが愛と優しさの赴くままに〔子に対して〕振る舞う場合、自分たちに自然に備わった本能が間違った方向に向かっていないと信じていなければならない。ところで、人体の構造を検討すれば、次のことがわかるだろう。すなわち、このような保証を、男性の側が獲得するのは極めて困難である、つまり、男女が性交におよぶとき、生殖の原理は男から女へと移るのだから、男性の側では錯誤が生じやすいのだけれど、女性の側で過誤が生じることはいっさいありえない。この瑣末ではあるが解剖学的な観察こそが、教育と義務における男女の間の大きな違いを生み出しているのである。

仮に、ある哲学者が、問題をア・プリオリに検討するならば、彼は次のように推理することだろう。人々が、自分たちの子どもを養い教育するために労働する気になるのは、その子が自分たちの子どもであると固く信じてしているからである。それゆえ、人々にこの点に関する何らかの保証を与えることは、理にかなっているだけでなく必要でさえある。〔ところで、〕この保証を得るためには、夫婦の間の貞節に妻が違反するとき、その妻に対して厳罰を課せばそれで済むというわけではない。というのも、このような公的な罰は、法的な証拠なしに課すことができず、しかもこの法的な証拠を、この主題において示すことは困難だからである。それゆえ、女性たちを不貞へ向かわせるほど強力な誘惑に対抗するためには、どのような抑制を女性に課せばよいだろうか。そのためには、悪名や悪評といった〔道徳的な〕罰しか、見込みのある抑制はないように思われる。この罰は、人間の精神に強烈な影響を及ぼすものであると同時に、憶測や推測といった、いかなる裁判所においても決して受けられないような証拠に基づいて、世間によって課されるものである。それゆえ、女性にしかるべき抑制を課すためには、その不正義から単純に引き出される以上の特別な程度の恥を、われわれは女性の不貞に対してくっつけねばならず、そして女性の貞操には、その割合に応じた称賛を付与しなければならない。

しかし、これ〔＝称賛や名誉〕が貞節への極めて強力な動機であるとはいえ、哲学者なら、それだけではその目的にとって十分ではないということをすぐに見出すことだろう。人間はすべて、そして女性はとりわけ、目の前の何らかの誘惑に唆されて、遠方の動因を見落としがちである。そして、その〔不貞への〕誘惑はこの場合に、もっとも強く想像されるものである。また、その誘惑は気づかないうちに近づいてきて、われわれを唆すものでもある。さらに女性は、自分の評判を守るための確かな手段と、自分の快楽〔に溺れる行為〕に伴う有害な帰結すべてを防ぐ手段とを容易に見出すか、あるいは自分がそれらを見出しているつもりになっている。それゆえ、そのような放埒に伴う汚名のほかに、何らかの先立つ気後れや恐怖が必要となるのである。というのも、それらの気後れや恐怖によってこそ、女性たちはその享楽にそもそも近づかなくなるのだろうし、女性たちは、その享楽に直接関わっているすべての表情や立ち居振る舞い、そして気まま

572

な言動に対して、憎悪をおぼえるようになるだろうからである。

以上のようなことが、いわゆる思弁的な哲学者の推理であるのだろう。しかし、私は次のことを確信している。すなわち、彼が人間本性についての完全な知識を持っているのでないのなら、彼は上記の推理を、単なる空想上の思弁だとしか考えなかっただろう、と。つまり彼は、不貞に伴う汚名と、そして不貞に近づくすべてのことに対する気後れとを、世の中で〔実現されうるものとして〕望まれる原理というよりもむしろ、〔無理だとわかりつつ〕ただ願われているだけの原理だと考えていたのであろう、と。というのも、その哲学者は、次のように言うだろうからである。すなわち、誘惑の大きさゆえに、夫婦の間の義務違反がますます許容される一層仕方のないものだということが明らかな場合に、夫婦の間の義務違反が、その他の種類の不正義よりも不名誉だということを人々に納得させる手段として、どのようなものがあるだろうか、と。そしてまた、自然は、快楽に対する極めて強力な傾向性を〔われわれ人間に〕吹き込んでしまっているし、人間という種を維持するためには、その傾向性に従うことは結局のところ、絶対必要なのである。それにもかかわらず、その快楽に近づくことに対して気後れを覚えさせることは、どのようにしたら可能だというのだろうか、と。

思弁的推理を行なうために、哲学者たちは多大な労苦を払うわけだが、しかし、世間の人々はこの推理を、自然に、つまり省察をせずに、行なうことがしばしばある。というのも、理論上克服できないように思える困難は、実践においては容易に乗り越えられるからである。女性が貞節を守っていることに関心があり、女性が貞節を守っていることによって利益を得る人々は、女性たちの不貞、および不貞へ近づこうとするすべての所業を否認するのが自然である。〔逆に、〕そのことにはまったく関心がなく、そのことからまったく利益を得ない人々は、世の流れにあらがうことなく進むのであるし、また社会の一般的な関心・利益に対する共感によって影響をうけがちである。教育によってこそ、女性たちの幼いころの素直な心は、その全てが支配されるものである。そして、この種の一般的規則がひとたび〔女性たちのこころに〕定着すると、人々はその一般的規則を、それが最初に生じた諸原理を超えて、拡張させてしまうようになるのである。かくして独身の者は、どれほどの道楽者であろうとも、女性の淫らで恥知らずの事例に衝撃を受けずにはいられなくなる。そして、これらの格律がすべて、生殖と明白に関連しているにもかかわらず、出産適齢期を過ぎてしまった女性が、この点に関して、若さと美しさの絶頂にある女性よりも、特権的となるわけではないのである。人々は間違いなく、慎ましさや品のよさということについてのこれらの考えすべてが、生殖に関わりを持っていると暗に考えている。というのも、人々は同じ法を、同じ強制力でもっては、生殖という理由が生じない場合の男性には課さないからである。そうした例外〔＝男性における年齢別の生殖能力の有無による例外〕は頻繁に、そして広範囲に見られるものであり、また、それら例外は諸々の考えを明確に区分・分離するような顕著な違いに基づいている。しかし、さまざまな年代の女性たちに関して、話は男性と同じではない。このために、人々はこうした〔貞節についての〕考えが公共的な利益に基づいていることを知っているにもかかわらず、一般的規則によってわれわれ〔のこころ〕は、もとの原理を超えて運ばれてしまうので、われわれは慎ましさという考えを、女性のすべての年齢へと、つまり、もっとも幼少期の女性から、もっとも老年期の生殖能力を失った女性にまで拡張するのである。

573

人々の間で名誉の要とされる勇気というものは、女性の貞操と同じで、その利点を、大部分、人為から引き出すものである。しかし、後に見るように、勇気はその何らかの根拠を、自然にも持っているのである。

貞操に関して男性が服する責務について、われわれは次のように述べることができるだろう。すなわち、世間の一般的な考え方に従うと、男性の責務と女性の責務との割合は、諸国間の法の責務と自然法の責務との割合と、ほとんど同じである、と。つまり、男たちに、性的享楽に自分たちの欲求を耽溺させる完全な自由を与えるとすると、それは法治社会の利益に反することになる。しかし、この利害は女性の場合よりも弱いものなので、その利害に由来する道徳的責務は、その割合に応じて弱いものとなるに違いないのである。そして、このことを示すにあたっては、あらゆる国や時代の実践と感情とに訴えるだけでよい。

第三部　他の徳と悪徳について

第一節　自然的徳と自然的悪徳の起源について

さてここからは、人々の人為や考案にいっさい依存していない、自然的ともっぱら言われるような徳と悪 574
徳について検討しよう。これらの検討によって、私の道徳学説は締めくくられることになる。

人間のこころの主要な原動力、すなわち人間を突き動かす原理は快苦である。そして、これら快苦の感覚が、われわれの思考と感じの両方から取り除かれてしまうと、情念を抱いたり行為したり、欲求したり意志したりすることは、ほとんどの場合、われわれには不可能となる。快と苦の最も直接的な結果として、〔快の方へ〕傾こうとするこころの動きと、そして〔苦を〕避けようとする動きが生み出される。これらが分化して、意志のはたらきとなる。具体的には、欲求や嫌悪、悲しみや喜び、希望や恐れへと分化する。その分化の仕方は、快苦がその〔われわれとの〕位置を変えるのに応じて、つまり、快苦の蓋然性〔＝快苦を獲得する可能性〕が高まったり低くなったり、確実になったり不確実になったり、あるいは快苦が、現在の自分たちの手には届かないものと考えられたりするのに応じて変わることになる。しかし、このことに加えて、快や苦を引き起こす諸々の対象が、われわれ自身や他者と関係をもつようになると、そうした諸々の対象は、やはり欲求や嫌悪、悲しみや喜びを喚起し続けるのだけれど、それと同時にその諸々の対象は、誇りや卑下、愛や憎しみといった間接情念をも引き起こすのである。この場合、これらの間接情念は、当該の快と苦に対して、印象と観念との二重関係にある。

すでに述べたことだが、道徳的な区別はもっぱら、ある特有の快苦の感情に依存している。そして、われわれ自身か他者かのどちらかに備わるこころの特性のうち、それを眺めたり反省したりすることによって、われわれに満足感をもたらすものはすべて、言うまでもなく有徳的である。同様に、心地悪さをもたらすこうした特性をもつものはすべて、悪徳的である。ところで、われわれ自身か他者のいずれかに備わっていて、なおかつ快をもたらす特性はすべて、常に誇りか愛を引き起こす。同様に、心地悪さをもたらす特性はすべて、卑下か憎しみを引き起こす。このことから、以下の二つは、われわれのこころの特性に関して、同等のものと考えられるべきである。すなわち、徳と、愛や誇りを生み出す能力とが同等であり、悪徳と、卑下や憎しみを生み出す能力とが同等である、と。それゆえ、あらゆる場合にわれわれは、一方でもって他方を判断しなければならない。すなわち、愛や誇りを引き起こすあらゆるこころの特性を有徳的だと断言し、憎しみや卑下を引き起こすあらゆる特性を悪徳的だと断言することができるだろう。

何らかの行為が有徳的なものか悪徳的なものかのどちらかだとされる場合、それは、何らかの特性ないし性格の印としてだけである。〔その場合、〕行為は、こころの持続的な諸原理に依存していなければならないのであり、この諸原理は、振る舞い全体に及んでいて、その人物の性格の一部となっている。〔逆に、〕行為それ自体が、何らかの恒常的な原理から生じていないのなら、愛や憎しみ、誇りや卑下に影響を及ぼすことは決してなく、従って、道徳において考慮されることはまったくないのである。

以上の省察は自明であり、目下の主題においてはこれ以上に重要な省察はないのであるから、注意を払うに値しよう。道徳の起源について探求を進めるときには、何らかの一回限りの行為を考察するべきではなく、その行為を生み出した特性ないし性格のみを考察するべきなのである。これらだけが、当該の人物に関するわれわれの〔道徳〕感情をかき立てるに十分なほど、持続的なのである。なるほど、行為は、言葉以上に、あるいは望みや感情さえ凌ぐ形で、性格をよりよく指し示すものである。しかし、性格を指し示すものである場合に限り、その行為には、愛や憎しみ、称賛や非難が伴うのである。

道徳の真の起源、すなわち、こころの特性によって引き起こされる愛や憎しみの真の起源を見つけだすために、われわれは問題を掘り下げて考え、すでに検討・解明したいくつかの諸原理を比較しなければなるまい。

まず始めに、あらためて共感の本性とその力について考察することにしよう。ありとあらゆる人々のこころは、それが感情をどのように抱くのか、そしてそれがどのようにはたらくのかという二つの点で似通っている。そしてまた、なんぴとも、他の誰もがまったく影響を受けないような情緒によって、行為に駆り立てられるようなことはない。いくつかの弦が等しく張られているとき、一本の弦の運動は残りの弦に伝わっていく。これと同じように、あらゆる情緒は即座に、ひとりの人から別の人へと移り行き、あらゆる人間に、類似した律動を生じさせるのである。私が誰かの声や身振りのうちに情念の結果を見てとると、私のこころは、この結果からその原因へとすぐさま移り行き、そしてその情念に関する活き活きとした観念を形成し、その結果、その観念は間もなく、当該の情念そのものへと転換される。同様にして、私が何らかの情動の原因を知覚すると、私のこころはその結果へと運ばれ、似通った情動によって行為に駆り立てられるのである。仮に私が、とても恐ろしい外科手術に立ち会うとする。その場合、手術が始まる前であっても、手術道具が準備されていること、包帯が順序よく並べられていること、メスが熱せられていることなどは、手術を受ける患者や看護師たちの胸中にある心配や懸念のあらゆる印とともに、私のこころに強く影響を及ぼし、そして、この上ない哀れみと恐怖の感情を喚起することだろう。他人の情念はいかなるものも、私のこころに直接現れることはない。われわれが感知しえるのは、その原因か結果だけである。これら〔原因か結果〕から、われわれはその情念を推論する。つまり、これら〔原因か結果〕が、われわれの共感を引き起こすのである。

　われわれの美的感覚は、この原理〔＝共感〕にかなりの程度依存している。すなわち、何らかの対象が、その所持者に快をもたらす傾向をもつならば、その対象は常に美しいと見なされる。同様に、苦をもたらす傾向をもつ対象はすべて、不愉快で醜いのである。例えば、家が便利であること、土地が肥沃であること、馬の力が強いこと、船の収容定員数が多く・安全で・巡航が素早いことは、これらさまざまな対象に備わる主要な美を形成する。この場合、美しいと言われる対象がひとを喜ばせるのは、ひとえにその対象が、特定の結果をもたらす傾向をもつことのみによっている。ここに言うその結果とは、他人のもつ快や他人の利得である。ところで、自分たちと交友関係にない、見知らぬ人の抱いている快によってわれわれが喜ぶのは、共感がはたらくことによってのみである。それゆえ、われわれが有用なものすべてに美しさを見いだすのは、この共感原理のおかげなのである。これ〔＝共感〕が、美しさのどれほどの部分を占めているのかは、反省をすれば即座に分かることだろう。ある対象が、その所持者に快をもたらす傾向をもつ場合にはいつでも、言い換えると、ある対象が、快を引き起こす適切な原因である場合にはいつでも、その所持者にわずかでも共感すれば、まちがいなく観察者は、快を受け取ることになる。ほとんどの工芸品は、人間が使うのに適していればいるほど、美しいと見なされる。そして自然の産物であっても、その多くはその美しさを、その〔人間にとっての使い勝手の良さという〕源泉から引き出すのである。ほとんどの場合、立派だとか美しいだとかは、絶対的な特性ではなく、相対的な特性である。そして、立派さや美しさがわれわれを喜ばせるのは、それが快適な結末を生み出す傾向を持つからに他ならない(1)。

(1) 脇腹が引き締まっている馬は、見た目がよいだけでなく、走りも速い。運動で鍛えた筋肉を持つアスリートが目に映ると喜ばしいわけだが、彼はまた、自分が参加する競技に一層適してもいるのである。確かに、真の美しさと有用性とは、常に密接に関係し合うものである。しかしながら、このことが真であることを識別するために、何らかの特別な能力が必要であるわけではない。(『クィンティリアヌス』第八巻)

577

同じ原理〔＝共感〕は、多くの場合に、美の感情と同様、われわれの道徳感情をも生み出す。正義以上に尊重される徳はなく、不正義以上に忌み嫌われる悪徳はない。そしてまた、当該の性格が愛すべきものであるのか、それとも憎むべきものであるのかを定めるにあたって、正義や不正義以上に考慮されるものなど、他にはない。ところで、正義が道徳的な徳だとされる理由は、ひとえに正義が、人類の善へむかう傾向を持つからである。そして、実際のところ正義とは、その目的〔＝人類の善〕のために、人為的に発明されたものに他ならない。同じことは〔統治機構への〕忠誠に関しても、諸国間の法に関しても、慎ましさに関しても、そして礼儀作法に関しても言うことができるだろう。これらはすべて、社会の利益のために人間が考案したものに過ぎないのである。それらを発明した人たちは、主として自分たち自身の利益を念頭に置いていた。しかしわれわれは、それらについての自分たちの是認の感情を、最も遠く離れた国や時代にまで、つまり自分たち自身の利益をはるかに超えてまで、抱くのである。そして、ありとあらゆる国や時代において、それら社会の利益のために人間の考案したものは、極めて強力な道徳感情を常に伴ってきたのだから、次のことをわれわれは認めなくてはならない。つまり、ひとびとの性格と、こころの諸特性のもつ傾向について反省をすれば、それは、われわれに是認と非難のそうした感情を十分に伝えるのだ、ということを。ところで、ある目的にとっての手段が快適であるのは、その目的が快適である場合に限られる。そして、社会の善は、われわれ自身の利益、あるいはわれわれの友人たちの利益が関わっていない場合、共感によってのみ、われわれを喜ばせるのである。以上から、人為的徳すべてに対してわれわれが払う尊重の源泉は共感であるということになる。

かくして、次のことのようである。すなわち、共感とは、人間本性に備わる極めて強力な原理であり、それはわれわれの美に関する趣味に対して大きな影響力を持ち、そしてそれは、人為的徳すべてにおいて道徳感情を生み出すものである、と。以上から、次のように推測することができるだろう。すなわち、共感はまた、他の〔自然的〕徳の多くをも生じさせるものでもある。言い換えると、諸々の特性がわれわれの是認を獲得するのは、それらに備わる人類の善へむかう傾向のためなのである、と。この推測は、次のことが見出される場合に、確かなものとなるにちがいない。すなわち、われわれが自然と是認する諸々の特性のほとんどは、社会の善へむかう傾向を実際に有しており、そうした諸々の特性のおかげで、人間は社会の適切な成員になる。その一方で、われわれが自然と否認する諸々の特性は、それとは反対の〔＝社会の悪へむかう〕傾向を持っており、そうした諸々の特性のために、それを持つ人物との相互交流はいかなるものも、危険で不愉快なものになる、ということを。このように考える理由は、人類の善へむかう傾向には、最も強力な道徳感情を生み出すのに十分な力があるということを、われわれはこれまでに見出してきたのだから、先述したことが見出される場合には、われわれが、是認や非難をするために、他の原因を探すことには道理がないからである。哲学においては、不可侵の根本原則とされていることがある。すなわちそれは、ある個別の原因が、ある結果にとって十分なものであるのなら、われわれはそれで満足すべきであり、必要もなく原因を増やすべきではない、ということである。われわれは幸いにも、人為的徳において、すでにひとつの実験を行なっていた。その実験で示されたのは、諸々の特性がもつ社会の善へむかう傾向こそが、われわれの是認の唯一の原因なのであって、別の原理が共にはたらいているのではないかと疑う余地はない、ということであった。このことから、われわれはその原理〔＝社会の善へむかう傾向〕の力を学ぶわけである。そして、その原理がはたらいて、是認される特性が、社会にとって実際に有益となる場合には、真の哲学者ならば、その最も強い是認と尊重について説明するために、何か他の原理を、追加で求めるということはないであろう。

自然的徳の多くが、社会の善へとむかう先述の傾向を持っていることについて、これを疑うようなものはおるまい。従順さ、慈善心、思いやり、気前のよさ、慈悲〔といった自然的徳〕、節度、公正〔といった人為的徳〕、これらは、道徳的特性の中でも最もよく目につくものであり、社会の善へむかう傾向を示すので、通常、社会的な徳と呼ばれている。したがって、腕のたつ政治家が、人々の荒れ狂う情念を抑制し、名誉と恥についての考え方によって、そのような情念を公共の善のためにはたらかせようと努めたことを見て、ある哲学者たち〔たとえばマンデヴィル〕は、すべての道徳的区別を、人為と教育の結果として描きさえしたのである。しかしながら、この学説は経験にそぐわない。というのも、第一に、公共の利益・損失へむかう、こうした傾向を持つ徳・悪徳以外にも、他の傾向をもつ徳・悪徳が存在するからである。第二に、仮に人々が、是認や非難といった、生まれつき備わる感情を持っていなかったとしたら、その感情が政治家たちによって喚起されるということはありえなかったろうし、称賛に値するとか感心するとか、非難に値するとか憎むべきといった言葉は、それらがわれわれのまったく知らない言語である場合と同じく、まったく理解できなかったことだろう。以上のことは、すでに見てとった通りである。しかし、この〔マンデヴィル流の〕学説は誤ったものであるとはいえ、われわれに次のことを教えてくれもする。すなわち、道徳的区別は、その大部分が、社会の利益に対する、特性や性格の傾向に由来するのだということ、そして、社会の利益に対する自分たちの関心によってこそ、われわれはそうした特性や性格を是認したり否認したりするようになる、ということを。ところで、われわれは共感以外によって、社会の広範囲に及ぶ関心を持つことはない。したがって、共感の原理こそが、われわれを、自分自身の外側へと連れ出して、そして社会にとって有用であるか、もしくは有害である性格が、われわれ自身の利益や損失へむかう傾向を持っている場合にもたらすのと同じ快苦を、われわれにもたらしてくれるのである。

自然的徳と正義の唯一の違いは、次の点にある。すなわち、前者が引き起こす善は、単一の行為ごとに生じるものであり、何らかの自然的な情念の対象である。他方で、正義の単一の行為は、それのみで考えられる場合には、公共的な善にしばしば反するであろう。なおかつ、その行為〔＝正義の行為〕はまた、行為の一般的な規格の枠組みないし体系のなかにおいて、人々が一致して協力することではじめて、有益なものとなる。窮地に陥っている人を私が救済するような場合、私にもともと備わっている人間性が、私の動機である。そして、自分の救いの手が拡がる限りにおいて、私は自分の仲間たちの幸福を促進してきたのである。しかし、正義の法廷で裁かれる案件をすべて検討すれば、次のことが見いだされることだろう。すなわち、それぞれの事案を個々別々に考察してみると、正義の法に反する判決を下すことが人間性の発揮を示すことになるということが、正義の法にしたがった判決を下すことが人間性の発揮を示すことになるということと同じくらい頻繁に見出されるのである、と。裁判官は、貧しい人からものを取り上げて、裕福な人に与える。裁判官は、放蕩者に、勤勉な人の労働が生み出したものを与え、そして、悪徳な人の手には、悪徳なその当人と、他の人々との両方に害を及ぼす手段を握らせるのである。しかしながら、法および正義の全体的な枠組みは、社会にとって、すなわちすべての個人にとって有益なものである。そして、この有益さを見込んだからこそ人々は、自分たちの自発的な打算的協調《コンヴェンション》によって、その枠組みを作り上げたのである。ひとたび、その枠組みが、こうした打算的協調《コンヴェンション》によって作り上げられたのならば、その枠組みには自然と強力な道徳感情が伴うのである。そして、この道徳感情を生み出しうるのは、社会の利益に対するわれわれの共感以外にはありえないのである。〔以上が、人為的徳に道徳感情が伴うプロセスであるが、この説明は社会の善への傾向をもつ自然的徳にも当てはまるから、〕公共的な善へむかう傾向をもつ自然的徳に伴う尊重の感情に関しては、別個に解説する必要はない。

私はさらに、次のことを付け加えねばならない。すなわち、以上の仮説を、人為的徳の場合よりも、自然的徳に関する場合に、はるかにありそうなこととするような、いくつかの諸事情が存在する、ということを。想像力は、一般的な事柄よりも、個別的な事柄の影響を強く受けること、そして感情は、それの向かう対象が、ある程度不明瞭で未決定である場合にはいつでも、揺り動かされにくいということ、これは確かなことである。ところで、正義の個々の行為すべてが、社会にとって有益なのではなく、むしろ、その枠組み・体系全体が、社会にとって有益なのである。そしておそらく、われわれが関心を寄せる誰かが正義から利益を受けとるのではなく、社会全体が一様に、正義から利益を受けとるのである。正義の場合とは反対に、気前のよい行為、すなわち勤勉であるのに困窮している人を救済するような行為はすべて、有益である。すなわち、気前のよさに値しないことのない人にとって、気前のよい行為はすべて、有益である。それゆえ、前者の徳〔＝人為的徳〕の傾向よりも、後者の徳〔＝自然的徳〕の傾向の方が、われわれの感情を一層かき立てて、われわれの是認をより一層集めるだろう、と考える方が自然である。そして、それゆえに、前者〔＝人為的徳〕に対する是認は、その〔有益な〕傾向から生じることが分かっているので、一層もっともな理由でもって、同じ原因を後者〔＝自然的徳〕の是認へと、われわれは帰すことができるだろう。いくつかの似通った結果において、ある原因が一方に見いだされるなら、われわれはその原因を、その原因によって説明することのできる他のあらゆる結果に拡張すべきである。いわんや、似通った残りの結果すべてに、その原因のはたらきを促進する特有の事情が伴うのであれば、なおさらそうすべきなのである。

先に進む前に、この点についての二つの注目すべき事情を考察しなければならない。これらの事情は、ここに提出されている〔ヒューム自身の〕学説に対する反論であるように思われるかもしれない。第一の事情は、次のように説明することができる。何らかの特性ないし性格が、人類の善にむかう傾向を持つとき、われわれはその特性・性格に対して喜びを感じ、その特性・性格を是認する。その理由は、それ〔性格・特性〕が、快の活き活きとした観念を示すからである。この観念は、共感によってわれわれに影響を及ぼすのであり、それ自体は、ある種の快である。しかし、この共感というものは極めて変化しやすいものなので、われわれの道徳感情は、〔共感の変化に応じた〕同様の変動すべてに余地を認めねばならない、このように考えられることだろう。われわれは、自分から遠く離れた人よりも自分の近くにいる人物に、より一層共感する。見知らぬ人よりも知人に、より一層共感する。外国人よりも同国人に、より一層共感する。しかし、こうした共感の変動にもかかわらず、われわれは、イングランドにおけるのと同様に、中国における同じ道徳的特性に、同じ是認を与える。それらの特性は、同じくらい有徳的であるように見える。そして、それらの特性は、分別のある観察者が抱く尊重の念に値するものとして、等しく受け入れられるのである。共感は変化するが、われわれの尊重の念は変動しない。それゆえ、われわれの尊重の念は共感には由来しないのである。〔と、このように反論されるかもしれない。〕

この反論に対して、私の応答は以下のとおりである。何よりも確かなことだが、道徳的特性に対する是認は、理性〔のはたらき〕、すなわち諸観念間の何らかの比較から生じることはない。むしろ、道徳的特性に対する是認はもっぱら、道徳的趣味（moral taste）から生じる。すなわち、快や嫌気という特定の感情から生じるのであり、しかもこの快や嫌気は、個々の特性や性格を熟慮したり眺めたりすることによって引き起こされるのである。ところで、そのような〔道徳〕感情は、その由来先がどこからであろうとも、対象の遠近に応じて変化することに、間違いはない。これは明らかなことである。例えば、二千年前のギリシアに生きていた人の有徳さからは、親しい友人や知人の有徳さから私が感じるものと同じほどの、活き活きとした快を感じることはありえない。そうだからといって、私は、一方〔＝身近な人〕を他方〔＝二千年前のギリシアの人〕よりも尊重すると言うことはしない。それゆえ、もし感情が変動するにもかかわらず、尊重の念は変動しないということが、ひとつの反論となるのであるならば、感情が変動することが持つ力は、共感の学説に反対する場合と等しい力を、他の〔感情を道徳の基礎に置く〕すべての学説に反対する場合にも持つことにならざるをえない。しかし、ものごとを正しく考察してみると、先ほどの反論は、反対する力をまったく持たないのである。そして、このことを説明するのは、何よりも容易なことである。人物と事物の両方に対して、われわれの存する位置は、絶え間なく不安定な状態にある。例えば、われわれから遠いところにいる人が、わずかな時間で親しい知り合いになるかもしれない。さらに、すべての個人は、他の人々に対してそれぞれに固有の位置にいる。それゆえ、仮にすべての個人が、ひとりの人物やその性格を、各々に固有の観点から現れるものとしてのみ考察しようとするならば、理にかなった言葉で一緒に会話をすることなど、われわれには不可能であったろう。それゆえ、そのように絶えず相容れない意見の不一致（contradictions）が生じることを防ぎ、事物についての一層安定した判断に達するために、われわれはある安定的で一般的な観点を定める。そして、われわれが何かを考える際には、自分自身の目下の位置がどのようなものであろうとも、常に自身を、そうした観点に置くのである。美についても、同様な仕方で説明できる。外目に見える美しさは、快によってしか決まらない。すなわち、明らかなことだが、美しい顔は、それが二十歩遠くで見られる場合、それがもっと近くに来たときほどの快を与えることはできないもの、である。しかしながら、われわれは、その顔が、それほど美しくは見えないなどと言うことはない。なぜなら、その顔がそのような近い位置において及ぼす効果について、われわれは知っているからであり、そのような反省によって、われわれはその瞬間的な見かけを修正するからである。 582

一般に、非難や称賛の感情はすべて、称賛される人物、あるいは非難される人物に関して、われわれの位置が遠いか近いかに応じて、そして自分たちのこころの現在の気質に応じて、変化する。しかし、こうした変動を、われわれは一般的な決定を下すときには顧慮しないで、好き嫌いを表現する語を、自分たちがあたかも一つの観点にとどまっているかのような仕方で、依然として同じように用いる。経験は即座に自分たちの感情を修正するこの方法をわれわれに教えてくれる。感情がより一層頑固で変わりにくい場合には、少なくとも言葉遣いを修正する方法を教えてくれるのである。〔例えば、〕自分たちに仕えている使用人が、もし熱心で忠義に厚い者たちだとするならば、その使用人に対しては、歴史上有名なマルクス・ブルータス以上に、より一層強い愛の感情や優しい感情を、われわれは抱くかもしれない。とはいえ、それが理由で、使用人の性格が、ブルータスの性格以上に、より一層称賛に値するとわれわれが言うことはない。われわれは、仮に自分達がその有名な愛国者に〔自分たちの使用人と〕同じくらい近づいたとしたら、ブルータスこそが、はるかに高い程度の愛情と称賛を集めるだろうということを知っているのである。そうした修正は、あらゆる感覚に関して共通している。そして実際のところ、仮にわれわれが瞬間的な事物の見かけを修正せず、また自分自身の目下の立場を度外視しなかったならば、われわれが言語を用いたり、互いに感情をやり取りし合ったりすることは、不可能であったろう。

それゆえ、何らかの人物と相互に交流する人たちに及ぼす性格や特性の影響に鑑みて、われわれは当該の人物を非難したり称賛したりする。その特性の影響を受ける人が、われわれの知り合いであるのか、見知らぬ人であるのか、同国人であるのか、異国人であるのかということを、われわれは考慮しない。それのみならず、われわれはそのような一般的な判断においては、自身の利益を度外視する。つまり、ある人自身の利益が特に関係している場合には、われわれが申し立てることのいずれかにその人が対立するのだとしても、その人を非難することはないのである。われわれは、人々に備わっている、ある程度の利己性を大目に見る。なぜなら、利己性が人間本性とは不可分のものであり、またわれわれ人間の仕組みや構造に生来的なものであることをわれわれは知っているからである。このような省察によって、われわれは、何がしかが対立したために、極めて自然的に生じるところの非難の感情を、修正するのである。

しかし、われわれの非難や称賛に関する一般的な原理が、先ほど記した他の諸原理によってどのように修正されようとも、そのような他の諸原理が、完全に効果を発揮するわけではないし、われわれの情念が、目下の理論と、頻繁に完全に一致するというわけでもないのは、確かなことである。人々が、自分たちから遠くはなれたところにあるものや、自分たちの個別の利益をまったく増さないものを、心底愛する、ということはほとんどない。これと同様に、自分以外の人たちが利益を得ることに対して、ある人が抗議している場合、たとえその抗議が、道徳の一般的規則によってどれほど正当化されるとしても、自分たちの利益に抗議するような輩を大目に見ることのできるような人たちに出会うことは、滅多にないのである。ここでは、次のように言うことで満足しよう。すなわち、理性はそのような不偏な振る舞いを求めるが、われわれがそうした不偏な振る舞いをする気になるということはほとんどないのである、と。つまり、われわれの情念は、自分たちの判断力の決定に、すんなり従うことがないのである。情念に対立しうる理性に関して、以前述べた[訳注6]ことを考慮するならば、上記の〔理性という〕言葉遣いを理解するのは容易だろう。つまり、その場合の理性とは、いくらか距離を置いた眺め、すなわち反省に基づいた、一般的で穏やかな情念の決定に他ならないものとして、われわれが見出したものである。われわれが、ある人物の人柄について判断するとき、自分自身や自分の友人たちの利益に対して、その人物の性格がどのような傾向を持っているのかということだけから判断を下すのであるならば、われわれは社交や会話の場において、自分たちの所感（sentiments）に対立する極めて多くの反対意見（contradictions）に出くわすだけでなく、自分たちの位置が絶え間なく変わることによって生じる不確実さを見出すのである。このような次第であるから、われわれは、そうした大きな変

（訳注6）『人間本性論』第二巻「情念について」の第三部第三節第七段落を参照。

動の余地を許さないような、美点と汚点の別の基準を探すことになる。かくしてわれわれは、自分たちが最初にいた立場から離れた後には、いかなる手段によっても、考察対象の人物と交際している人々に共感することによるほど、ゆったりと落ち着くことができないのである。〔なるほど、〕これ〔＝考察対象の身近な人々への共感〕は、自分の利益や、自分の大親友の利益が関わっているときほど、活き活きとしてはいない。そしてまた、それ〔＝考察対象の身近な人々への共感〕が、われわれの愛や憎しみに、そのような影響〔＝活気を付加すること〕を持つこともない。しかし、それ〔＝考察対象の身近な人々への共感〕は、われわれの穏やかで一般的な諸原理に等しく従うものなので、われわれの理性に対しても、同じほどの権威を持ち、われわれの判断や意見を支配すると言われるのである。われわれは、歴史で読んだ悪行と、先日近所であった悪行とを、等しく非難する。これが意味しているのは、前者の行為が、仮に同じ〔＝近い〕位置に置かれたならば、後者と同じ強い否認の感情を喚起するだろうということを、われわれが反省によって知っているということなのである。

　さて、気に留めておくようすでに先刻、提案しておいたうちの第二の注目すべき事情に進もう。ある人物が、ある性格を備えていて、その性格が、自然なかたちではたらけば、社会に有益となるような場合、たとえ特別な不測の出来事が生じたために、その性格のはたらきが妨害され、その人物が、自分の友人たちや祖国の人々の役に立てなくなっているとしても、われわれは彼を有徳的だと見なし、彼の性格を眺めて喜ぶ。襤褸《ぼろ》を纏《まと》った徳は、それでもやはり徳なのである。すなわち、徳の持ち主が、地下牢や砂漠のようなところ、つまり、その徳が行為という形ではたらくことはなく、世に出ることがないようなところへと放り込ま

584

れる場合でさえ、徳がもたらす愛は、その人に伴うのである。ところで、この事情は、目下の〔ヒュームの〕学説に対する反論と見なされるかもしれない。すなわち、共感とは、われわれに人類の善に対する関心を持たせるものである。そして、仮に共感が、徳に対する尊重の源泉であるならば、是認というその感情が生じうるのは、その徳が実際にその目的を果たす場合、つまり人類にとって〔実際に〕有益である場合に限られるだろう。徳がその目的を果たし損なう場合には、その徳は不完全な手段でしかなく、それゆえ、その目的からは、いかなる美点も獲得しえないことになる。ある目的の善さは、完璧であるような手段、つまり実際にその目的を生み出すような手段だけに、美点を与えることができるのである、と〔反論されるかもしれない〕。

この反論に対しては、次のように応答することができるだろう。すなわち、何らかの対象が、そのあらゆる部分において、何らかの快適な目的を果たすのに適しているのなら、たとえその対象を完全に効果的なものとするためのいくつかの外的諸事情が欠けているとしても、その対象は自然とわれわれに快を与える、つまり美しいと見なされるのである、と。あらゆるものは、その対象がそれ自体で完璧であれば、それで十分なのである。〔例えば、〕優れた判断力でもって、生活するために必要なあらゆる利便性を備えるよう作られた家は、そのためにわれわれを喜ばせる。たとえ、ことによると、誰もその家に住むことはないだろうということに、われわれが気づいているとしても、である。肥沃な土壌や住みよい気候は、現在その土地が未開墾で誰も住んでいないとしても、それらがその住民に与えるであろう幸福について反省することによって、われわれを喜ばせる。強靭さと活発さを期待させるような四肢や体型を持つ人は、終身刑を宣告されていて

585

も、やはり立派であると見なされるのである。想像力はもともと、それ自身に属する一群の諸情念を持っており、われわれの美的感情は、この一群の諸情念に大いに依存している。〔想像力に属する〕これらの諸情念は、それを揺り動かす活気と強さの程度が信念よりも劣っているとしても掻き立てられるものだし、それは、その想像力の対象が実在しているかどうかにかかわらず掻き立てられるものなのである。性格があらゆる点で、社会にとって有益なものとしてふさわしいのなら、想像力は容易に、原因から結果へと移り行くのであり、しかもその原因を完璧なものとするためのいくつかの諸事情が依然として欠けているということを考慮しないのである。一般的規則というものは、ある種の蓋然性を作りだす。この蓋然性は、ときおり判断力にも影響するが、想像力には常に影響を及ぼしているのである。

確かに、原因が完璧であるのなら、つまり善良な気質に、その気質が実際に社会にとって有益なものとなる幸運が伴うのなら、その気質は観察者に、より一層強力な快を与える、つまりその気質には、より一層活き活きとした共感が伴う。われわれはその気質に、より一層影響されるわけである。しかし、だからといって、その気質はより一層有徳的だとか、その気質をより一層尊重すると、われわれは言わないのである。われわれは、運が良かったり悪かったりすることで、善意の気質が、まったくの無能力にされてしまうことがあるのを知っている。それゆえ、われわれは出来る限り、運を気質から切り離すのである。これは、徳が自分たちからさまざまな距離にあることによって、さまざまな徳の感情が生じることを、われわれが修正する場合〔＝一般的観点による修正の場合〕と同じである。その諸々の情念は、われわれが修正したものに、常に従うわけではない。しかし、こうした修正は、われわれの抽象的な考え方を規制するのには、十分役立つのである。そしてわれわれが、悪徳や徳の程度に関して一般的な発言をするときには、このように修正されたものだけを顧慮しているのである。

発音するのが難しい語や文は、ことごとく耳障りである、と批評家は述べている。それらが発音されるのを聞くのであれ、それらが黙読される場合であれ、そこに違いはまったくない。私が本を黙読するとき、私は自分がそれをすべて、聞いていると想像する。そしてまた私は、想像力の力によって、その口調が発話者 586
にもたらすであろう心地悪さにはまり込む。その心地悪さは〔黙読しているだけだから〕実際にあるわけではない。しかし、そのような語の構成には、心地悪さを生む自然な傾向があるので、そのことだけで十分に、こころが苦の感情におそわれる、すなわち、文体が刺々しく不愉快なものとなるのである。このことは、実際に存在する何らかの特性が、偶然の事情によって無能力になる、つまりは社会に及ぼすその自然的な影響を奪われる場合に似ている。

以上の諸原理に基づくことで、徳の感情が依存している広範囲に及ぶ共感と、人間にとって自然であると私がくり返し述べてきたこと、すなわち、先の論究を踏まえれば、正義と所有権が〔それが生じるための〕前提とする制限された範囲にしか及ばない気前のよさということの間にあるように見える、どんな矛盾をも取り除くのは容易だろう。私が他人に共感するとき、その人物に心地悪さをもたらす傾向を持つ何らかの対象が現れると、私は苦の感情を、すなわち否認の感情を獲得するだろう。だが、私は彼が満足するために、自分自身の利益となるいかなるものも、すすんで犠牲にしようとは思わないし、自分のいかなる情念も、すすんで締め出そうとはしないだろう。〔例えば、〕ある家は、住人の便益の点で具合悪く作られてしまうことによって、私を不愉快にするだろう。だからといって私は、その家を立て直すために、一シリングさえも与えることを拒むであろう。〔快苦の〕感情が、〔欲求や嫌悪など、動機づけの力を持つ〕われわれの情念をコントロールするためには、心の琴線に触れなければならない。しかし感情が、われわれの趣味〔＝価値的評価を司るもの〕に影響を及ぼすためには、想像力〔に影響が及べばそれで十分であり、それ〕を超えて広がる必要はない。ある建物が、不恰好で不安定に見える場合、職人の腕前の確かさを十分確信しているにもかかわらず、その建物は醜く不愉快である。この否認の感情〔＝評価的感情〕を引き起こすのは、ある種の恐れである。しかし、その恐れの情念は、われわれが実際によろめいていて不安定だと考えている壁の下に、無理矢理立たされたときに感じる情念〔＝動機づけの情念〕と同じものではない。対象が傍目のわれわれに推察させるさまざまな傾向は、こころを揺り動かす。そして、そういう傾向が喚起する情動は、対象から実際に生じる帰結である情動と、種的に似通ったものではあるけれど、それらの感じは異なっているのである。それのみならず、これらの情動は感じの上で大きく異なっているため、頻繁に反対のものとなるのだが、だからといって互いに破壊しあうことはない。敵の街の要塞が、完全に破壊されることをわれわれは望む〔＝そのように動機づけられる〕ことがあるとしても、しかし、その強固さのために美しいと見なされる〔＝評価する〕場合があるというのは、その一例である。想像力は事物の一般的な眺めに固執するだけでなく、その一般的な眺めが生み出す感じと、われわれの個別的で瞬間的な位置から生じる感じとを、区別しもするのである。

偉大な人たちに通常与えられる賛辞について検討すれば、彼らに帰される特性のほとんどは、二種類に分

587

けられることが見出されるだろう。すなわち、①社会において自分の資質を発揮させる特性、そして②自らを自身に役立つものとし、自分自身の利益を増進することを可能にする特性、以上の二種類である。偉大な人たちに備わる、思慮深さ・節制・質実さ・勤勉さ・精励・冒険心・器用さなどは、気前のよさや人間性〔といった利他的特性〕と同じように、褒め称えられる。もしわれわれが、生きていく上で頭角を現すことを不可能にするような何らかの特性を放置しておくとすれば、それは怠惰という特性を放っておくことと同じこととなる。〔なるほど〕この怠惰という特性は、それによって、ある人の資質や能力のひとつが奪われてしまうものとして考えられているわけではなく、ただ単に、それらのはたらきを、一時的に停止するだけである。しかも怠惰の発揮は、その人自身にとって何ら不便なことではない。というのも、怠惰の発揮とは、ある程度は、その人が自らすすんで行なっていることだからである。しかし、怠惰というものは常に欠点として認められており、極端に言えば、欠点の極致である。他のことよりも、より一層重要な事柄のために、当人が自分の特性〔を発揮すること〕を大切にとっておく場合を除いて、彼の友人たちは、その人が怠惰に身を任せることを決して認めない。彼が喜んで物事に打ち込んだのなら、彼は頭角を現すことができただろう、と友人たちは言う。彼の知性は健全であるのに加え、彼の理解力はすばやく、また彼の記憶力は確かなものである。だが、彼は仕事を嫌い、自分の成功について関心がない。そして、こうしたことを、そういう人のなかでもある人は、欠点を認める雰囲気を醸しつつも、ときに、自慢のネタにさえすることだろう。なぜなら、この、仕事ができないということは、それよりずっと気高い特性を、例えば、哲学的な精神、優れた趣味、繊細な機知、あるいは快と社交を味わう気質〔が別個に存在すること〕を暗示するものだと、その人は考えるだろうからである。だが、別の事例をとりあげてみよう。次のような特性があるとしよう。それは、それ以外の善良な特性が別個にあることを示唆することもなく、ただ人を、常に仕事ができないようにしてしまい、当人の利益を損ねてしまう、そのような特性である。例えば、不注意な知性や、生活におけるすべてのことに関する間違った判断、移り気や優柔不断、あるいは人事や仕事を処理する際の不手際などが、この種の特性である。これらの特性はすべて、性格上の不完全さを示すものだと考えられている。そして多くの人は、その不完全さが、ある程度は犯罪なのではないかと訝《いぶか》しむどころか、それを最大の犯罪そのものであると認めることだろう。

次のようなことになれば、それは、目下のわれわれの哲学的な調査において大変幸せなことである。すなわち、同一の現象が、さまざまな諸事情によって多様化していることを見いだして、しかも、それらの諸事情に共通することがいかなることであるかを発見することによって、その現象を説明するために用いることのできる、何らかの仮説〔＝共感の仮説〕が真であることを、さらに一層確信することができれば、それは大変幸せなことである。仮に、社会にとって有益である特性以外に、徳と見なされるものがないとしても、道徳感覚についての先の解明は、依然として受け入れられるべきであり、しかもそれは十分な明証性に基づいていると、そのように私は確信している。むしろ、その〔共感の〕仮説以外では、まったく解明することのできないような、他の種類の徳が見いだされる場合には、この明証性はますます大きくなるに違いない。〔例えば、〕ここに、ひとりの男がいる。彼に備わる社会的特性に、とりたてて短所となるものはない。むしろ、彼の主な取り柄は、仕事における器用さである。この器用さによって、彼はこれまで、最大級の困難を

588

いくつも乗り越えてきたし、さらには、非凡な手際のよさと思慮が必要となるような、ひどく細かな事柄を、うまく処理してきた。私には、彼に対する尊重の念が、即座に自分の胸のうちに湧き上がるのがわかる。彼と交際すると、私は満足感を覚える。そして、彼のことをまだよく知らなくとも、私は他の人よりもむしろ彼の方に、手を貸したい気になる。なぜなら、他の人の性格が、他のあらゆる点で彼と同じであったとしても、器用さという点では、彼には及ばないからである。この場合に、私を喜ばせる特性はすべて、当人にとって有用なものとして考えられている。つまり、その当人の利益と満足感を促進する傾向を持つものとして〔だけ〕考えられている。これらの諸特性は、ある目的のための手段としてのみ顧慮され、その目的に、その諸特性が適する割合に応じて、私を喜ばせるのである。それゆえ、その目的は、私にとって快適なものでなければならない。しかし、何がその目的を快適なものとするのか。その人は、私にとっては見知らぬ人である。私は、彼にまったく関心がなく・利害関係もないし、彼に対して何の責務もない。あらゆる人間の幸福、そして実際のところ、あらゆる可感的生物の幸福以上に、私が、彼の幸福に関心をもつことはない。すなわち、彼の幸福が私に影響を及ぼすのは、共感による以外には考えられないのである。その共感原理によって、私が彼の幸福や善を、その原因の中にであれ結果の中にであれ、見出すときはいつでも、彼の幸福と善に、極めて深く入り込むのだから、彼の幸福と善は、私に、感知することのできる情動をもたらすのである。彼の幸福と善を促進する傾向を持つ諸特性が現れると、私の想像力には快適な影響が及ぼされ、その結果、彼の諸特性は、私の愛と尊重とを集めるのである。

589

この理論は、同じ特性がなぜ、あらゆる場合に、誇りと愛の両方を、あるいは卑下と憎しみの両方を引き起こすのか、そして、自分から見て有徳的・悪徳的である人が、すなわち、秀でている・劣っている人が、他人から見てもなぜそう見えるのか、ということを説明するのに役に立つだろう。ある人物の中に、もともとは彼自身にとってしか不便ではないような情念や癖が見出される場合、その人は、その点のみをもって、われわれにとって常に不愉快なものとなる。他方で、それと同様に、他の人々にとってのみ危険で不愉快であるような性格をもつ人物は、彼自身が、他人に及ぼしてしまうその不利益に気がついている限り、自分自身について満足するということは決してできないのである。そしてまた、このことは性格や風習に関して見受けられるだけでなく、もっとも些細な事情においてさえも、気がつかれることだろう。〔例えば、〕他の人が激しい咳をすると、われわれは心地悪くなる。とはいえ、その激しい咳それ自体が、われわれになんらかの影響を及ぼすなどということは微塵もないわけである。あなたがある人に、息が臭いと告げるなら、その人は意気消沈することだろう。とはいえ、明らかに彼の息の臭さは、彼自身にとっては何の厄介事でもないのである。われわれの空想は、容易にその位置・立場を変える。つまり、自分たちを、他の人たちから見えるものとして眺めるか、それとも、他人を、彼らが感じているそのままに考慮するかのどちらかの仕方によって、われわれは、自分たちには属さず、共感によってしか関心を持ちえないような感情へと、入り込むのである。そして、われわれはときおり、この共感をさらに拡張させて、ある特性が他の人たちを不快にするという、ただそれだけの理由で、つまり、その特性が、他の人たちから見ると不愉快であるという、ただそれだけの理由で、自分たちにとっては好都合なその特性を、不愉快に思うようにさえなるのである。とはいえ、おそらくわれわれは、自分たちを他の人たちにとって快適なものとすることに、まったく関心をもたないのだし・何らかの利害関係にあることもないのだけれども。

時代を問わず、哲学者たちは、道徳に関する多くの学説を提出してきた。だが、もしそれらの学説を厳密に検討するならば、それらは、われわれの関心に唯一値する、次の二つの体系にまとめることができるだろう。道徳的な善悪が、理性によって区別されるのではなく、われわれの感情によって区別されるということは確かなことである。しかし、これらの感情は、①性格や情念の単なる外観や現われから生じるか、それとも、②人類や特定の人物の幸福に対する傾向について反省することから生じるか、これら二つのうちのいずれかであるだろう。私の意見はというと、これら二つの原因は、両方とも、われわれの道徳判断において混ざり合っている、というものである。それと同じことは、ほとんどの種類の外目の美しさに関するわれわれの決定においても、言うことができる。なるほど、私はまた、行為がどのような傾向を持つのかということについて反省することの方が、はるかに大きな影響を持ち、われわれの義務の大綱すべてを定めるとも思っている。しかしながら、あまり重要ではない場合には、次に示すような、直接的な趣味や感情が、われわれに是認の情を抱かせるという事例もある。ウィットや、ある種の気楽で気ままな振る舞いは、他の人たちにとって直接快適な特性であり、人々の愛や尊重を集める。これらの特性のうちのいくつかは、独特の原初的な人間本性の原理によって、他の人々の胸中に満足を生むのであるが、しかし、この原理について説明を与えることはできない。残りの特性は、さらに一般的な原理でもって説明されることだろう。以上のことは、個別の探求によって、もっともよく明らかになるだろう。

590

いくつかの諸特性は、公共的な利益へむかう傾向を持たないにもかかわらず、他の人たちにとって直接快適であることによって、その美点を獲得する。それゆえ、いくつかの諸特性は、その特性を持つ人自身にとって直接快適であることから、有徳的と呼ばれるのである。情念とこころのはたらきの各々には、ある特別な感じが伴っており、それは快か不快かのどちらかでなければならない。最初の感じ〔=快〕が有徳的であり、二つ目の感じ〔=不快〕が悪徳的である。この特別な感じは、その情念のまさに本性を成しており、それゆえに、説明には及ばない。

しかし、特定の諸特性が、われわれ自身や他の人たちの胸のうちに引き起こす直接的な快苦から、悪徳と徳の区別がどれほど直接的に生じるように思われようとも、その区別はまた、しばしば力説してきた共感の原理に、著しく依存してもいる、ということは容易に分かることである。〔その理由は以下のとおりである。〕われわれが是認する〔時代・距離ともに遠方にいて、われわれの知らない〕人には、その人と何らかの交流がある人たち〔=身近な人々〕にとって直接快適な特性が備わっている。とはいえ、おそらく〔時代・距離ともに遠方にいて、そこから観察している〕われわれ自身が、当該の人に備わる特性から、何かの快を獲得することは決してない。われわれはまた、その人自身にとって直接快適な特性を持つ人を是認する。とはいえ、その特性は、誰に対しても、なんの役にも立たないのである。このことを説明するためには、先ほど述べた〔共感の〕原理に、われわれは頼らなければならないのである。〔以上が理由である。〕

それでは、目下の学説について、総括しよう。単に眺めるだけで快をもたらすこころの特性はすべて、有徳的と呼ばれる。同様に、苦痛を生むすべての特性は、悪徳的と呼ばれる。この快と苦痛は、異なる四つの源泉から生じうるだろう。というのも、われわれがそれを見ることで快を得るところの性格は、①他の人

591

たちにとって有用となるのに自然と適しているか、②その性格を持つ当人自身にとって有用となるのに自然と適しているか、もしくは③他の人たちにとって快適であるか、④その性格を持つ当人自身にとって快適であるようなものだからである。もしかすると、これらの利益や快のうちに、〔評価者・観察者である〕われわれ自身の利益や快を入れるのを忘れている、ということに驚くひとがいるかもしれない。なぜなら、われわれ自身の利益や快は、これ〔＝道徳的評価の場面〕以外のあらゆる場合には、極めて密接にわれわれのこころに触れるものだからである。しかし、次のことを考えれば、われわれはこの項目について、すぐに納得することだろう。つまり、個々人それぞれの快や利益はすべて、てんでバラバラである。それゆえ、もしも人々が、それぞれの観点から当該の対象を眺めることで、その対象が、すべての人々から見て同じように見えるようになるような、ある共通の観点を選び、そこに立たないのならば、彼らの感情や判断が一致することはありえないであろう。ところで、性格を判断するにあたって、あらゆる観察者から見て同じに見える唯一の利益あるいは快とは、［A］その性格が検討されているところの人物自身の利益あるいは快か、［B］その人物と繋がりを持つ人物の利益あるいは快である。そして、そのような利益や快は、われわれ自身の利益や快にくらべて、ほんの微かにしかこころに触れることはないのだが、しかし、より恒常的かつ普遍的な利益や快であるがゆえに、それらは、実践においてさえ、われわれ自身の〔瞬間的かつ個別的な〕利益や快と拮抗し、そして理論上、それら〔＝［A］と［B］の利益と快〕のみが、徳および道徳の規準として認められるのである。〔つまり、〕そのような利益や快のみが、道徳的区別の基礎にある、特殊な感じや感情を引き起こすのである。

徳と悪徳の功罪に関して言えば、それは快苦の感情の明白な帰結である。これらの感情が愛と憎しみを引き起こす。そして、愛と憎しみには、人間の情念の原初的な構造によって、善意か怒り、つまり自分たちの愛する人を幸せにしようとする欲求か、または自分たちの嫌う人を不幸にしようとする欲求が伴うのである。われわれはこのことについて、別の機会に、(訳注7)より十分に取り扱っておいた。

第二節　こころの偉大さについて

さて、この段階で、道徳に関するこの一般的な学説を明快に解説するのが適正であるかもしれない。このとき、この学説を、徳と悪徳の個別事例へと適用し、それら徳と悪徳がもつ美点と汚点が、先に説明した四つの源泉から、どのようにして生じるのかを示すのがよいだろう。そこでまずは、誇りと卑下の情念を検討しよう。そして、悪徳の本質は、それらの情念が過度なほどにまで高まってはたらくことに存している、ということについて、逆に、徳の本質は、それらの情念が適度な割合ではたらくことに存している、ということについて、それぞれ考察することにしよう。過度なほどにまで高まってはたらく誇り、すなわち、自分自身についての〔実際からは〕かけ離れすぎた自惚れは、常に悪徳的と見なされており、国や時代を問わずに嫌われている。これと同様に、慎ましさ、すなわち、自分の弱さに関する適度な感覚は有徳的と見なされており、あらゆる人からの好意を得ている。これらのものは、道徳的区別の四つの源泉のうち、第三の源泉に帰すことができる。第三の源泉とは、当該の特性に備わる〔利益をもたらすなどの〕傾向についてはまったく考えずとも、他の人たちがその特性を目にすると抱いてしまう直接的な快適さと不愉快さである。 592

以上のことを立証するために、われわれは二つの原理に、すなわち人間本性に極めて顕著に見られる二つ

（訳注7）『人間本性論』第二巻「情念について」第一部第六節第三段落、および同巻同部第九節第三段落を参照。

の原理に訴えなくてはならない。このうち、一つ目の原理は共感である。すなわち、先ほど述べたような、感情や情念が伝わること、である。人間の魂どうしが行なうやりとりは、極めて密接かつ緊密なものなので、誰かが私に近づくやいなや、その人は私の胸中に、自分の意見のすべてを吹き込み、私の判断を、多かれ少なかれ〔その人の側へと〕引き寄せる。なるほど、多くの場合に、その人に私が共感するとしても、そのことによって私自身の感情や私自身の考え方が完全に変えられる、ということはない。しかし、その人に対する私の共感が、私の思考の滑らかななりゆきを妨害しないほど弱い、ということはほとんどないし、また、その共感が、その人の同意や是認が私に薦めてくる意見に権威を与えないほど弱い、ということもほとんどない。さらに、その人と私が、どのような事柄について自分たちの思考をはたらかせるのかということも、まったく重大なことではない。自分たちが関心をもたない・自分たちとは関係のない人の性格について判断するにせよ、自分自身の性格について判断するにせよ、私の共感は、〔自分自身の判決に対して与えるのと〕同じ力を、その人の判決にも与える。そして、その人自身が抱く自分自身の美点に対する所感さえもが私に影響を及ぼして、その人のことを、当人が自身を顧慮するのと同じ見地から、考察させるのである。

593 共感というこの原理は、本性上、きわめて強い力をもち、しかも徐々に〔感情や意見を〕こころに染み込ませてくるものなので、われわれが抱く感情や情念のほとんどすべてに関わってくる。そして、共感の原理は、それが抱かせるのとは反対の感情や情念がこころの中に現れているときに、頻繁にはたらくものである。というのも、次のことが顕著に見られるからである。すなわち、私が無我夢中になっている何らかの感情に関して、ある人と私が対立しており、その意見の不一致によってその人が、私の情念をかき立てるような場合、私は常に、ある程度は彼と共感しているのであり、そしてまた、私のその興奮が生じる源は、共感以外にはないからである。われわれはここに、対立する諸原理および諸情念どうしの明白な衝突、ないしは小競り合いを、見てとることができるだろう。一方には、私にとって自然な情念・感情があり、この情念が強ければ強いほど、私の興奮も増大してゆくことが見てとれる。他方にはさらに、何か別の情念・感情が存在していなければならない。そして、この別の情念が生じてくる可能性のある先は、共感以外にはない。他の人たちの感情がわれわれに影響を及ぼすことがありえるとするならば、それは当の他人の感情が、ある程度までわれわれ自身のものとなることによって以外にはありえない。そのような場合、他の人たちの感情は、われわれの情念と対立し、われわれの情念を増幅させることによって、われわれに影響を及ぼすのであるが、しかし、それはあたかも、それらの感情が、もともとわれわれ自身の気性や気質から生じたかのような仕方で行なわれるのである。他の人たちの感情が、彼らのこころのうちにのみ隠されたままである間は、他の人たちのそうした感情がわれわれに対して、何かの影響を及ぼすことはありえない。そして、他の人たちの感情がわれわれに知られている場合でさえ、それが想像力の域を出ないのであるなら、つまりは、思い抱かれているだけという域を出ないのであるのなら、その〔想像の〕機能は、ありとあらゆる種類の対象〔を思い抱くこと〕に慣れ切っているので、単なる観念にすぎないものは、どれほどわれわれの感情や傾向性と反対であるとしても、それのみでわれわれに影響を及ぼすということは決してできないであろう。

私が注目する第二の原理は、比較の原理である。すなわち、注目すべきは、諸々の対象についてのわれわれの判断が、それら対象と比較される対象との釣り合いに応じて、変動をこうむるという原理である。われわれわれは対象に関して、それに備わる内在的な重要性や価値によってよりも、比較によって判断を下すことの方が多い。そして、われわれはあらゆるものを、それが同種の優れたものと対置される場合には、劣っていると見なすのである。しかし、自分自身との比較以上にありふれたものはない。そしてこのことから言えるのは、あらゆる場合に比較は生じているということ、そしてまた比較は、われわれの情念のほとんどのものと溶け合っているということである。この種の〔＝自分自身との〕比較は、そのはたらき方が、共感とはまったく反対である。このことはすでに、同情と悪意について論じたときに述べておいた[2]。〔そこでの議論によれば、〕あらゆる種類の比較において、ある対象Aが、その比較対象Bから、常にわれわれに受け取らせる感覚とは、Aただそれだけを眺めるときにA自体から生じる感覚とは反対のものである。〔例えば、〕他人の快をただ眺めるだけなら、自然とわれわれには快がもたらされ、そしてそれゆえに、他人の快は、われわれ自身の快と比較されると、苦を生み出すのである。他人の苦は、それ自体で考えればわれわれにとって苦痛なものであるけれど、しかしわれわれ自身の幸福の観念〔の活気〕を増大させ、われわれに快を与えるものなのである。

（2）『人間本性論』第二巻「情念について」第二部第八節

こうして、先述の共感の原理と、われわれ自身との比較という原理とは、〔そのはたらき方が〕まったくの反対である。それゆえ、次のことは考察するに値しよう。すなわち、共感が優勢なのか、それとも、比較が優勢なのかを定めるために、それは人間の個別の気性次第だということを脇におけば、いったいどのような一般的規則を定めることができるだろうか、ということを。〔例えば、〕私がいま安全な状態で陸地にいるとして、そうだと考えることで何らかの快を、ぜひとも獲得したいと思っているとしよう。その場合に私は、海上に出て嵐に巻き込まれている人たちの悲惨な状態について思いをめぐらせるに違いないし、この観念をできる限り強く活き活きとしたものにすることで、自身の幸福をより一層感じられるよう努めるに違いない。しかし、どれほど私が骨を折ろうとも、私が実際に浜辺にいて、そして大嵐に翻弄され、絶え間なく岩や浅瀬にぶつかって、今にも壊れそうな危機的状態にある一隻の船を遠目に見るような場合と同じほどの効果を、その〔=先ほどの想像上での〕比較が、及ぼすことは決してないだろう(3)。だが、この観念がさらに一層活き活きとしたものになるとあえて想定しよう。その船が、私のかなり近くにまで打ち上げられたので、私は、船員や乗客の表情に映る恐怖を判明に知覚することができ、彼らの悲嘆にくれた哭《な》き声を聞き、そして最愛の友人たちが最期のお別れをしているところや、死を決意して互いの腕の中で抱き合っているところを目にすることができる、と。このようなときに、そのような光景から何らかの快を得ようとしたり、最も情け深い同情に、すなわち共感のはたらきに逆らおうとしたりするような、粗野な性根をもつ人はいない。それゆえ、この場合にはひとつの中間状態（a medium）が存在していることは明らかである。つまり、観念〔の活気〕があまりにも微かである場合、その観念が比較によって、何らかの影響を及ぼすことはない。他方 595
で、観念〔の活気〕が強すぎる場合、その観念はわれわれに対して、比較とは反対のはたらきをする共感によって、もっぱら影響を及ぼすのである。共感とは、観念を印象へ転換するものなので、比較のために必要とされるよりも多くの勢いと活気を必要とするものである。

（3）風が波を叩き付けているような外洋にいる他人が被っている甚大な困難を、陸地から眺めるとき、それは快いものである。この快さは、人が誰かの苦悩から歓びを引き出すからではなく、自分自身がそこから免れているところの苦難を知覚することが快いからなのである。ルクレティウス

以上のことすべてを、目下の主題〔＝こころの偉大さ〕に適用するのは容易なことである。われわれは、偉大な人や、ずば抜けた天分を持つ人の面前にいると、自分で自身と見比べてみて、大いに落ち込むものである。そして、この卑下こそが、目下の優秀な人に対してわれわれが払う尊敬の念の重要な成分を構成している。このことは、卑下の情念に関する先ほどの[4]論究に、したがっている。ときどき、妬みや憎しみさえもが、比較から生じることはある。しかし、大部分の人々において卑下は、尊敬と尊重を構成するにとどまるのである。共感は、このように極めて強力な影響を人間のこころに及ぼすのであるから、共感によって誇りは、ある程度、美点と同じような効果を持つようになる。そして共感は、高慢な人が自身について抱いている昂揚した感情にわれわれを入り込ませることによって比較を引き起こすのであるが、この比較がわれわれを極めて屈辱的かつ不愉快にするのである。なるほど、高慢な人が、自分で勝手に実際の力量以上に自惚れているとき、われわれが実際に下す判断は、その高慢な人を余すところなく捉えた上でのものではない。それでもやはり、その判断は、その自惚れが示す観念を受け取るほどまでには揺り動かされているのであり、その結果、その自惚れが示す観念に、想像力が思い抱く不明瞭な観念が持つ以上の影響力を与えてしまうのである。〔たとえば、〕冴えないユーモアの才しか持たない人が、自分よりはるかに優れた美点を持つ人

についてばくぜんと考えてみたところで、その人はそんな虚構によって悔しがることはないだろう。しかし、実際には劣った美点しか持たないとわれわれが固く信じているような人が、自分たちの目の前に現れるとする。そして、その人のうちに、異常なほどの誇りや自惚れが見られると、仮定しよう。このとき、彼が自身の美点に関して〔勘違いで〕持っている確信によって、〔われわれの〕想像力はとらえられてしまい、その結果、彼が勝手に自分に帰しているあらゆる善い特性が、彼が本当に持っている場合と同じような仕方でわれわれの目に映し出されてしまい、それが、われわれ自身を貶めるのである。このとき、目下の観念は、比較がわれわれに影響を及ぼすために必要な、まさに中間状態に位置している。目下の観念が信念を伴っているのなら、つまり、その人物が、自分に対して想定するのと同じ美点を持っているように思われるのならば、目下の観念は反対の効果をもつだろう、つまり、共感のはたらきによって、われわれにはたらきかけることだろう。このとき、共感の原理の影響は、比較の影響よりも勝ったものであるだろう。これとは反対に、比較が生じるのは、その人の美点が、自分で申し立てているものよりも低いように見える場合なのである。

（4）『人間本性論』第二巻「情念について」第二部第十節

共感原理と比較原理とからは必然的に、次のことが帰結する。すなわち、誇り、つまりは自分自身についての実際からかけ離れすぎた自惚れは、悪徳でなければならない、ということが。なぜなら、そのような自惚れは、あらゆる人々に心地悪さを引き起こし、いかなるときにも、人々に不愉快な比較をさせるからであ

596

る。哲学では、いや普段の生活や会話においてさえ、次のことを頻繁に耳にする。すなわち、われわれは、まさに自分自身に対して誇りを抱いているので、それゆえに、他の人々の誇りに対しては酷く嫌気がさすのであり、そして、他人の慢心は、われわれが自惚れの強い存在だという理由だけで、自分たちにとって堪え難いものになるのだ、と。陽気な人々は陽気な人たちとつきあうのが自然であり、恋する者たちは、恋する者たちとつきあうのが自然である。しかし、高慢な人たちは、〔自分以外の〕高慢な人たちにまったく我慢がならないので、むしろ逆の気質を持つ人たちと交際しようとするのである。われわれは、いやわれわれは皆、ある程度の誇りを抱くのであるから、誇りとは時代や場所を問わず、すべての人類によって非難され糾弾されているのである。なぜなら、誇りには、比較によって、他の人たちのうちに心地悪さを引き起こす、自然な傾向があるからである。そして、さらに自然なこととして、次のようであることに間違いはない。すなわち、誤った根拠に基づいて自惚れる人たちは、永遠にそのような〔他人に不愉快な思いをさせる〕比較を行なっているのであり、彼らには、自分たちの慢心を下支えする方法が〔比較以外には〕ないようなのである。分別があるだけでなく美点をも身につけているひとは、他人が自分についてどのように思っているのかにいっさい関係なく、自分に満足している。これに対して、愚か者は、自分自身の資質や知性を持ったままで上機嫌であり続けるためには、常に自分よりもさらに愚かな人を見いださねばならないのである。

しかし、われわれ自身の美点に関する行き過ぎた自惚れが悪徳的であり不愉快なものであるとしても、われわれが実際に価値ある諸特性を持っているのであるなら、自分のことを好ましく思うこと以上に、褒め称えられる事柄はない。自分自身に対して効用や利得をもたらすあらゆる特性は、他の人たちにとって快適である特性と同じように、徳の源泉のひとつである。そして、生活を営む上では、ふさわしい程度の誇りをもつこと以上に、われわれにとって有用なものはない、ということは確かなことである。なぜなら、ふさわしい程度の誇りによって、われわれは自分自身の美点に気がつくのみならず、あらゆる計画や企図を実行するにあたって、自信と落ち着きとをもつことになるからである。いかなる能力が備わっていようとも、自分にその能力があることをよく知らなかったり、その能力に見合った企画をたてたりすることがないのであれば、その能力は持ち主にとって、完全に無用のものである。いかなる場合においても、自分自身の力量については、それを知っておく必要がある。そして、もし仮に次のいずれかの側に誤って転んでも許されるのなら、自分たちの美点を過大評価する方が、その美点を、それに適した基準以下のものとして考えるよりも、一層有益であることだろう。幸運は一般に、大胆な人たちや野心あふれる人たちの味方をするものである。そして、自分自身に対する高い評価以上に、われわれを大胆にさせるものはないのである。

以上のことに、次のことを付け加えよう。すなわち、誇りや自画自賛をする気持ちは、他の人たちにとってはときどき不愉快であるけれど、自分自身にとっては常に快適なものである。それと同様に、他方で、慎ましさは、それを目にするすべてのひとに快を与えるのだけれど、それを身につけている本人は、しばしば心地悪さを感じるものである、と。ところで、すでに述べたことだが、われわれ自身の〔快苦の〕感覚こそが、いかなる特性についても、その特性が悪徳であるのか、それとも徳であるのかを決定する。(訳注8) これと同じ

597

〈訳注8〉徳の四源泉のうち、④その性格を持つ当人自身にとって快適であるか、不愉快であるようなもの。

ように、いかなる特性であれ、それが他の人たちの胸中に喚起する〔快苦の〕感覚が、その特性が悪徳なのか徳なのかを決定するのである。(訳注9)

かくして、〔なるほど〕自己満足や慢心は、許されるものであるだけでなく、性格のうちに備わっている必要があるものだと言える。しかしながら、行儀や礼儀というものによってわれわれには、そのような情念〔＝自己満足や慢心〕を直接示してしまうような印や表現すべてを、避けるべきである、ということが求められていることもまた確かなことである。われわれは、いや、われわれは皆、自分自身を驚くほどひいきする偏性をもっている。それゆえ、仮にわれわれがこの点についての〔自分自身に対する〕自分たちの感情を常に発散するのであるなら、われわれ双方は、お互いのうちに、最大の憤慨を引き起こしてしまうはずである。というのも、そのように自分についての偏った感情をいつも発散するということは、極めて不愉快な比較の対象を相手に対して直接的にあらわにするだけでなく、自分の判断と相手の判断が、相反することにもなるからである。それゆえ、社会において所有権を保証し、自己利益どうしの対立を防ぐために、われわれが自然法を定めるのと似たような仕方で、われわれは行儀の規則を定め、これによって人々の誇りどうしが対立することを防ぎ、会話を、快適で不快感を与えないものとするのである。人間の行き過ぎた自惚れほど、不愉快なものはない。すべてのひとは、たいていがこの悪徳へ向かう強力な性向を持っている。いかなるひとも自分自身のうちで、徳と悪徳とを十分に区別することはできないし、自身の美点に対して、自分が自分で抱く尊重の念が、十分な根拠をもつものであるということに確信をもつこともできない。以上の理由により、この〔誇りの〕情念を直接表明することは、すべて非難されることになるのである。そしてまた、われ

598

われは、分別があり、しかも美点を実際に身につけてもいる人たちのために、この規則に例外を設ける、ということを決してしない。自分の本領を、隠さず言葉で表明することを、彼ら〔＝分別をもち、美点を実際に身につけてもいる人〕が、他の人々以上に許されているというわけではないのである。そして、自分が本領を発揮することに対して、控えめで密かな疑念をもっていることを彼らがみずから示すのであれば、そのような人たちは、ますます褒め称えられることになるであろう。以上のような、自分自身を過大評価するという、無礼で、しかもほとんど普遍的ともいうべき人間の性向は、自画自賛する気持ちに反対する偏見をわれわれにもたらしてきた。それゆえ、その性向に出くわす場合にはいつでも、われわれは一般的規則〔＝慣習のようなもの〕によって、その性向を非難しがちなのである。逆に、分別がある人たちに特権を与えるということは、たとえそのような人たちが自賛の考えをほぼ完全に隠しているとしても、幾分困難なのである。すくなくとも、次のことは認められるに違いない。すなわち、この点に関する何らかの偽装は絶対に必要である。具体的に言うと、もしわれわれが自分の胸中に誇りを抱くとしても、適正な外観を示さねばならず、自分たちのあらゆる振る舞いと行動において、慎ましさと相互の敬意とを見せねばならないのである。われわれは、あらゆる場合に、自分自身よりも他の人たちの方を選びとり、他の人たちがたとえ自分たちと同じであるとしても、ある種の敬意をもって他の人たちを扱い、われわれが他の人たちより際立っていない場合には、仲間のうちで最低で最も価値のないものであるよう見せる、このような心構えを持たねばならないの

（訳注9）徳の四源泉のうち、③他の人たちにとって快適であるか、不愉快であるようなもの。

である。そして、われわれが自分たちの振る舞いにおいてこれらの諸規則を遵守するのであれば、〔他の〕人たちは、われわれが紆余曲折した仕方で〔自賛の〕感情を露にするとしても、われわれの密かな〔自賛の〕感情を大目にみてくれることが多いだろう。

誰であれ、何らかの世の実践に触れたことがあり、そして人々の内なる感情を理解することのできる者であるならば、次のように断言することはないだろうと思われる。すなわち、行儀と礼儀がわれわれに求める卑下は、外面だけにとどまらない〔内面にまで浸透する〕とか、この点についての徹底した誠実さこそが、われわれの義務の真なる部分であると見なされている、などと断言することはないだろう。それとは反対に、われわれは次のように述べることができるだろう。すなわち、真なる、心からの誇り、ないし自尊心は、もしそれが十分に隠されており、そして十分に根拠づけられているのであれば、名誉ある人の性格にとって本質的なものである。そして、人類の尊重と是認を獲得するために、その自尊心以上に必要不可欠なこころの特性はない、と。さまざまな身分の人々に対して、お互いが、一定の敬意を払い合うこと、そして相互への従順さを示すことを、慣習は求める。そして、この点で過ぎたる者は皆、利益を得るために卑下が過ぎるのであれば、それは卑しいことであると糾弾されるし、自分のことをきちんと把握していないために卑下が過ぎるのであれば、それは愚かであると糾弾されるのである。それゆえ、世間における自分の身分や立場について、それが自分の生まれ、運、仕事、才能、そして評判のうち、いずれによって定められるにせよ、知っておくことが必要なのである。また、自分の身分と立場にふさわしい誇りの感情や情念を感じることが、そして、それに応じて自分の行為を規制することが必要なのである。そして、もしもこの点に関して、

599

われわれの行為を規制するには、真の誇りがなくとも、思慮さえあればそれで十分であろう、と言われるとしたら、私は次のことを、まず述べるであろう。すなわち、この場合の思慮の対象は、われわれの行為を一般的な慣例や慣習と一致させること〔だけ〕である、と。そしてさらに、次のように述べるであろう。すなわち、もしも人々が誇りを抱くということが一般的でないのなら、そしてまた、誇りの情念が十分に根拠づけられているときさえ、それが是認されることが一般的でないのなら、優れている点を、そのように暗黙の雰囲気のもとに醸しだすべしということが、慣習によってこれまで打ち立てられたり、権威付けされたりしてきた、ということはありえなかったのである、と。

普段の生活や会話で見聞きすることから歴史へと目を移してみよう。その場合に、次のことが見出されるなら、以上に述べた論究は、新たな力を得ることになる。すなわち、人類の称賛の的となっている偉大な行為と感情すべてが基づいているものは、誇り、すなわち自尊心に他ならない、ということを。〔例えば、〕アレキサンダー大王は、兵士たちが自分に付き従ってインドへ向かうことを拒んだとき、自分の兵士たちに向かって次のように発言した。「帰るがよい、故郷へ帰って、汝らの故郷の人々に告げるがよい。汝らは、世界征服を成し遂げようとしているアレキサンダーを残してきたのである」、と。聖エヴルモンドが教えてくれるように、この一節をいつもコンデ公は、特別に褒め称えたのであった。コンデ公が言うには、アレキサンダーは、「まだ完全には制圧していない野蛮人たちのただ中で、自分の兵士たちに見捨てられるとしても、自分の中に帝王としての大いなる威厳と権利とを感じていたので、自分に従うことを拒むものなどいるわけがないと信じることができたのである。ヨーロッパにいるのであれアジアにいるのであれ、ギリシア人たちの間にいるのであれペルシャ人たちの間にいるのであれ、そんなことは彼には何の関係もなかった。彼は、人間を見つけだしたら、それがどこであったとしても、自分は臣下を見つけたのだと想像したのである」。

一般には、次のことに気がつくであろう。すなわち、なんであれわれわれが英雄の徳と呼ぶもの、すなわち、こころの偉大さや高尚さを備えた性格という名で称賛するものはいかなるものも、揺るぎなく安定した誇りや自尊心そのものであるか、それとも、そのような情念を大いに帯びているかのどちらかである、と。勇気、剛勇、野心、名誉への愛、高邁、そして、そういう類のものに属する他の輝かしい徳すべてには、明らかに、そのうちに多くの度合いの自尊心が混ざっており、そして、その美点の大部分を自尊心という起源から引き出しているのである。以上からわれわれは、次のことを見出すのである。すなわち、多くの宗教唱道者たちは、そのような徳をまったくの異端で啓発されていないものとして貶《けな》し、そしてわれわれに、キリスト教の素晴らしさを示すのである。キリスト教では、卑下は徳として位置づけられているために、誇りと野心に由来するあらゆる努力を称賛するのが極めて一般的であるところの世間の判断、および哲学者の判断さえもが訂正されることになる。この卑下という徳が正しく理解されてきたかどうかを私が決定しよう、などと言うつもりはない。ただ私は、次のことを認めることで甘んじておこう。すなわち、世間が、きちんと規制された誇りを尊重するのは自然なことである。なぜなら、そのような誇りは密かに、われわれの振る舞いに活気を与えはするものの、だからといって、無作法な仕方で慢心を表明して、他の人たちの慢心を害するようになるということはないからである、と。

誇りや自尊心が持つ美点は、次の二つの事情に由来する。それは、①われわれ自身に対してそれがもたらす効用と、②われわれ自身に対してそれがもたらす快適さである。それら二つの事情によって、自尊心はわれわれに仕事のための能力を与えるとともに、われわれに、直接的な満足感を与えるのである。誇りが、その適正な境界を越えてしまうとき、誇りは第一の有益さを失い、有害なものにすらなる。このために、誇りがどれほど行儀と礼節の作法によって規制されていようとも、われわれは過度の誇りと野心を非難するのである。しかし、そのような〔誇りの〕情念は、それでもやはり快適なものであるから、すなわち、誇りの情念によって動機づけられている当人は、高尚で崇高な感覚を抱くのであるから、その人の満足感に〔観察者が〕共感することによって、その人の振る舞いや行動に誇りが及ぼす危険な影響に自然とあてがわれる非難は、かなりの程度、小さくなるのである。以上から、次のように言うことができるだろう。すなわち、過度の勇気や高邁は、とりわけそれらが逆境のもとに現れる場合には、英雄の性格に大いに貢献し、その人を、後代で称賛されるものとするであろう。それと同時に、過度の勇気や高邁は、その当人のやってきたことを台無しにし、それが過度でなかったならば決して出くわすことのなかった危険や困難へと、その人を導くであろう、と。

英雄的資質、すなわち軍事的名誉は、人類の大多数が大いに称賛するものである。人々はそれを、最も崇高な種類の美点と考える。〔その一方で、〕冷静に省察する人々は、自分たちがその資質を称賛するときに、そこまで楽天的ではない。彼らの目から見れば、その資質が世間に引き起こしてきた無限の混乱と無秩序が、その美点の多くを小さくして見せるのである。彼らがこの項目に関する世間一般の考えに反対しようと

601

するときにいつも描くのは、この想定上の徳が人間社会に生み出してきた害悪、例えば、帝国の転覆、地方の荒廃、都市の破壊などである。これらの事例を見せつけられると、われわれは、英雄の野心を称賛するよりも嫌う方へと、傾く。しかし、この迷惑すべてを作り出した張本人であるその人物自身に焦点を合わせれば、彼の性格には眩しく輝くものがあるので、言い換えると、その性格それだけを熟視すると、こころが大いに昂揚するので、われわれはその性格に称賛を与えないわけにはいかないのである。社会の損害へと向かうその性格の傾向から受け取る苦痛は、それよりも一層強力でより一層直接的な共感に圧倒されるのである。

かくして、さまざまな程度の誇りや自尊心に伴う美点と汚点に関してわれわれが以上に述べた解明は、先に見た仮説〔＝道徳の主要な源泉は共感であるという説〕を支持する強力な議論として役立つことだろう。というのも、誇りという情念に関して、われわれの判断が変動するあらゆる場合に、先ほど説明した諸原理〔＝共感と比較〕の結果が見てとれるからである。そしてまた、この論究がわれわれにとって有利なものとなるのは、徳と悪徳の区別が、四つの原理、すなわち、①当人にとっての有益性、②他の人たちにとっての有益性、③当人の快、④他の人たちの快、以上の四つに由来することが示されるからだけではない。それだけでなく、この論究によってわれわれには、先の仮説のいくつかの基盤部分に関する強力な証拠が与えられるからでもある。

この問題を適正に考察するひとなら誰もが、躊躇せずに次のことを認めるだろう。すなわち、ほんのわずかな行儀の悪さ、つまりは、誇りと傲慢さを何ほどか表明してしまうことがわれわれを不愉快にするのは、ただ単に、行儀の悪さによって、われわれ自身の誇りが衝撃を受け、そしてわれわれは共感によって比較へと導かれてしまい、この比較が、卑下という不愉快な情念を引き起こすからなのである、と。ところで、この種の横柄さは、とりわけわれわれに対していつも礼儀正しかった人であってさえも、いや、その名を歴史でしか知らない人であったとしても、非難されるものである。それゆえ、われわれの否認は、他の人たちと共感することから、あるいは、次のような反省から、生じるということになる。つまり、そのような〔横柄な〕性格は、その性格の持ち主と会話をしたり、何であれ交流を持ったりするすべてのひとにとって、極めて不愉快で憎むべきものである、というような反省から生じるのである。われわれは、心地悪さを感じているそのような人々〔＝横柄な性格の持ち主の周りにいる人々〕と共感する。そして、彼らの心地悪さは、部分的には、彼らに無礼をはたらく当人に共感することからも生じるので、われわれはここに、共感の二重の跳ね返りを見てとるのである。これは、別の機会に(5)見てとっておいたものと極めてよく似た原理である。

（5）『人間本性論』第二巻「情念について」第二部第五節

第三節　善良さと善意について

前節において、人間の諸々の情緒のうちで偉大だと称されるあらゆるものに伴う称賛と是認〔の感情〕の起源を説明してきたので、ここからは、人間の諸々の情緒の善良さがいかなるものかに関する説明を与え、その美点がどこに由来するのかを示すことにしよう。

経験を積むことで、ひとたびわれわれが、人間の事柄についての十分な知識を獲得し、それらの事柄と人間の情念との間の割合について学んだ暁には、われわれは次のことに気がつく。すなわち、人々に備わる気前のよさが、極めて制限されていること、つまり、人々に備わる気前のよさが、友人や家族を超えて拡張することは滅多になく、せいぜい拡大したとしても祖国までである、と。われわれは、人間の本性がこういうものだということを知っているので、人間に不可能なことをいっさい期待しない。むしろ、誰かある人の道徳的な性格について判断を下すためには、その人にとっての身近な人々（narrow circle）しか見ないようにするのである。評価対象となる人物の人柄に備わる情念の自然な傾向が、そのひとを、そのひと自身の活動範囲内において、役に立つ有用な存在としているのであるのなら、われわれは、そのひとと、われわれ以上に密接な繋がりをもつ人たちが抱く感情に共感することによって、そのひとの性格を是認し、そのひとの人柄を愛するのである。この種の判断を下すとき、われわれは即座に、自分たち自身の利益を忘れざるをえない。その理由は、われわれが社交や会話において、自分たちとは立場が異なる人々、つまり自分たちと同じ

602

利益を持たない人々との間に生じる、絶え間ない意見の不一致に出くわす〔のであり、そしてその意見の不一致に不快感を覚える〕からである。われわれの感情が他の人たちの感情と一致する唯一の観点とは、次のような場合の観点である。すなわち、何であれ情念の傾向が、その所持者と何らかの直接的な結びつきや相互交流をもつ人たちの利得に向かうか、それとも危害へ向かうのか、ということを、われわれが考察するときの観点である。そして、この利得もしくは危害は、われわれからとても遠くにあり・無関係であることが多いものの、ときにはそれが、われわれにとって非常に近くなり・重大なものとなることによって、共感がはたらき、強力にわれわれの関心を引くことがあるものである。この関心を、われわれは即座に、類似する他の事例にまで拡張する。そして、これらの事例がはるか遠くにあり・われわれとは無関係である場合、われわれの共感〔のはたらき〕は、その距離や関係性に比例して弱くなり、われわれの称賛や非難も、より微かでおぼつかなくなる。これは、外的物体に関してわれわれが判断を下す場合と同じ仕組みである。あらゆる対象は、それが離れていくにつれて小さくなるように見える。しかし、確かに、われわれの感覚能力に現れる諸々の対象の見かけこそが、それらについて判断するための本来の基準ではあるのだけれど、だからといってわれわれは、それらは離れていくにつれて実際に小さくなる、と言いはしない。そうではなく、われわれは、反省を通じて見かけを修正することで、それら諸対象に関する一層恒常的で安定した判断にたどり着くのである。これと同様に、なるほど共感は、自分自身についての関心に比べると、はるかに微か〔にしかはたらかないよう〕なものであるし、自分たちから遠く離れたところにいる人々に共感すること〔で抱かれる感情〕は、近くのすぐ隣にいる人々に共感すること〔で抱かれる感情〕に比べてはるかに微かである。しかし、603

人々の性格に関する穏やかな判断を下すときには、われわれはこうした違いすべてを無視するのである。〔逆に、〕われわれ自身がこの点〔＝評価対象との距離〕について、しばしば自らの立場を変えるということに加え、われわれが日々出会う人々は、われわれとは異なる立場におり、仮にわれわれが、自身に固有の立場や観点にずっととどまろうとするのなら、そのような人々とわれわれは、理に適った言葉で会話することが決してできないであろう。それゆえ、社交や会話における感情の相互交流によって、われわれはある一般的で変化しない基準を形成する。そしてこの基準に従うからこそ、われわれは性格や風習を是認したり否認したりすることができるのである。なるほど、ひとは性根（heart）のところまで、そうした一般的な考えに常に与するわけではない。つまり、そうした一般的な考えによって愛や憎しみが規制されるわけではないのだけれど、そうした一般的な考えは、談話のためには十分であり、交際、説教、演劇、そして学問におけるわれわれの目的すべてに資するのである。

以上の諸原理を踏まえれば、気前のよさ・人間性・同情・感謝の心・友情・忠実さ・熱心さ・無私無欲・物惜みのなさ、そして、善良な、善意に満ちた性格を形成する他の諸性質すべてに、ふつうに帰されている美点について、容易に説明することができるだろう。優しい情念にむかう性向のおかげで、その人は生活のあらゆる場面で、快適で有用な存在となる。そして、この性向のおかげで、その性向がない場合には社会にとっての害となるような彼の他の諸性質すべてが、正しい方向をむくのである。〔例えば、〕勇気や野心は、善意によって規制されることがないのなら、暴君すなわち公然の強盗を仕立て上げるだけである。同じことは、判断力や理解力、そしてその種の諸性質すべてに当てはまる。判断力や理解力などは、それ自体のみで

604

考えるのなら、社会の利益とは無関係であり、上記の他の情念〔善意など〕によって方向付けられるかどうかで、それら判断力や理解力が、人類の善へとむかう傾向をもつか、それとも悪へとむかう傾向を持つかが決まるのである。

愛とは、それによって行為に駆り立てられる人〔＝愛を抱いている本人〕にとって直接的に快適なものであり、憎しみとは、〔憎しみを抱く本人にとって〕直接的に不愉快なものである。そして、このこともまた、愛を分け持つ情念がなぜすべて称賛され、著しい程度の憎しみを分け持つ情念がなぜすべて非難されるのか、ということを説明する無視できない理由となるだろう。偉大な感情だけでなく、優しい感情によっても、われわれが大いに感動するということは確かである。優しい感情に想いを馳せれば、自然と涙が目に浮かびはじめる。そしてまた、優しい感情を発揮する人に対してわれわれは、同じ優しさを向けてしまうことを禁じえないのである。以上のことはすべて、次のことの証拠であるように思われる。すなわち、われわれの是認が、そのような場合には、われわれ自身に対するものであれ他の人たちに対するものであれ、効用や利得の見込みとは異なる起源を持つ、ということの証拠だと思われるのだ。このことにはさらに、人間とは、自然に、すなわち反省することもなく、自分にとてもよく似た性格を是認するものだ、ということを付け加えることができるだろう。〔例えば、〕温和な気質と優しい情緒を身につけている人は、最も完璧な徳のイメージについて考えるときに、勇気や冒険心を身につけている人よりも、その中に、善意と人間性のイメージを、より多く混ぜ込むものである。これに対して、勇気や冒険心を身につけている人は、こころに備わるある種の高尚さを、最も卓抜した性格とみなすのが自然である。このことは明らかに、自分自身とよく似た性格に対してはたらくところの直接的な共感から生じているに違いない。そうした人々は、そのような〔自分と似ている人の〕感情の中に心底入り込むのであり、そのような感情に由来する快を、より一層ありありと感じるのである。

　顕著に見られることであるが、驚異的な思いやりが発揮される事例ほど、人間性を身につけた人のこころを揺り動かすものはない。たとえば、ある人物が、彼の友人のもっとも些細な利害にも注意を払い、その友人の利害のために、自分のもっとも重要な利益をすすんで犠牲にするような友情の事例が、あるいは愛の事例が、それに当てはまる。そのような思いやりは、社会に対しては、ほとんど影響を及ぼさない。なぜなら、そのような思いやりは、われわれに、もっとも些末なものしか顧慮させないからである。しかし、そのような思いやりは、その〔友人の〕利害が些細なものであればあるほど、より一層魅力的に映るのであり、そのように思いやることのできる人がもつ最高の美点の証拠となるのである。情念というものは伝染性が極めて高いので、ある人物から別の人物へと、きわめて容易に移ってゆき、あらゆる人間の胸の内に、その情念に対応した感動を生む。友情が、それをまさに示すような事例において見られる場合、私は性根のところまで、その同じ情念〔＝友情〕を受け取って、そのために私の前に現れる〔他者の〕温かな感情によって、温かい気持ちになるのである。そのような快適な感動は、その感動を喚起するすべての人へと向かう愛情を、私にもたらすに違いない。このことは、あらゆる人のこころのうちにも見られる快適なものすべてにあてはまる。快から愛への移行は容易である。しかし、その移行はこの場合、さらに一層容易であるに違いない。というのも、共感によって引き起こされるその快適な感情は、愛そのものであり、その対象を変えること以外、必要なものは何もないからである。

以上が、善意がもつ特有の美点の全容である。以上のことからわかるように、善意の持つ弱点さえもが、有徳的で愛すべきものである。例えば、友人を失ったときの悲しみが過剰であるとしても、その人はその過剰さゆえに、むしろ尊敬されることだろう。彼の優しさは快を生むがゆえに、彼の憂鬱に美点を与えるのである。

しかしながら、怒りの情念は、それが不愉快なものであるからといって、すべて悪徳であると想像してはならない。この点には、人間本性に起因する一定の許容の幅がある。怒りと憎しみとは、われわれ人間の仕組みや構造そのものにもともと備わっている情念である。いくつかの場面では、怒りや憎しみを欠いていることが、弱さや愚かさの証拠にさえなるだろう。そして、怒りや憎しみが低い程度でしか現れない場合、われわれはそれら〔=怒りや憎しみを抱くこと〕が自然なことだという理由で、それらを許すだけでなく、それらが人類の大部分に見られるものよりも低い程度であるという理由で、それらに賛美を与えさえするのである。

このような怒りの情念が高じて残酷さにまでなってしまう場合、それらは、あらゆる悪徳のうちで最も忌み嫌われるものを作りだす。この悪徳に苦しむ不幸な被害者に対してわれわれが抱く哀れみや関心はすべて、その罪を犯す人に対する反感を抱かせるのであり、そして、〔その罪を犯す人に対して〕何か別の機会に606
われわれが感じるよりも一層強力な憎しみを生み出すのである。

非人道さという悪徳の場合、上記の〔=怒りの〕場合ほどの極端な程度にまでは高まらないとしても、その悪徳に関するわれわれの感情は、それが引き起こす危害について反省することによって、極めて大きな影響を受ける。それゆえ、一般に次のように言うことができるだろう。すなわち、ある人に備わる、ある特性のせいで、その人と生活をともにし、そして会話をしたりする人々が、居心地の悪さを感じていることをわれわれが見出すのであれば、さらなる検討を待つまでもなく、われわれはいつも、その特性を欠点、ないし汚点であると認める、と。他方で、ある人の善い特性を枚挙するとき、われわれはいつも、彼の性格を構成する諸部分について、つまり、信頼できる仲間、気の置けない友人、穏和な主人、優しい夫、あるいは寛大な父親にその人をならせるような特性について、語っているのである。われわれは、その人を、社会における彼のあらゆる関係でもって考察する。そして、彼と直接の交流がある人々に対して彼がどのように感じられているかに応じて、彼を愛したり嫌ったりするのである。こうして、仮に私が、ある個人に対して私が持ちたいと望んではいないような生活上の関係が、彼との間にはいっさいないのであれば、彼の性格は、その限りで、完璧なものだと認められねばならない。仮に彼が、他の人たちに対してと同じく、彼自身に対しても欠けているものがほとんどないのであれば、彼の性格は、非の打ちどころがなく、完璧なのである。以上のことは、最も確かな規則である。この規則こそ、美点、すなわち徳の究極のテストなのである。

第四節　自然に備わる能力について

606 倫理学のあらゆる学説においては、自然に備わる能力と道徳的な徳との間に区別が設けられていることほ
ど、よく見られるものはない。その場合、倫理学の学説においては、前者は身体的な素質と同じ基盤の上に
置かれており、そのために、それら〔＝自然に備わる能力と身体的な素質〕は、いかなる〔道徳的な〕美点とも、
すなわちいかなる道徳的価値とも結びつかないと考えられている。〔しかし、〕ものごとをきちんと正確に考
える人ならば誰もが、次のことを見出すだろう。すなわち、この項目における争いは、言葉の争いに過ぎ
ず、これらの諸特性は、完全に同じ種類に属する、というわけではないけれども、最も重要な事情において
は一致している、ということを。それらは両方ともに、こころの特性である、という点で同じである。そし
607 て、それらはすべて、快を生み出すという点でも同じである。それゆえ、当然のことながら、それらの特性
は、人類からの愛、および尊重の念を獲得する同じ傾向を有しているのである。道義心（honor）や勇気に関する人柄の評判と同様、分別や知識〔＝通常、自然に備わる能力とみなされるもの〕に関する人柄についての評判に気を遣わない人は、ほとんどいない。そして、その分別や知識に気を遣う度合いは、節制や冷静沈着さ〔＝通常、道徳的な徳とみなされるもの〕に対して払われるものよりも、断然大きい。人々は、従順でお人好しと思われることを恐れさえしている。なぜなら、従順でお人好しと思われることで、かえって知性〔＝能力〕に欠陥があると捉えられかねないからである。だから、自分には熱意と気迫があるというふうに気取ろうと

して、自分が実際にやってきた以上の放蕩ぶりを、しばしば自慢げに語るのである。以上をまとめると、ひとが世の中で現す頭角、交際において受ける歓待、知人からの尊重の念といったものがもつ、人柄に関わるこうした優位性はすべて、その人がもつ優れた分別や判断力〔＝能力〕に概ね依拠しているだけでなく、そのひとの人柄に備わるその他の資質にも依拠しているのである。〔たとえば、〕あるひとが、この上ない善なる意図を持っているとしよう。つまり、そのひとは、あらゆる不正義と暴力から最も遠ざかっているとしよう。〔とはいえ〕そのひとが、少なくともいくらかの資質、すなわち知性〔＝能力〕を適度に持ち合わせていないのならば、大いに尊敬される存在となることは決してありえないだろう。こうして、自然に備わる能力は、その原因と結果の両方に関して、ひょっとするとその程度は低いかもしれないが、われわれが道徳的な徳と呼ぶ諸特性と同じ基盤を有しているのである。そうであるのならば、どうしてそれらの間に区別をもうけるべきだろうか。

自然に備わる諸能力に徳という称号を与えないとしても、次のことは認めなければならない。すなわち、それらの諸能力が、人類の愛と尊重の念を獲得すること、それらの諸能力が、ほかの徳に新たな輝きを与えること、そしてそれらの諸能力を備えているひとは、その諸能力をまったく持っていないひとよりも、はるかに、われわれからの好意や奉仕を受けるに値するということ、である。なるほど、そうした特性が生み出す是認の感情は、その程度が劣っているということのほかに、ほかの徳に伴う是認の感情とはいくらか異なったものであると言い立てられるかもしれない。しかし私見では、このことは、徳の目録から、自然に備わる能力をはずす上での、十分な理由にならない。それぞれの徳は、例えば善意、正義、感謝の心、清廉ささえも、観察者の胸のうちに、それぞれ異なる感情や感じを引き起こすからである。〔例えば、〕サルスティウスが描くカエサルとカトーの性格は、その言葉の厳密な意味では両方ともに有徳的であるけれど、その有徳的である仕方は異なっている。つまり、彼らの性格から生じる感情は、まったく同じというわけではないのである。一方の性格は愛を生み、他方の性格は尊重の念を生む。一方は愛すべきものだが、他方は畏敬す 608
べきものである。われわれは、友人のこころに、一方の性格が備わっていることを望むことはあるだろうけれど、他方の性格については、それが自分のこころのうちにあることを熱望することだろう。これと同様に、自然に備わる能力に伴う是認は、ほかの徳から生じる感じとは〔その感じられ方が〕いくらか異なってはいるのだけれども、だからといって自然に備わる能力が、〔道徳的な徳とは〕まったく別種のものでできているわけではないのである。そして、実際に見られるように、他の徳と同様、自然に備わる能力は、そのすべてが同じ種類の是認を生むわけではない。優れた分別や天分は、尊重の念を生じさせるけれど、ウィットやユーモアは愛を引き起こすのである(6)。

(6) 愛と尊重の念は、根底のところでは同じ情念であり、似通った原因から生じる。両者を生み出す諸特性は、快適なものである、つまりは快をもたらすものである。しかし、この快が激しくも厳粛である場合、あるいは、その快の対象が偉大なために、強烈にこころに残る場合、あるいは、その快がいくらかの卑下や畏敬を生み出すような場合、そのような場合すべてにおいて、快から生じる情念は、愛というよりも、尊重の念と呼ばれるのがふさわしいのである。善意は両方の情念を伴っている。しかし、善意は、極めて密接に、愛と結びついているのである。

自然に備わる能力と道徳的な徳との間の区別を、極めて重大なものとして描く人は、次のように言うであろう。すなわち、前者はもっぱら不随意的であり、それゆえ、自由や自由意志にまったく依存していないのだから、自然に備わる能力にはいかなる美点も伴わない、と。しかし、これに対して私は次のように答える。第一に、あらゆる道徳学者、とりわけ古代の人たちが、道徳的な徳の名のもとに含める多くの諸特性は、ひとしく不随意的で必然的なものであり、判断力や想像力にそなわる諸特性と同じである。この本性を持つものには、志操堅固、不屈のこころ、そして高邁がある。つまり、偉大な人物を作り上げる諸特性はすべて、この本性をもつのである。同じことは、ある程度ならば、その他の諸特性についても言えるかもしれない。というのも、こころが、自分の性格の一部を根本的に変えてしまうというのはほとんど不可能だからである。例えば、短気な気性や気難しい気性が、こころにとって自然なものであるのなら、こころがそれらを治療することはほとんど不可能だからである。こうした、非難に値する諸特性の程度が大きくなればなるほど、それらの悪徳の度合いはますます高まるのだけれども、それでも、それらの諸特性は随意的ではないのである。第二に、徳と悪徳はなぜ、美醜のように不随意的ではありえないのか、その理由を誰かに教えて欲しいものである。これらの道徳的区別は、快苦という自然的な区別に由来する。そして、われわれが何らかの特性・性格を一般的に考察することを通じて、快か苦の感じを受け取ると、われわれはその特性・性格を、徳・悪徳と呼ぶのである。そうであるならば、次のように主張する人はいないだろうと思われる。すなわち、ある特性が、その持ち主にとって完全に随意的なものではないのなら、その特性が、それを考察するひとのうちに快や苦を生み出すことはできない、と主張するひとはいないと思われるのである。第三に、自

609

由意志に関しては、それが、人々の諸特性に関しても、行為に関しても、存在する余地はいっさいないということを、私はすでに示しておいた。(訳注10) 随意的なものが自由であるというのは、正しい結論ではない。われわれの行為は、われわれの判断よりもはるかに随意的である。しかし、だからといって、判断する場合よりも、行為する場合の方が、われわれは自由だ、というわけではないのである。

しかし、随意・不随意というこの区別は、自然に備わる能力と道徳的な徳との間の区別を正当化するためには不十分であるけれども、前者の〔＝随意・不随意の〕区別はわれわれに、道徳学者たちが後者の〔＝能力と徳の〕区別を発明してきたもっともな理由を教えてくれることだろう。人々は次のことを見てとってきた。すなわち、自然に備わる能力と道徳的な徳は、大部分において、同じ基盤を有してはいるけれども、それでも、その間には違いが存在する。つまり、前者はいかなる人為や勤勉によっても、変えることはほとんどできないが、後者は、少なくとも道徳的な徳から生みだされる諸行為は、賞罰や称賛・非難といった諸々の動機によって、変えることができるのだ、と。このことから、立法者、神学者、そして道徳学者たちは主に、こうした随意的な諸行為を規制することに専心してきた。つまりは、それら随意的な諸行為を、何かを理由として有徳的だと言えるものにするために、それら諸行為がもつべき付加的な動機を生み出すことに力を尽くしてきたのである。愚かであることを理由にして人を罰しても、賢明で聡明になるよう人に忠告するとしても、ほとんど効果はないのだけれども、同じ処罰と忠告とが、正義と不正義に関してのものであるな

(訳注10)『人間本性論』第二巻「情念について」第三部第二節第一段落および第二段落を参照。

らば、かなりの影響力をもちうる、ということを彼らは知っていたのである。そうであるとはいえ、〔一般の〕人々が、普段の生活や会話の中で、そのような〔立法者、神学者、道徳学者たちのもつような〕目的を念頭に置くことはないのであり、何であれ自分たちを愉快にするものを称賛し、不愉快にするものを非難するのが自然である。それゆえ、〔一般の〕人々が、この〔能力と徳の〕区別を顧慮しているとはとうてい思えないのであり、彼らはむしろ、思慮〔＝能力〕を、善意と同様に徳の性格として考え、そして洞察力〔＝能力〕を、正義と同様に徳の性格として考えるのである。いや、それどころか、われわれは次のことにも気がつくことになる。すなわち、一つの学説に固執しすぎて判断力が歪んでいないかぎり、すべての道徳学者たちは、〔一般の人々と〕同じ考え方をするようになる、ということに。そして、とりわけ古代の道徳学者たちは、なんの躊躇いもなく、思慮を、四元徳の筆頭に挙げていた、ということに気がつくのである。何であれ、こころの能力が、完璧な状態や条件の下にあるのなら、それはある程度、尊重と是認の感情を喚起する。そしてこの感情を説明することこそが、哲学者の仕事に他ならない。〔その一方で、〕どのような特性が徳という名称を戴くのか、ということを吟味するのは文法家の仕事である。ただし、いざ試みてみれば分かることだが、一見して想像されがちであるほど、その仕事は簡単なものではないことを、彼ら文法家たちは思い知ることであろう。

自然に備わる能力が尊重される主な理由は、それが持ち主にとって有用となる傾向をもつからである。いかなる企ても、思慮や分別を用いて、それが実行されない限り、首尾よく達成されることはありえない。つまり、意図の善さだけでは、自分たちの企図に沿う幸せな結末に至るには不十分であることだろう。人間が獣よりも優れている主な点は、理性が優越しているところである。そして、当該の能力〔＝理性〕にはさまざまな程度があるために、人々の間で実に多様な差が生じる。人為がもたらす有益さはすべて、人間の理性のおかげである。そして、運命がひどく気まぐれではないのなら、これらの有益さのもっとも重要な部分は、思慮や賢明さを備えた人々の手に、もたらされるに違いないのである。

次のように問われるとしよう。素早い理解力と、遅い理解力とでは、どちらがより価値あるものなのか。一目見ただけで問題を見抜くけれど、研究に関しては何もできない人と、それとは反対に、あらゆることを努力によって解決しなければならない性格の人とでは、どちらがより価値あるものなのか。聡明な頭脳と、豊かな発明の才とでは、どうか。深遠な天分と、確かな判断力とでは、どうか。つまり、どのような性格が、あるいはどのような特別な知性が、他のものよりも卓越しているのか、と問われるとしよう。〔しかし、〕明らかなことだが、次のことを考慮に入れないのならば、それらの問いに答えることなど、できるはずもない。すなわち、それらのうち、どの特性によって人は、世間にとって最善となることができるのか、ということ、言い換えると、どちらの特性によって人は、世間において最適なものとなり、そして自分が引き受けたすべての仕事において最高の結果を出せるのか、ということを考えねばならないのである。

こころに備わる他の多くの特性は、その美点を同一の起源から引き出している。勤勉さ、辛抱強さ、忍耐、活発さ、用心深さ、努力家であること、志操堅固などは、すぐに思い浮かぶような他の徳と同じで、それらが価値あるものとして見なされる理由は、生活を営む上での有益さに他ならない。節制、質実さ、家政力、決断力についても同じことが当てはまる。すなわち、他方で、放蕩、奢侈、優柔不断、たよりなさが悪

611

徳であるのは、端的にそれらがわれわれを破滅させるから、つまりわれわれに仕事と行為を不能にさせるからなのである。

〔自然に備わる能力のうち〕智慧や優れた分別に価値があるのは、それらがその所持者にとって有用だからである。これと同じように、ウィットや雄弁に価値があるのは、それらが他の人たちにとって直接的に快適だからである。他方で、上機嫌が愛され尊重されるのは、それがその人自身にとって直接的に快適だからである。明らかなことだが、ウィットを備えた人の会話は、実に楽しいものである。同様に、快活で上機嫌な交際相手は、その人の陽気さに共感することによって、その交際全体に喜びを行き渡らせるのである。それゆえ、これらの諸特性は、快適であるがゆえに自然と愛や尊重を引き起こすのであり、だから、すべての徳の特徴と一致しているのである。

ある人の会話を、極めて快適で愉しいものにして、逆に、別の人の会話を退屈で好ましくないものにするものは何であるのか、その正体について述べることは、多くの場合、難しい。会話とは、書物と同じく、こころの転写物であるので、一方〔＝書物〕を価値あるものにするのと同じ特性によって、われわれは他方〔＝会話〕に対して尊重の念を獲得するに違いない。これについては、後で考察することにしよう。さしあたり、一般的には、次のように主張することができよう。すなわち、人が自分の会話から引き出すあらゆる美点（これは間違いなく、極めて重要なものなのだが）の由来先は、その会話が、その場に居合わせている人たちに伝えている快に他ならないのである、と。

こうした見方に従うならば、清潔さもまた、徳と見なすことができる。というのも、清潔であれば、われわれわれは自然と、他の人たちにとって快適な存在となるのであり、それは、愛と愛情のきわめて重要な源泉だからである。誰であれ、次のことを否定する者はいないだろう。すなわち、この〔清潔さという〕点における無頓着は欠点である。そして、欠点とは、程度が低いとしても、悪徳であることに間違いはなく、そしてこの欠点の起源は、それが他の人たちのこころの内に引き起こす不愉快な感覚以外にはないのだから、どれほど些末に思えるとしても、この事例のうちに、他の事例においては徳と悪徳の道徳的区別の起源となるものが見出されているのは明らかである、と。

612 ひとを愛すべきものとし、価値あるものとする諸々の特性〔＝徳〕以外にも、これらと同じ結果を引き起こす、ある種の、何かは知らぬが快適で見栄えのするものが存在する。この場合〔＝それらについて道徳的な評価をする場合〕、ウィットや雄弁について評価する場合と同様、内省を用いずともはたらき、そして諸々の特性や性格の傾向を顧慮することをしない、ある特定の感覚に、われわれは頼らなければならない。幾人かの道徳学者たち〔訳注11〕は、この感覚を用いて、あらゆる徳の感情を説明する。彼らの仮説は、大変もっともらしいものである。〔しかし、〕ひとつの精密な探求をしてみれば、別の仮説〔＝ヒュームの説〕の方が選ばれることになる。〔すなわちヒュームの説によれば、〕ほとんど全ての徳には、そうした〔感覚が把握しない〕特定の傾向がある、ということが見出されている。そしてまた、この傾向は、それ単独でも〔＝快適さを感覚的に把握しなくとも〕、是認の強い感情を引き起こすのに十分であることも、見出されている。そうしたことが見出され

〔訳注11〕シャフツベリ伯やフランシス・ハチスンらのモラル・センス学派が念頭に置かれている。

た暁には、さまざまな諸特性は、それによって生み出される有益さの割合に応じて是認されることになる、ということが疑われることなど、ありえないのである。

年齢、性格、立場に関する特性の相応さ・不相応さもまた、その特性が称賛されたり非難されたりすることの一因となる。この相応さは、大部分が経験に依存している。人々が、歳を重ねるにつれて軽率さをなくしていく、というのはよく見られることである。それゆえ、かくかくの程度の落ち着きと、しかじかの年齢とは、われわれの思考のうちで結びついている。〔そのため、〕誰かある人の性格のうちに、その二つが結びついていないことを見てとると、これによって想像力が、ある意味でねじ曲げられてしまい、不愉快になるのである。

魂にそなわる能力のなかでも特に、人柄にとってもっとも重要度が低く、実にさまざまな程度を許すともに、その程度いかんによって、それほど徳や悪徳となることのないものに、記憶力がある。記憶力が、われわれを驚かせるほど途方もなく良くならない限り、もしくは、ある程度、判断力に影響を及ぼすほどにまで悪くならない限り、記憶力の良し悪しについてなど、気にされないのが普通であるし、その良し悪しを、なんであれ人を称賛したり、非難したりするために述べることも決してない。記憶力が良いからといって、そのことが徳となるわけではない。だから人々は一般に、記憶力の悪さに文句を言うフリをする。つまり人々は、自分たちの言うことが、すべて自身の発明の才の賜物であることを世間に納得させようとしながら、記憶力を捨てて、天分や判断力に対する称賛の方をとるのである。とはいえ、問題を抽象的に考えてみるのならば、過去の諸々の観念を正しく明晰に思い出す能力には、いま思い浮かべている諸々の観念を正し

613

い命題や意見を生み出すような順序で配置する能力と同じ美点があるはずはないとする、その理由を説明するのは困難であろう。その違いの理由が確実に存しているのは、次の点であるに違いない。すなわち、記憶力は、快苦の感覚をまったく伴わずにはたらく。そしてまた、記憶力は、それがそこそこの程度のものであるならば、あらゆる場合に、仕事や事柄において役に立つ度合いは、ほとんど等しい、という点である。しかし、判断力に影響の及ぶ程度がほんのわずかでも変わるのであれば、それはその結果において、はっきりと感じられることになる。これに加えて、判断力は、顕著な程度ではたらく場合はいつでも、尋常ならざる程度の歓びや満足感を必ず伴う。この効用や快に共感することで、知性に美点が付与されるのであり、逆に、そうした共感とは無関係であることによって、われわれは記憶力を、称賛や非難にまったく関係していない能力だと考えてしまうのである。

自然に備わる能力という本節の主題を離れるまえに、次のことを述べておかねばならない。すなわち、自然に備わる能力に伴う尊重と愛情の源泉のひとつは、おそらく、その能力がその所持者にもたらす重要性と重みに由来するのである、と。その能力の所持者は、生活において、より一層重要な存在となる。彼の決断や彼の行為は、彼の仲間たちの大多数に何らかの影響を及ぼす。彼の友情と敵意はともに、重要なものとなる。そして、容易に見てとれることだが、誰であれ、このような仕方で〔＝自然に備わる能力という点で〕他の人たちよりも抜きん出ている人は皆、われわれのうちに、尊重と是認の感情を喚起するに違いないのである。重要なものはいかなるものも、われわれの注意を惹き、われわれの思考を惹き付け、そして満足感とともに熟慮の対象となる。王国の歴史は、家庭内の逸話よりも面白いものである。大帝国の歴史は、小都市や小公国の歴史よりも面白いものである。そして、戦争や革命の歴史は、平穏無事な時代の歴史よりも面白いものである。われわれは、人々の運命それぞれに付随する、さまざまなあらゆる感情の中でも、とりわけ苦しんでいる人々〔の抱く感情〕に共感する。こころは、数がより多い方の対象に支配されるのであり、いま現れている強い情念に支配されるものである。そして、このようにこころが支配され、そして興奮させられることは、通常、快適で楽しいものである。これと同じ理論によって、驚異的な資質や能力を持つ人々に対して払われる尊重の念や敬意についても、説明されることになる。数多くの善いことや悪いことが、そのような〔驚異的な資質や能力を持つ〕人々の行為と結びついている。何であれ彼らが企てようとすることは、すべてが重要であり、われわれの注意をかき立てるのである。彼らに関することで、見落とされ軽視されてよいものなど一つもない。そして、誰かがこうした感情を喚起することができるのなら、その人の人柄に備わる他の事情のために、その人が忌むべき不愉快なものとならない限り、その人は即座に、われわれの尊重の念を獲得するのである。

第五節　自然に備わる能力に関するいくつかの更なる省察

614
情念について論じた際に述べておいたのは、次のことである。すなわち、誇りと卑下、愛と憎しみは、こころ、身体、あるいは財産のもつ何らかの優位性や劣等性によって引き起こされる情念だということであり、また、これらの優位性や劣等性は、それとは別個の快苦の印象を生み出すことによって、そのような効果〔＝間接情念のうちの一つを引き起こす効果〕をもつのだ、ということであった。どのようなものであれ、こころのなんらかのはたらきや特性を、一般的に眺めたり見たりすることによって生じる快・苦こそが、そのこころの徳・悪徳を構成するのであり、そしてこの快・苦が、より微かで気づきにくい愛・憎しみに他ならない是認・否認を生み出すのである。われわれはこれまで、この快と苦の四つの異なる源泉を特定してきたわけだが、その仮説をさらに十分な形で正当なものとするために、ここで、次のように述べておくのがよいだろう。すなわち、身体と財産のもつ優位性や劣等性も、〔こころの場合と〕まったく同じ原理から、快か苦を生み出すのである、と。何らかの対象が、その所持者か他の人たちに有用となる傾向があるということ、およびその所持者か他の人たちに快を伝える傾向があるということ、これらの事情は両方とも、その対象を考察する人に、直接的な快を伝え、その人の愛や是認を引き寄せるのである。

身体に備わる優位性から話をはじめることにしよう。われわれは、〔以下に述べる〕一つの現象を考察しても差し支えないであろう。その現象は、いくらか些末で滑稽に見えるかもしれない。ただし、ここにおける些末で滑稽というのは、哲学的な論究で用いられる重要な結論を補強するような、なんらかの事柄が、些末であるとか、あるいは、滑稽であると言われたりするのならば、そうも見えるかもしれない、という意味である。一般的に言われるように、艶事の手柄で名を挙げるか、その身体の造りゆえに、その種〔=艶事〕の驚異的な精力が期待されるような優秀な床上手とされる人は、女性から好感をもたれるものである。そしてまたそのような人〔=床上手〕は、〔貞節の〕徳を持つゆえに、艶事の才覚を持つ男性に身を委ねることを思いとどまっている女性たちからさえも、愛情を向けられるのが自然である。この場合に明らかなのは、悦楽をもたらすそのような男性の能力こそ、女性たちの間で彼が受ける愛と尊重の本当の源泉だ、ということである。加えて言えば、床上手な男を愛し尊重する女性たちは、自身でその享楽に浸るあてがまったくないのであり、その男と愛を交わす女性に、自分たちが共感することによってしか、何らの影響も受けないのである。この事例は奇妙なものなので、われわれの注意を引く。

身体的な優位性を考察することによって受け取る快のもう一つの源泉は、その優位性を所持する本人にとっての効用である。他の動物と同様、人間の美しさのかなりの部分は、身体の諸部分が、次のように構成されていることにかかっているのは確かである。すなわち、人間や動物の美しさは、その身体の構成に、強靭さと機敏さが伴っていること、およびその被造物が行為したり活動したりすることを可能にすることが、経験を通じて見出されるということにかかっている。〔例えば、〕広い肩幅、引き締まった腹部、がっしりとした関節、細長い脚、これらはすべて、人間種において美しい。なぜならそれらは、力と精力の印だからであって、その優位性に、われわれは自然と共感するからである。言い換えると、それらは、それを見る人

615

に、それらがその所持者に生み出す満足感の一部を〔共感を通して〕伝えるからである。

以上までが、身体的に備わる何らかの性質に伴う効用についての議論である。直接的な快については、以下のことが確かである。すなわち、強靭さや機敏さと同じように、健康であるという雰囲気が、美しさのかなりの部分を作っていること、逆に、他人が病気がちな雰囲気を醸しているならば、それは常に不愉快であるのだが、その理由は、その雰囲気が、われわれに伝える苦と心地悪さの観念のためだからであること、である。他方で、われわれは自分の容姿が奇麗に整っていると、そうであるからといって自分にとって有用であるわけでも他の人たちにとって有用であるわけでもないにもかかわらず、悦ぶものである。そしてまた、容姿が奇麗に整っていることによって自分たちが何らかの満足感に浸るためには、ある程度は自分を、遠目から見る必要がある。われわれはふつう、自分のことを他の人たちの目に映るものとして考える。つまり、われわれはふつう、他の人たちがわれわれに対して抱く、われわれが優位に立っているとする感情(advantageous sentiments)に共感するのである。

財産という優位なものが、〔身体の場合と〕同じ原理から、どれほどの尊重と是認を生み出すのか。これについては、その主題に関してすでに述べた論究を振り返れば満足できるであろう。すでに述べたように、財産という優位なものをもつ人たちに対して抱くわれわれの是認は、三つの異なる原因に帰すことができるだろう。一つ目は、裕福な人が所持している美しい衣服、馬車、庭、あるいは家を眺めることによって、裕福な人が、われわれにもたらすところの直接的な快である。二つ目は、裕福な人の気前のよさや物惜しみのなさによって、彼から〔われわれが〕もらえると期待する利益である。三つ目は、裕福な人自身が、自分の持ち物から獲得する快と利益であり、これがわれわれの胸のうちに心地よさを伴う共感を生み出すのである。裕福な人や偉人に対する自分たちの尊重の念を、これらの原因のどれかひとつに帰すのであれ、あるいはそのすべてに帰すのであれ、われわれは、徳と悪徳の感覚を生み出す諸原理がはたらいた痕跡を、明らかに見ることができるだろう。私の考えでは、ほとんどの人々は、初見では、裕福な人に対する目下の尊重の念を、自己利益に、すなわち〔自分たちにもたらされる〕利益の見込みに帰しがちであろう。しかし、目下の尊重の念、すなわち敬意が、自分たちの利益の見込みを超えて拡張するのは確かなことなのだから、その感情は明らかに、われわれが尊重し尊敬する人〔＝裕福な人〕に頼っている人たち、つまり、その裕福な人と直接的な繋がりのある人たち〔＝身近な人々〕に共感することによって、生じているに違いないのである。われわれは裕福な人を、彼の仲間たちの幸福や享楽に貢献できる人として考えている。そして、裕福な人に関して、彼の仲間たちが抱く感情を、われわれは自然と取り込む〔＝共感する〕のである。さらに、これらの考察は、第三の原理の方を、その他の二つの原理よりも重視する私の仮説を、つまり、裕福な人に対する目下の尊重を、裕福な人自身が自分の所持物から受け取る快や有益さに〔われわれが〕共感することに帰す私の仮説を、正当なものとするのにも役立つことだろう。その理由は以下の通りである。すなわち、いかなる種類のものであれ、他の二つの原理でさえ、共感に頼らないのならば、しかるべき程度にまでそれらがはたらくことは不可能であり、またその現象のすべてを説明することもできない。つまり、遠方の間接的な共感よりも、近いところの直接的な共感を選ぶ方が、はるかに自然なのである。この理由に加えて、以下のことを付けたすことができるだろう。すなわち、富が極めて豊かである場合や権力が極めて強大な場合、そしてそのために、その持ち主が、世間から注目を浴びる重要な存在となる場合、その富や権力に伴う尊重の念の生じる先を、部分的に、これら三つの原理とは異なる別の源泉に帰すことができるだろう、と。その別の源 617
泉とはすなわち、それら富や権力がもたらすものの多さと重要さの見込みによって、それら富や権力がこころに興味・関心をもたせる、という源泉である。このようであるとはいえ、この原理のはたらきを説明するためには、先の節で述べておいた通り、やはり再び、共感に頼らねばならないのである。

この機会に、われわれの感情のしなやかな順応性について、すなわち、感情が、その連接する対象から間髪入れずに受けるいくつかの変化について述べておくことは、不適切なことではないだろう。是認の感情のすべては、それらがなんらかの特定の種類の対象に伴うものである場合、異なる源泉に由来しているにもかかわらず、お互いに極めてよく似ているものである。しかも、他方で、それらの感情は、その向かう対象が異なると、同じ源泉に由来して涌いているとしても、感じの上では異なるのである。例えば、可視的な種類の対象すべてに備わる美しさは、まったく同じ種類の快を引き起こす。だが、その美しさは、その対象の単なる形状や見かけから生じるときもあれば、共感によって、つまりそれらの効用の観念を〔他人から〕受け取ることによって、生じることもある。同様に、われわれが人々の行為や人柄を、それらの個別的な利益をいっさい考慮せずに眺めるときはいつでも、〔いくらかの微細な違いがあるとしても〕その眺めから生じる快苦は、主として、同じ種類のものである。ただし、おそらくその快苦が由来する原因には、大きな差があるのだろうけれども。他方で、住みやすい家と有徳的な人柄〔すなわち、感情のむかう対象の種類が異なる場合〕は、たとえわれわれの是認感情の源泉が同じもの、つまりは共感であり、それらの効用の観念に由来するものであるとしても、それらが、同じ種類の是認の感じを引き起こすということはない。われわれの感じ方が、このように変動することについては、説明するのに困難を極めるものがある。しかし、この変動こそ、自分たちのあらゆる情念や感情に関して、われわれがこれまでに経験してきたものなのである。

第六節　本書の結論

かくして、自分の倫理学説の、以上までの正確な証明について、その全体を見渡しても、欠けているものが何もないと私は信じている。共感というものが、人間本性における極めて強力な原理であるということを、われわれは確認した。そしてまた、われわれが道徳について判断する場合と同様、外的対象を考察する場合にも、共感が美の感覚に対して大きな影響を及ぼすということも確認した。たとえば正義、忠誠、貞操、そして礼儀作法の事例で見たように、共感の持つ力は、他のいかなる原理とも協働せずに、単独ではたらく場合でさえ、是認のもっとも強力な感情をわれわれに与えるほど十分なものであることが分かる。共感がはたらくために必要なすべての事情・要因が、ほとんどの徳に見出される。すなわち、徳はその大部分が、社会の善へ向かう傾向か、徳を所持する個人の善へ向かう傾向を持っていると述べてもよいだろう。もしこれらの事情すべてを比べてみるのなら、共感が道徳的区別の主要な源泉だということに、疑いの余地はないだろう。これは特に、次のことを思い起こす場合にはなおさらである。すなわち、この仮説に反対することが、一事例においてさえ可能であれば、その反論は、すべての事例にまで広がる、ということを思い起こす場合には、なおさらである。〔例えば、〕正義が是認される理由は、間違いなく、正義が公共的な善へ向かう傾向を持つからという理由以外にはない。そして、公共的な善とは、共感によってわれわれがそれに関心を寄せる場合をのぞけば、われわれにとって無関係なものなのであり、われわれ自身にとってはどうでも 618

よいものである。公共的な善へ向かうという似通った傾向を持つ〔が、「正義」ではない〕他のすべての徳に関しても、同じようなことを推定することができるだろう。正義以外のそれら他の徳が、美点を持つという評価を得るのはすべて、それらの徳から何らかの利益を得る人々に対して、〔評価者としての〕われわれが共感するからなのである。同じように、徳が、それを所持する者の利益となる傾向をもつ場合、その徳が、美点を持つという評価を得るのは、その所持者に対するわれわれの共感に基づいているのである。

こころに備わる有用な特性が有徳的であるのは、そうした特性が効用をもつためであるということを、ほとんどの人々は即座に認めることだろう。この考え方は極めて自然なものであり、実に頻繁に思いつくものなので、この考え方を認めることに戸惑うような人は、ほとんど存在しないであろう。同様に、この考え方がひとたび認められれば、必然的に、共感の力も認められるに違いない。徳とは、ある目的に対する手段だと考えられている。目的への手段が、唯一価値あるものとされるのは、その目的が価値あるものとされている場合だけである。しかし、見知らぬ他人の幸福が、〔その他人とは無関係な〕われわれに影響を及ぼすようになるのは、共感のはたらきによる以外にはない。それゆえ、その原理〔＝共感〕こそが、是認の感情の原因なのだとわれわれは考えるべきなのである。この是認の感情は、社会にとって有用であるか、あるいは、その持ち主にとって有用であるような徳を眺めるたびに生じるものである。これらのことが、道徳のもっとも重要な部分を形成しているのである。

仮に、そのような〔＝道徳に関する重要な〕主題において、読者の同意を〔利益で釣るような〕不正な方法で勝ち取ろうとしたり、確固とした論証とはとても呼べない議論を用いたりするのが、〔過去においては〕妥当だったのだとしても、〔そういうことをやめても〕今やわれわれは、ここでもろもろの感情を惹きつける話の種がなくて困る、ということにはならない。徳を愛する者たちは皆〔実際のところはどれほど堕落していようとも、理論上われわれは皆、徳を愛する者なのだが〕、道徳的区別が非常に高貴な、あるひとつの源泉に由来することがわかると、それを聞いて喜ぶに違いない。というのも、この高貴な源泉がわれわれに、自分たちの本性に備わる気前のよさ、および度量の双方についての、正しい考え方を与えることになるのだからである。道徳の感覚が、魂に生来的な原理であり、そして魂の構造の一要素ともなっている、もっとも強力な原理の一つである、ということを了解するためには、人間の事柄に関する、ほんの僅かな知識だけで十分である。しかし、この〔道徳の〕感覚は、次のような場合に、さらなる新たな力を獲得するに違いない。すなわち、道徳の感覚が、自分自身について振り返ることで、道徳感覚自身の由来先である諸原理を是認し、そしてその根源と起源のなかに、他ならぬ偉大で善なるものを見出すような場合には、道徳の感覚は間違いなく、新たな力を獲得するに違いないのである。〔たしかに、〕道徳の感覚を、人間のこころの原初的な本能に還元する人々は、十分な権威でもって、徳の理想〔＝道徳の感覚〕を擁護することができるだろう。だが、そのような人々は、人類との広範囲に及ぶ共感によって、その感覚〔それ自体〕について〔さらに掘り下げて〕説明しようとする人たち〔＝ヒューム〕の側がもつ利点を欠いているのである。後者〔＝ヒューム〕の学説によれば、徳のみが是認されるのではなく、徳の感覚もまた是認されなければならない。さらに、徳の感覚のみならず、その感覚の由来先である諸原理もまた、是認されなければならない。そのため、〔徳、徳の感覚、そして徳の感覚の由来先である諸原理の〕どこを見渡しても、称賛に値する善なるものしか現れないのである。

以上に述べたことを、正義および他の人為的徳にも拡げて言うことができるだろう。正義は、人為的なものではあるけれど、その道徳の感覚は自然的なものである。振る舞いに関するひとつの体系において人々が連携すること、これこそが正義の行為を、社会にとって有益なものとするのである。しかし、いったん正義の行為が有益な傾向を獲得してしまえば、われわれは自然と、それ〔＝正義の行為〕を是認するようになる。逆に、仮にわれわれがそのようにしないのならば、いかなる連携も打算的協調《コンヴェンション》も、そのような感情を生み出すことはできなかったであろう。

人間の発明した物のほとんどは、変化を免れない。それらは思いつきや気まぐれに依存している。それらには一時的な流行があり、いずれは忘れさられることになる。もし仮に、正義が、人間によって発明されたものであることが認められるとするなら、正義もまた、その他の発明品と同じ末路を辿ることになるのではないかと、懸念されるかもしれない。しかし、事態はまったく異なっている。正義が基づいている利益は、想像しうるかぎりで最大のものであり、あらゆる時代や場所にまで広がっている。他のいかなる発明品も、正義の代わりをつとめることは不可能である。正義は、明白なものであり、社会成立のまさに最初の段階において発見されるものである。これらすべての原因が、正義の諸規則を、確固とした不変のものとするのであるし、少なくとも、正義の諸規則を、人間本性と同じくらい不変のものとするのである。加えて言えば、仮に正義の諸規則が、人間の原初的な本能に基づくものなのだとしたら、それらは、それ以上の安定性を果たして獲得し得ただろうか。

ここで論じている〔ヒュームの〕学説は、われわれが徳の尊厳について正しく把握するときだけでなく、幸福について正しく把握しようとするときにも、われわれを助けてくれるだろうし、われわれ人間の本性に備わるあらゆる原理に、そのような崇高な特性を取り込み、そしてそれを大切に育むよう、関心を持たせてくれることだろう。実際に、ある人が、あらゆる種類の知識と能力を追求するにあたって、獲得した知識と能力から直接得られる利益以外に、それらの知識と能力によって、人類の目に映る新たな栄光を自分が獲得するということを、つまり、自分が獲得した知識と能力に、尊敬の念と是認とが普遍的に伴うようになるということを考慮に入れるとき、彼が、自分の胸のうちで、やる気が増すのを感じないことなど、はたしてあるだろうか。そしてまた、次のように考える人がいるとしよう。すなわち、他の人たちと関係している自分の人柄についての評判だけでなく、自分のうちでのこころの平静と内的な満足感もが、社会的な徳を厳格に遵守することに、もっぱら依拠しているというふうに考え、そしてそのために、人類や社会に対して自身の役割を果たし損ねてきたならば、こころは、自分自身の検分に耐えることなど決してできないであろう、というふうに考えるひとがいるとしよう。その場合、そのような人は、財産から得られる何らかの利益が、ほんのわずかであれ社会的な徳に違反すること〔から生じる不利益〕を、十分に埋め合わせてくれるなどと考えるであろうか。しかし、私は、この主題については、なにがしか主張することを控えよう。そのようなことを深く考えるためには、目下のものとは全く異なった特質をもつ、別の著作が必要である。解剖学者は、画家と張り合うべきではない。そしてまた、解剖学者が、人間の身体のより細かな部分を正確に解体し、そして描写するときには、自分の図面に、優雅で魅惑的な、いかなる態度や表現をも与えようとするべきではない。解剖学者のあらわす事物を見てみると、胸が悪くなりさえするようなもの、ないしは、少なくともこまごまとしたものが描かれている。そして、その対象を目や想像力にとって魅惑的なものとするためには、その対象を、描かれているのよりももっと遠くに置く必要があるし、多くのものを目に見えないようにする必要がある。しかしながら、解剖学者は、画家に助言を与えることには、見事なほど適している。そして、解剖学者の力添えがなければ、画家が、その技術において秀でるのは、実行不可能でさえあるのである。われわれは、何らかの優美さや正しさでもって、ものを描くことができる以前に、どこにどんな部位があるのか、それらの状態はどのようなものか、そしてそれらの結びつきとはいかなるものなのかについて、正確な知識を持っていなければならない。かくして、人間本性に関するもっとも抽象的な思弁は、どれほど冷たく、どれほど面白みがないとしても、実践的な道徳にとって、役立つものとなるのである。そして、このような思弁によって、後者の学問は、一層正しい指針を得ることとなり、一層の説得力をもって、〔道徳について〕奨励をすることができるようになるであろう。

解説

成立と刊行、後世への影響

本書『道徳について』（*Of Morals*）は、十八世紀スコットランドの哲学者デイヴィッド・ヒューム（David Hume 1711–1776）の哲学上の主著とされる、三巻だての大著『人間本性論』（*A Treatise of Human Nature*）の最終巻である。『人間本性論』はまず、第一巻『知性について』（*Of the Understanding*）と第二巻『情念について』（*Of the Passions*）が一七三九年一月に出版され、翌年の末に本書が、第一巻『知性について』の「補遺」（Appendix）とともに刊行された。その当時、これらの書は評判が悪く、ヒュームがのちに『自伝』において、これらの書は「輪転機から死産した（dead-born from the Press）」と述べたことは大変有名である。しかしながら、後世になると『人間本性論』は、哲学史上に燦然と輝く古典のひとつとして認められるようになり、その筆者であるヒュームの名は、いまや世界中に響き渡っている。

本書『道徳について』で論じられている内容や概念も、後世の哲学者・倫理学者たちに、多大なる影響を及ぼし続けている。たとえば、ヒュームが、たったの一パラグラフでしか論じていない「存在と当為」の峻別は、現在では「ヒュームの法則」（Hume's Law）と呼ばれるものとなり、これに依拠することでR・M・ヘア（Richard Meryn Hare, 1919–2002）は自身の選好功利主義を展開することになったとも言われる。また、ヒュームが道徳的評価を「道徳感情」に基礎づけるかたちで説明したことは、メタ倫理学という領域において、アルフレッド・エア（Alfred Ayer, 1910–1989）やチャールズ・スティーヴンソン（Charles Stevenson, 1908–1979）らの「情動主義」（emotivism）を展開させたと見ることもできるだろうし、正義論に登場する「打算的協調」（convention）という概念・考え方は、それを「自生的秩序」論として再構成したF・A・V・ハイエク（Friedrich August von Hayek, 1899–1992）へと、受け継がれている。

本解説では、歴史的な見地からみたときの、ヒューム道徳論の説明を、すなわち当時におけるヒューム道徳論の独創性や、それに関係する論争状況、そして、その後に経た推移、および現代における影響と意義などを、『道徳について』の内容を概観しつつ、簡潔に述べることにしたい。

本書の内容、およびそれに関連する近年の研究動向

（1）第一部——理性主義批判と、感情主義の擁護

本書第一部「徳と悪徳一般について」では、まず第一節において、徳と悪徳の間の区別は「理性」によって行なわれるのか、それとも「感情」によって行なわれるのかという問いが立てられる。そして、道徳的な区別、および動機づけにおける「理性主義」が斥けられて、「感情主義」が主張・擁護されることになる。トマス・ホッブズ（Thomas Hobbes, 1588–1679）を画期として、ヒュームの当時、英国では、道徳の主観説と

客観説との間で論争が繰り広げられていた。そのうち、客観説はさらにいくつかの派閥に分かれており、一方では、理性を基礎におく「自然法論」（リチャード・カンバーランド（Richard Cumberland, 1631–1718）、ジョン・ロック（John Locke, 1632–1704））と「客観主義」（ラルフ・カドワース（Ralph Cudworth, 1617–1688）、サミュエル・クラーク（Samuel Clark, 1675–1729）、ウィリアム・ウォラストン（William Wollaston, 1659–1724））が展開され、他方では、感性（感情）を基礎におく「感覚主義」（第三代シャフツベリ伯爵（Anthony Ashley Cooper, 3rd Earl of Shaftesbury, 1671–1713）、フランシス・ハチスン（Francis Hutcheson, 1694–1746））と「感情主義」（アダム・スミス（Adam Smith, 1723–1790））が展開され、ヒュームはこのうち最後の「感情主義」に分類される、というのが一般的な理解であろう。[(1)] こうした背景のもと、本書においてヒュームはまず、「自然法論」や「客観主義」といった、道徳を「理性」に基礎づける立場に対して、批判的論証を展開する。それは、次の二点についての考察を経ることによって行なわれる。すなわち、第一に、道徳とは実践に関わるもの（＝行為の動機づけと関連するもの）だが、理性単独では、行為の動機づけの役割を果たすことができないという点。第二に、理性の役割とは、数学の計算のような論証的推論と、因果推論のような蓋然的推論の二つであるが、どちらの役割によっても、道徳的善悪の区別をすることはできないという点。以上の二つである。

　理性主義を斥ける議論の一点目、すなわち、理性と行為の動機づけの関係についての詳しい議論は、本書ではなく、むしろ『人間本性論』第二巻『情念について』第三部第三節において行なわれている。そして、

（1）柘植尚則［2009］pp. 85–86

そこでの議論は、現代では、メタ倫理学（meta-ethics）と呼ばれる領域で触れられることが多い。すなわち、行為を「信念」（belief）と「欲求」（desire）の二項で説明し、かつ信念と欲求を明確に区別する立場は、行為の説明についての「ヒューム主義モデル」と呼ばれ、そのモデルの妥当性について、現在も議論が数多く交わされている。[2] その際の論点は、たとえばヒュームにおける「信念」と「欲求」の関係とは、いったいどのようなものなのか、ヒュームは道徳的な行為の動機づけに関して、どのような理論を考えているのか、つまりメタ倫理学に引きつけてヒュームを論じるならば、ヒュームは判断の動機づけについて「内在主義」を採用しているのか、それとも「外在主義」を採用しているのか、[3] などである。

とはいえ、それらの考察も、一筋縄でうまくいくものではない。というのも、メタ倫理学における「信念」と「欲求」という単純な枠組みに、ヒュームの人間心理に関する分析はそもそもおさまらないからである。[4] そのため、そうした問いに答えるためには、ヒュームにおける道徳的区別の仕組みはそもそもどのようなものなのか、その区別に関わる道徳感情には、動機づけの力はあるのか、道徳感情の正体は、『情念について』の議論を踏まえると、どのような情念として説明できるのか、[5] 道徳感情と、通常人間を動機づける情念である「欲求・嫌悪」との関係はどのようなものか、さらにはそこに、ヒュームが自説の独創性のひとつと主張する「共感」はどのように関与するのかなど、様々な観点からの複合的な検討が必要となるだろう。

このように、現代のメタ倫理学における最も熱い戦場のひとつを提供することにもなった本書第一部第一節は、最終の二七段落において、こちらもまた現代のメタ倫理学に影響を与えたと言われることのある「存在と当為の峻別」に関する議論が登場することとなる。この議論は、ヒュームの当時、それほど注目されることはなかったものの、現代に至り、G・E・ムーア（George Edward Moore, 1873–1958）の「自然主義的誤謬」（Naturalistic Fallacy）と同じようなものとして、しばしば紹介されがちである。しかし、この理解は誤解である。[6] たとえば、ウィリアム・フランケナによると、ヒュームの「存在と当為の峻別」とは、例えば次のような論証の不当さを指摘したものである。[7]

(a) 快楽はすべての人によって求められる。

(c) したがって、快楽は善い（＝求められるべきである）。

（2） メタ倫理学における「ヒューム主義」、およびそれをめぐる論争状況については、佐藤岳詩［2017］pp. 263–277を参照されたい。

（3） 「内在主義」と「外在主義」の厳密な規定については、伊勢田哲治［2008］pp. 35–36を参照されたい。

（4） 奥田太郎［2004］p. 26

（5） 道徳感情の正体については、神野慧一郎［1996］が、道徳感情の中核的必要条件は「間接情念」である、と論じたことを受けて、国内では「道徳感情＝間接情念」説を唱える研究が多いように見える（e.g., 林［2015］）。ただし、道徳感情を間接情念と直接イコールで結びつけてよいのか、それ以外の可能性もあるのか、については、今後検討していく必要があるだろう。

（6） 国内外問わず、この二つは混同されがちである（混同の一例としてRussell［2013/2015］p. 14/24頁を参照）。しかしこの二つは、厳密にはまったく異なる議論である（Cf. 児玉聡［2018］p. 301）。

（7） Cf. Frankena［1939］pp. 466–469

この論証では、「である」で述べられている事柄を根拠として、それになんの説明も付け加えずに「べきである」という結論が引き出されており、それは「演繹的論証」としては不当である。とはいえ、たとえばJ・S・ミル（John Stuart Mill, 1806–1873）のような自然主義者は、(a)と(c)の間にもう一つ別の前提を入れることで、ヒュームの指摘を回避しようとするかもしれない。

(a) 快楽はすべての人によって求められる。
(b) すべての人によって求められるものは善い。［定義］
(c) したがって、快楽は善い（＝求められるべきである）。

かくして、ヒュームの指摘は、もう一つの前提(b)を入れることによって回避することが可能となるかもしれない。これに対して、ムーアが問題視しているのは、その前提(b)それ自体の正しさである。すなわち、快楽がすべての人に求められるものだとしても、だからといって、快楽は善いのかということを、ムーアは問題視しているのである。かくして、ヒュームの指摘は推論の妥当性に関わるものであるのに対し、ムーアの指摘は価値語の定義に関わるものなのであり、これら二つを混同してはならない。

さて、このように、「ヒュームの法則」は、メタ倫理学上の議論だけでなく、通常の規範倫理学や応用倫理学を論じる際にも、しばしば言及されており、その影響力の大きさは測り知れないとも言えるだろう。ただし、ヒューム研究としては、逆に、この「法則」とヒュームの道徳論それ自体との関係が、問題視されることもある。すなわち、古くはアラスデア・マッキンタイア（Alasdair MacIntyre, 1929–）が、ヒューム自身、この「ヒュームの法則」違反を犯していると、指摘したのである。[8] 果たして、マッキンタイアの指摘は妥当なものであり、ヒュームは自身の打ち立てた法則に、自身で違反しているのか。それとも、ヒュームの道徳論は、そのような違反を犯していないのか。この論点については、ヒュームの道徳論をどのような性質のものとして捉えるのか（規範理論なのか、記述理論なのか、それともそれら二つのどちらかに分類することがそもそも適切なのかどうか）ということとも関係しており、今後も検討が必要となろう。

さて、このように、理性主義を批判した上で、ヒュームは次の第二節に進み、そこで自身の「感情主義」について、次のように説明を加える。すなわち、徳とは快によって識別され、悪徳とは苦によって識別される。そして、徳と悪徳とを区別するこの快苦は、何らかの行為・感情・性格を単に眺めたり、じっと見据えたりすることによって、われわれにもたらされるものなのである、と。

このような決着を与えることで、残された問題は、次のものだけとなる。すなわち、「なぜ、何らかの行為・感情・性格は、それを一般的に眺める・見据えるだけで、ある特定の満足感・不快感を生むのか」である。しかしながら、この問題に対する解答が、すぐに与えられることはなく、われわれがその解答を目にするためには、本書の第三部をまつ必要がある。この解答が留保される一方で、引続く第二部では、徳を大き

（8） MacIntyre ［1959/2014］ 最近では、一ノ瀬正樹が、「ヒュームのスキャンダル」の一つとして、自由意志論に関係付けながら、マッキンタイアと同方向の批判を展開している。（一ノ瀬 ［2011］）

く二つに分けたうちの「人為的徳」について、議論が展開されていく。

(2) 第三部人為的徳論——正義論

第三部第一節では、徳は二種類に分けられる、ということが冒頭で述べられる。すなわち、①われわれ人間に自然本性的に備わっている徳(自然的徳)と、②人類が直面する事情、および人類に不可欠なものに由来する人為や考案によって、快や是認を評価者に抱かせるがゆえに、「徳」として認められるようになるもの(人為的徳)、以上の二つである。二種類の徳の見分け方は、次の通りである。すなわち、「なんらかの行為を、称賛に値する美しいものとする最も重要な有徳な動機」が〝ある〟か〝ない〟か、である。そのような原初的な動機が本性上、われわれ人間に備わっているものが「自然的徳」であり、それが備わっておらず、人為的なプロセスの介在を必要とするものが「人為的徳」である。

ところで、「徳」(virtue)とは、そもそも何なのか。一般に「徳」とは、「人間が持つべき優れた性格のこと」だと言われ、ヒュームにおいても、この捉え方が、概ね採用されているように思われる。実際にヒュームは、有徳的・悪徳的と評価されるものとして、「行為」「感情」「動機」「特性」「性格」などをあげており(例えば本書32頁、42頁を参照。)、その中でも根本的なものが「性格」だとされる。すなわち、なんらかの行為・動機・感情・特性が「有徳的」「悪徳的」と評価されるためには、それらは、それらを生み出したところの人物の「性格」と結びついていなければならない(本書200-201頁)。

以上のような、道徳的評価における「性格」、および「性格と結びついた持続的原理(＝動機・感情・特性)」

の基底性が前提された上で、ヒュームは、「正義」（justice）が、「人為的徳」の一つであると主張する。そして、第二部の前半では基本的に、この「正義」の徳が、どのような経緯でもって生み出されてきたのかが、また、それがどのようにして道徳的な是認の評価を受けるようになるのかが、詳しく説明されることになる。

まずヒュームは、人間一般に当てはまる話として、「いかなる行為も、その道徳の感覚（ここでは「義務感」の意）とは別に、それを生み出す何らかの動機が人間本性のうちにないのであれば、有徳的であるとか道徳的に善いということはありえない」ということを根本原理とし、その上で、「正義」についての考察を開始する。

「正義」とは、基本的に、われわれ人間の「所有（物）」に関係する徳であり、それなしでは、われわれ人間の社会は維持されえない。この「正義」に関係する代表的な法は、次の三つ、すなわち①所持の安定に関する法、②同意による所持物の移譲に関する法、そして③約束の履行に関する法、である。これらのうち、一つ目の「所持の安定に関する法」がどのように人々の間で形成されていったのか、そしてその法に従うことが、どのようにして徳となりうるのかを、ヒュームは次のように論証する。

ヒュームは第一に、「正義」の一例として、他人から借りたお金を返済するという行為を取り上げて、その行為をする際の理由や動機の正体について検討する。まずは、当該の動機の候補として、「公共的な利益に対する顧慮・評価」、および「私的な善意」が検討されるものの、しかしその双方が「正義」の行為を導く原初的な動機ではないとして斥けられ、最終的に次のような結論が下される。すなわち、「正義と不正義の感覚は自然に由来するものではなく、教育と、そして人間の打算的協調《コンヴェンション》から、必然的にではあるが、人為的に生じるものである」と。ヒュームによると、「打算的協調《コンヴェンション》」とは、関係する人々の間で抱かれるようになる「共通する利益の一般的感覚」、あるいは「その感覚が人々の間に獲得されていくこと」を意味する。

かくして、この感覚に誘われた人々は、試行錯誤を繰り返しながら、自らの振る舞いを、特定の規則によって規制するようになるという。人間本性には、「正義」の行為を生み出す動機が原初的には備わっていない。そのため、人為的な・知性的反省をすることによる考案や試行錯誤を経なければ、人々は「打算的協調《コンヴェンション》」を始めることはなかった。こうした事情が、「正義」を「人為的徳」と呼ぶゆえんである。そして、徳を、このように「自然的なもの」と「人為的なもの」とに区別するところが、「正義」を徳の一つとして数えながらも、それをその他の徳と同じ次元で語る、古代・中世の哲学者（さらには、それを受け継ぐ現代の徳倫理学）とは一線を画す、ヒュームに独創的・特徴的な点であると言えるだろう。

（3）第二部人為的徳論——社会契約論批判

本書第二部第二節に入って以降、ヒュームは、正義が形成される経緯を社会発生論的な観点から描き出すことで、自身が主張する「打算的協調《コンヴェンション》」論の妥当性を補強しつつ、他方で、ホッブズやロックらの「社会契約論」に対する批判を展開する。その批判の要諦をまとめると、次の二つになるだろう。すなわち、①契約論が議論の前提とする「自然状態」は、歴史的事実として見たときに実在しないものだとする「歴史的批判」と、②統治への服従義務を説明するのに契約や約束（同意）は余計なものだとする「規範的批判」との

二つである。(9)

前者については、まさに歴史的事実に訴える形で、あるいは人類学的な考察をすることで、「人間たちが、社会というものに先立つ粗野な条件・状態の下に、ほんの僅かな時間でさえとどまることはまったくもって不可能なのであり、むしろ、人間のまさに最初の状態・状況とは、まさしく社会状態と見なされうるのだ」と結論される。

後者についても、歴史的事実に訴えながらも、しかし基本線としてはヒューム自身の主張である「打算的協調《コンヴェンション》」の議論を適用する形で、統治機構に対する忠誠の源泉が「自由で平等な人々の自発的な同意・約束」にはない、ということが論じられる。「約束」も「統治機構」も、ともに同じような経緯で作り出されただけでなく、「約束」に従う責務も「統治機構」に忠誠をつくす責務も、両方とも、その根拠にあるもの（＝最初の動機づけを担うもの）は「打算的協調《コンヴェンション》」である。そのため、社会契約論のように、統治機構に対する忠誠の源泉を、人々の同意や約束に求めるのは、無駄であり余計な議論なのである。

かくしてヒュームは、当時流行しており、そしてウィッグ党の信条にもなっていた社会契約論を、その冷徹な事実認識でもって斥ける。(10) そして、ヒュームによるこの契約論批判は、現代においても継承されている。というのも、現代の契約論者（たとえばジョン・ロールズ、John Lawls（1921–2002））は、はなから自然状態も（原始）契約も現実には存在しない虚構だということを認めた上で、仮説的な契約論を展開することが多

（9）「歴史的批判」「規範的批判」という言葉遣いは、小城拓理［2017］を参考にした。

いが、その念頭にはヒュームの批判が置かれていると考えられるからである。その意味で、ヒュームによる社会契約論批判は、現代政治哲学における議論の一部に、依然として大きな影響を及ぼし続けていると言えるだろう。

（4）第三部自然的徳論——共感と一般的観点、そして、徳の四源泉

本書第三部では、「自然的徳」について論じられる。そして、この第三部に入ってようやく、すでに「人為的徳」論においてもちらほら登場していた「共感」の役割が、その冒頭にて説明されることになる。

まず、本書第一部での主張、つまり、特有の快苦の感情に依拠して道徳的区別がなされることについて確認した上で、徳・悪徳の識別をするにあたっては、次の制限がかけられる。すなわち、「道徳の起源について探求を進めるときには、何らかの一回限りの行為を考察するべきではなく、その行為を生み出した特性ないし性格のみを考察するべきなのである」と。この主張は、近世以降、現代に至るまで、長きにわたって（規範）倫理学の領域を席巻してきた「帰結主義（その代表としての功利主義）」と「義務論」という二大派閥に対して、第三の途として（それらに比肩するものとして）、近年興隆を見せている「徳倫理学」という立場が、批判・指摘したことにも通じる。

さて、ここで、第一部の最後で留保されていた問いを思い出そう。すなわち、「なぜ、何らかの行為・感情・性格は、それを一般的に眺める・見据えるだけで、ある特定の満足感・不快感を生むのか」。この段階に至ってようやく、ヒュームは、この問いに対する答えを与える。そしてそれは、「共感」についての説明

を通じて、与えられることになる。

ヒュームにおいて「共感」は、因果推論の一形態として説明される。観察者は、他人の声や身振りを、その他人が抱いていた情念の「結果」として捉えた上で、その「原因」としての情念を、因果推論によって観察者自身の胸中に再現する。これが、ヒュームにおける「共感」の説明であり、「共感」によって、観察者としてのわれわれは、道徳的区別をする際の道徳感情を、次のように獲得する。まず、ある行為者が、その性格と結びついた特性から何らかの行為を生み出すとする。このとき、その行為が有益なもの・有害なものである場合、その行為の影響を受ける他人は、その行為者に対して満足感・不快感を覚える。さて、このとき問題となっていたのは、その行為が、当該の行為者とは直接関係のない観察者に満足感や不快感を抱かせる理由であった。ヒュームによれば、その理由は、当該の行為の影響を受ける人たちの抱く満足感・不快感を、観察者（＝道徳の評価者・判定者）が「共感」によって獲得するからである。これが、「一般的な（道徳の評価者が、問題となっている行為者と直接関係がない場合の）道徳的区別」のあらましであり、第一部で留保されていた問いに対する答えとなる。

かくしてヒュームは「共感」を、道徳的区別の主要な源泉として位置づける。「主要な」とされる理由

(10) こうしたヒュームによる批判によって、例えばロックの社会契約論は、闇に葬られることになったとされることもある。他方で、近年、ヒュームのロック批判に対して、それが的外れであるとしてロック倫理学を現代に再生させることを目指す研究もある。詳しくは、小城拓理［2017］を参照せよ。

は、「共感」は、すべての人為的徳の源泉であり、ほとんどの自然的徳の源泉でもあるのだが、自然的徳の一部には、共感を介さずとも評価者が道徳感情を抱く場合があるからである。

ところで、このように、「共感」を道徳的区別の源泉に位置付けることに対しては、反論が二つ想定されている。一つ目の反論は、共感の「変動する性質・傾向」に関連するものである。一般的には、道徳的区別とは変動しないもの・変動してはならないものとされる。しかし、共感は、それをはたらかせる観察者と評価対象との距離や関係性に応じて、変動してしまう。そのために、変動しがちな共感を、変動しない道徳的区別の源泉とすることには問題があるというのである。

とはいえ、ヒュームは、「共感の対象としてふさわしいのは誰であるのか」ということが、観察者のうちで定められることになるので、共感を道徳的区別の源泉とすることには何の問題もないとして、この反論を一蹴する。われわれは、共感を変動させないようにするために、「一般的観点」を定めて、行為者の道徳的評価を下すときにはいつでも、その観点に立つ。ヒュームが説明する「一般的観点」とは、いわば神の視座のような、普遍的・抽象的な観点ではなく、個別具体的で経験的な観点であると言える。というのも、それは、評価対象となる行為者と実際に交流・交際をしている人たちの観点、ひとことで「身近な人々（narrow circle）」（この中には行為者本人が含まれる場合もある）の観点として説明されるからである。われわれが、誰かの性格について話をしたり、誰かの行為に対して道徳的評価を下したりする場合には、そしてその話や評価を一致させようとするならば、つねにこの「一般的観点」に立つことになる。

二つ目の反論は、次のとおりである。ヒュームにおける共感は、ある種の因果推論に他ならず、実際に生じた何らかの「結果」（行為、あるいはその行為の及ぼす影響）から、それを引き起こした「原因」（行為を引き起こす感情や特性、そして性格）を導き出すというものである。そのため、仮に、ある人に有徳的な特性が備わっていて、しかし何らかの事情のために、その特性を発揮することができない場合、結果としての行為（あるいはその影響）は生み出されないので、共感によって、その原因である特性や性格を推論することができなくなる。この場合には、問題となっている人物の性格について話しをする・評価を下すことは不可能となる。しかしながら、実際のところ、われわれはたとえ結果がでなくても、当該の人物の性格について話をし、評価を下すのだから、「共感」を道徳的評価の主要な源泉とするヒュームの説は、まちがっている。これが二つ目の反論である。

この反論に対して、ヒュームは、「想像力」のはたらきに訴えて応答する。想像力は、その対象が実在しているかどうかにかかわらず、対象に、一定の蓋然性が認められる場合には常に掻き立てられる・その蓋然性の影響を常に受ける、という性質をもっている。そのため、評価対象となる「性格」がそれ自体で完璧であれば、別の言い方をすると、これまでの経験と観察から、観察者の胸中に、当該の行為者の性格を判定するための蓋然的なもの（これをヒュームは「一般的規則」と呼ぶ）が、十分な仕方で形成されている場合には、たとえその行為者が、何らかの事情で実際に行為を生み出さなくとも、想像力は容易に因果の結びつきをたどり、その行為者の性格特性が実際に発揮された場合と同じように、観察者に、その行為者を評価するための感情を抱かせるのである。

ヒュームがこのように、二つ目の反論への検討を通じて、自身の理論に説明を加える理由のひとつには、われわれ人間は運に翻弄されがちだということへの考慮があると考えられる。ひとは、どれほど善良な心をもっていようとも、運が悪ければ、あるいは機会に恵まれなければ、それを発揮することはできないことがある。しかしながら、これまでの、そのひとの善良な・有徳的な振る舞いを観察者は振り返り、たとえ今回に限っては結果がでなかったとしても、そのひとの善良な心を、その有徳的な特性を、称賛するのである。こうした説明を見ても、ヒュームにおける道徳的評価の焦点は、行為者の「行為」にではなく、その「性格・人柄」に当てられているのであり、道徳について考える上での性格の基底性が、形を変えつつ、随所随所で主張されていることがわかるだろう。

こうして、自説に対して想定される反論に応答し終えたヒュームは、「徳の四つの源泉」というものを提示する。これは、どのような性格特性が「徳」として認められるのかを示すもの、一言で「徳の規準」である。ヒュームにおいて、何らかの性格特性が「徳」と認められるためには、その特性が、①他の人たちにとっての有用性、②その特性を持つ当人自身にとっての有用性、③他の人たちにとっての快適性、そして④その特性を持つ当人自身にとっての快適性、以上の四つの性質のうち、少なくとも一つを備えている必要がある、とされる。

（5）ヒューム道徳論の現代的意義

以上までに、ヒューム道徳論の概要を確認した。最後に、ヒュームが繰り返し、その独創性を強調する彼の「共感」論について、その意義を、歴史的な視点から確認することにしよう。

まず、ヒュームの生きた十八世紀には、道徳的評価および道徳的な行為の動機づけに関して、「理性主義」と「感情主義」との間で、活発な議論が繰り広げられていた。その対立構図においてヒュームは、当然ながら後者の陣営に属することになる。しかし、「道徳の感覚（モラル・センス）」というものを、ある種の「直観能力」（シャフツベリ）や、五感に似た「（第六感的な）感覚能力」（ハチスン）と考える、つまり、ある意味で「謎めいた・神秘的なもの」にする、ということをしなかったところが、ヒュームに特異な点だと言えるだろう。たしかにヒュームは、「道徳の感覚（sense of morals）」という言葉を使い、それを「魂に生来的な原理」とはしているが、その意味はというと、道徳的な区別は快苦の感情に求められる、ということに過ぎない。そして、道徳的評価の実質的な説明は、「共感」という、人間の想像力が関与する仕組みを提示することを通じて与えられているので、いわば「道徳の脱神秘化」「道徳の世俗化」が徹底されていると言えるのかもしれない。

これに加えて、ヒュームの道徳論の独創性は、同時代に、こちらもヒュームと同じく「共感」を道徳的評価の基盤に位置づけたアダム・スミスと対比することによっても、なお一層、次のように明らかになるように思われる。[11]

先述の通り、ヒュームは、共感の変動を修正するために「一般的観点」を提示しているが、本解説ではこの観点を、個別具体的で経験的な観点として説明した。他方で、スミスは、ヒュームと同様、「共感」から

（11）　なお、ヒュームとスミスの共感論の異同については、それを詳細に考察した島内［2002］が有益である。

出発し、そしてその変動を修正するための装置として「公平な観察者（impartial spectator）」を提示する。一見、二人の共感論の構造は、ほぼ同じもののように映るかもしれない。しかしながら、この「公平な観察者」は、最終的には「胸中の半神」であるとか「神の代理人」と、その呼び名を変えることからも窺い知れる通り、普遍的で理想的な観点として描かれているように見えるのであり、ヒュームの一般的観点とは、その性質がまったく異なっていると言えるだろう。この点に関連して、さらに別の視点から二人の共感論の違いを指摘するならば、次のようになるだろう。すなわち、ヒュームが、個別具体的で経験的な観点として「一般的観点」を描いていることは、ヒュームが道徳・倫理を、個々別々のあり方がありうる、いわば多元的なものとして捉えていることを示唆しているように思われる[12]。その一方で、スミスが、普遍的で理想的な観点として「公平な観察者」を描いていることは、スミスが道徳・倫理を、あるべき・理想的な・一意に収斂する、ひとことで一元的なものとして捉えていることを示唆していると見ることもできるだろう。そうすると、近年、規範倫理学の領域において、「感情主義」の陣営の中でも、とりわけヒュームの道徳論への注目度が高いように見える理由は[13]、多元的な価値観をよしとする、あるいは価値観の多様性・多元性を守ろうとする現代的な潮流に、ヒュームの道徳論は合致するところが多いからだと推測される。

このように、ヒュームの道徳論に対する注目度は、近年ますます高まっている。とはいえ、科学技術・IT技術・医療技術などが目覚ましい発展を見せ、その影響を受けて日々さまざまな変化・変革が生じているこの現代において、ヒュームの思想・概念・アイデアはどこまで通用するものなのか。現代におけるヒューム道徳論の持つ意義、そしてその有効性については、その検討を、読者諸氏に委ねることにしたい。

（付記）本書は、JSPS科研費18K12196の助成による研究成果の一部である。

林　誓雄

（12）クリスティーン・スワントンは、ヒュームの道徳論を多元的なものとして理解する解釈を打ち出している。（Swanton［2015］）

（13）e.g., Slote［2010］, Swanton［2015］

参考文献

・Frankena, W. K.,［1939］"The Naturalistic Fallacy", in *Mind*, Vol. 48, No. 192, pp. 464–477

・Hardin, R.［2007］*David Hume: Moral & Political Theorist*, Oxford U. P.

・林 誓雄［2015］『襤褸を纏った徳：ヒューム 社交と時間の倫理学』京都大学学術出版会

・伊勢田哲治［2008］『動物からの倫理学入門』名古屋大学出版会

・一ノ瀬正樹［2011］「ヒューム自由論の三つのスキャンダル」『思想 二〇一一年 第一一号 デイヴィッド・ヒューム生誕三〇〇年』岩波書店、所収、pp. 334–355

・神野慧一郎［1996］『モラル・サイエンスの形成』名古屋大学出版会

・児玉聡［2018］「訳者解説」、スコット・ジェイムズ『進化倫理学入門』名古屋大学出版会、所収、pp. 297–306

・小城拓理［2017］『ロック倫理学の再生』晃洋書房

・MacIntyre, A. C.［1959］'Hume on "Is" and "ought"', in *The Philosophical Review*, No. 68, pp. 451–468.（邦訳：アラスデア・マッキンタイア「ヒュームのIsとOught」竹中久留美 訳『国際哲学研究』第3号、東洋大学、pp. 165–174、二〇一四年）

・奥田太郎［2004］「マイケル・スミスのヒューム主義とヒューム道徳哲学の比較検討の試み」『実践哲学研

究』第27号、京都大学倫理学研究室、所収、pp. 1–28
・Russell, D.［2013］“Virtue ethics, happiness, and the good life”, in *The Cambridge Companion to Virtue Ethics*, ed. by Rusell, D., Cambrige U. P., pp. 7–28（邦訳：ダニエル・ラッセル「徳倫理学・幸福・善き生」相澤康隆訳、『ケンブリッジ・コンパニオン　徳倫理学』立花幸司 監訳、二〇一五年、春秋社、所収）
・佐藤岳詩［2017］『メタ倫理学入門』勁草書房
・島内明文［2002］「ヒュームとスミスの共感論」『実践哲学研究』第25号、京都大学倫理学研究室、pp. 1–26
・Slote, M.［2010］*Moral Sentimentalism*, Oxford U. P.
・Swanton, C.［2015］*The Virtue Ethics of Hume & Nietzsche*, Wiley Blackwell
・柘植尚則［2009］『イギリスのモラリストたち』研究社

あとがき

　ヒュームの『人間本性論』の翻訳を田中秀夫教授から依頼されたのは、今から三年ほど前のことである。この書には、すでに二通りの翻訳がある。しかし、田中教授の御意向は、人々がヒュームの『人間本性論』を、もっと廉価に手に入れられるようにしたいということであったので、私はこの仕事を受けることにした。

　『人間本性論』は三巻からなっているが、その後、私の視力の具合を考慮して、私は、林君と「道徳について」を共訳するだけにしていただいた。「解説」と訳注は林君が書いてくれた。翻訳は、まず林君が全体を訳し、それに二人がかりで検討を加えて出来上がったものである。なお、他の巻は別の方々がなさるはずである。

　歴史的に見て、ヒュームほど誤解された哲学者は少ない。『人間本性論』は、まずリードやビーティによって懐疑論とみなされ、一九世紀にはT・H・グリーンによって、観念説の帰結は懐疑論であることを示した議論であると、的外れの評定をされた。二〇世紀には、科学の興隆に伴い、経験論が哲学の主流となり、ヒュームの議論は注目を浴びるようになったが、これもヒュームにとって必ずしも幸いではなかった。二〇世紀のその流れにはヒュームの議論を現象論の先駆であると見なす傾向があったため、ヒュームの哲学は、また別の誤解を受けたからである。またこの時期の経験論は関心を主として知識論に向けたため、ヒュームへの関心も主としてその方向に向かい、情念論を扱った著作は、一九八〇年代でも国内は言うに及ばず、国外を見てもアーダルのもの以外はほとんど存在せず、また道徳論は単なるエモーティヴィズムと見なされがちであった。

二〇世紀の初頭、ケンプ・スミスはヒュームを自然主義的な立場に立つものという解釈を出したが、これはその当時の経験論の強い影響の所為か、長い間ヒューム解釈の主流とはならなかった。私がヒュームを読み始めた二〇世紀中ごろでも、彼が懐疑論者か、それとも一種の自然主義に立つ哲学者なのか、研究者たちの議論は定まっていなかった。現在ではもちろん、懐疑主義が彼の究極的な主張であるとする人はほとんどいない。ヒュームは人間の知性が懐疑論に陥ることを示したが、学問が成立しないとは主張していない。それどころか彼は、人間本性についての学を形成する方法として、そこに「実験的な推論法」を導入することを提唱している。

けれどもヒュームの議論は極めて画期的であり、しかも多面的であったので、誤解の種を多く含んでいた。例えば彼は、抽象による一般観念の形成という考えを退けた。これはしかし、彼が一般命題を斥けたというふうに誤解されたようである。一般命題を斥けることは、科学の命題の存立を斥けることになるであろう。しかし、抽象による一般観念を斥けることは、命題の一般化を斥けることと同じではない。それどころか、彼は例えば因果性についての議論において、「一般的規則」なるものを呈出している。これは経験に「一般性」を与えるための必要条件を述べたものである。また彼は、因果関係が必然性を持つことを否定したことで知られているが、それは因果的法則を無用と見たということではない。彼にとって因果関係は、事実推論の根幹である。彼が否定したのは、事実問題について我々が確実な知識を持ちうるという可能性である。確実性を持ちうる知識は、観念の一致不一致で決まる命題、つまり論理や数学の知識を除いてはありえないというのが彼の主張である。これは知識を論証的知識と見る古来の伝統的理念を排して、人間の知識を蓋然的なものにまで広げた彼の知識概念ないし真理概念の革命の所産であり、おそらく彼に対する誤解の究極の原因である。

彼の哲学は画期的であるが、彼の思考を導いた先行議論は存在していたと私は考えている。その先達の一人はホッブズである。しかしホッブズは、学問の在り方についての考えを、ルネサンス末期のパドヴァにおける科学方法論から得たのではなかろうか。そしてそれは元はと言えば、アリストテレスからだということになる。

パドヴァにおける方法論の伝統形成者はピエトロ・ダバーノ（Pietro d'Abano, 一四世紀）とされている（J. H. Randall, *The Career of Philosophy*, 1962, p. 284）ようであるが、その考えは凡そ次のことである：あることを理解する道は、①それを実際において、または考えの上で、分解して、その諸部分の性質を確かめることであり、そして②それ（分解された諸部分）を集め直して元に戻す――つまり、分解して再構成することにあるという考えである。ここにある「分解」「構成」をもっと近代的な表現で言えば、「分析」「綜合」である。この議論とホッブズの『物体論』第一部第一章二節における「知る」「理解する」の定義とを比較してみると近似は明白である。そして、このダバーノの考えは、アリストテレスの『自然学』の冒頭に見られる考えを背景にしている。もちろん、ダバーノ以後、十六世紀にホッブズがパドアの科学方法論に触れるまでに、大きく進展した。分析によって進展する原因の探求は、結局、推察、推測に基づくものであり、得られるものは、畢竟、仮説に過ぎないのである。分析は真理探究の道具であるかもしれないが、真理を保証するものではなく、仮説は常にテストにかけられねばならない。この知見は、現代の科学がよく認識しているところである。

この知見をヒュームに関係づけて言えば、彼が、単なる経験ないし観察と、いくらかの吟味を加えられた経験（彼の言葉では実験 experiment）とを、区別しているのは、こうした知見の反映ではないかと思われる。経験されたものは、経験であるが、それは必ずしも実験的事実ではない。精神的現象を含めて、自然現象に一般性を与えるということは、そういう事柄の核心を捉えることであり、そうした現象の単純化でもある。なぜなら、それは個別的な諸現象の持つ余計なものを除去し、それら現象の真に共通に持つものを取り出すという試みであろうからである。懐疑論者としてのヒュームは、経験とか観察とか言われているものも、それがまことに経験として信ずるに値するかどうか判定するためには、いくらかの吟味が必要であると考えていたのではなかろうか。例えば彼が、『人間本性論』における因果性についての議論のところで述べている「一般的規則」の議論はそういう彼の考えを示しているのではなかろうか（拙論「ヒュームにおける『実験的』という概念」参照。近刊）。

他方、ホッブズは上記著書をデヴォンシャー伯に捧げた際、その献辞において、「自然哲学はまだ若い。

しかし市民社会の哲学は、自分の『市民論（*De Cive*）』よりも古くないのだから、もっと若い」と、自分が社会科学を目指していることを宣言しており、そして『リヴァイアサン』では、社会を人間にまで分解するだけでなく、「リヴァイアサン」を構築することによって自分の方法論を実践している。ホッブズがパドヴァの方法論を知っていたと考えることは、彼がガリレオを訪ねていることからも、また彼がパドヴァの卒業生であるW・ハーヴェイと知己であったことからも無理ではないであろう。もちろん、これらの人が接したパドアの方法論はダバーノのものでなくザバレラらのそれであろう。

私は、ヒュームがこの分析・綜合の手法をホッブズから学んだと推測している。なぜなら、ヒュームは、人間本性の分析を第一巻と第二巻で行い、その分析に基づき第三巻で人間の行動、ないしは作りなした制度（道徳）などの理論的構築（成立の可能性の提示）を行ったというふうに見うるからである。これはヒュームを近代的社会学の創設者であるホッブズに続き、さらに一歩進めた思想家と見る、ということでもある。

今日ヒューム研究は盛んである。しかし、ヒュームの立場を解明し弁明しただけでヒューム研究の仕事が終わるわけではない。我々は彼の議論が、いかように現実を説明しえているか、また成し遂げうるかを見なくてはならない。そういう研究のためにこの翻訳がすこしでもお役にたてば幸せである。

最後に、本書を刊行するにあたり、草稿を佐藤岳詩氏（熊本大学）に読んでもらい、いくつもの有益なコメントをいただいた。佐藤氏にこの場を借りて、心よりの御礼を申し上げる。また、京都大学学術出版会編集部の國方栄二さんには諸事にわたり、親切にお世話いただいた。厚くお礼を申し上げたい。

神野　慧一郎

109, 115, 124, 127, 130, 132, 139, 148–150, 152, 156, 159–162, 170, 177, 189–190, 228, 270
統治機構（government） 137, 142–152, 154, 156–176, 178, 180–181, 183–187, 204
道徳（morals/morality） 3, 7–23, 25–39, 41, 44–45, 47–48, 50, 54, 59–60, 63, 75–77, 95, 105, 107–113, 116, 119–121, 127, 131–136, 149–151, 153, 155–158, 163–164, 166–167, 169, 173, 175–176, 183, 185, 190–192, 195, 198–201, 203, 206, 209–210, 213, 223, 225, 227, 242, 244, 251–256, 259, 261, 269–271, 274
　―（の）感覚（sense of morals/morality/moral sense） 12, 21–22, 44, 52, 136, 220, 271–272
　―感情（sentiment(s) of morals/morality） 64, 119, 123, 125, 170, 173, 203–205, 208–209

ハ行

反省（reflexion） 29, 53, 65, 78, 82, 141, 203–204, 211, 213–214, 243, 245
比較（comparison） 20, 23, 47, 55, 83, 173, 178, 210, 229–234, 236, 242–243
卑下（humility） 35, 200, 221, 227, 232, 238, 240, 243, 253, 263
美点（merit） 12, 19, 21, 38, 42, 52, 72, 155, 214–215, 224, 227–228, 232–237, 240–242, 244, 246, 248–251, 254, 257–258, 261, 270
風習（manners） 37, 222, 246
偏見（prejudice） 76, 81, 109, 237
誇り（pride） 35, 39, 200, 221, 227, 232–243, 263

ナ行

憎しみ（hatred） 35, 49–50, 176, 200–201, 214, 221, 226, 232, 246–247, 249, 263

マ行

身近な人々（narrow circle） 114
見知らぬ人々（stranger(s)） 214, 224, 244, 266

ヤ行

約束（promise） 47, 48, 62–63, 79, 108–114, 116, 118–124, 148–159, 161–163, 170–171, 189–191

ラ行

理性（reason） 7, 9–16, 19, 21–31, 33, 71, 88, 90, 110, 122, 126, 130, 140, 160, 181–182, 210, 213–214, 223, 257
良心（conscience） 12, 155, 165
連接（conjunction） 84–85, 98, 267

算的協調、コンヴェンション（convention） 47, 52, 61–64, 68, 72, 74, 81–82, 87, 108, 113, 118–119, 124, 127, 134, 136, 143, 150–151, 153, 163, 170, 192–193, 207, 272
空想 83–84, 90–92, 97, 101, 106, 193, 196, 222
癖（habit） 57, 222
幸福（happiness） 55, 68, 154, 183, 207, 215, 221, 223, 230–231, 266, 270, 273

サ行

幸せな暮らし（well-being） 61–62, 73, 85, 115, 124, 154
時間（time） 66, 73, 92–93, 98, 130, 138, 140, 152, 173, 174, 187, 210
自然状態（state of nature） 67, 78, 79, 137
社交（society） 213, 219, 244, 246
習慣（custom） 31, 57, 82, 168, 177–178, 185, 187
性根、心の琴線（heart） 44, 218, 231, 246, 248
所有（権）（property） 18, 45, 50–51, 54, 63–64, 66, 68–70, 73, 78–80, 82–102, 104–107, 115, 119, 125–128, 130–132, 134–136, 154, 174, 190, 217, 236
情念（passion） 7–14, 16, 19, 21, 23, 29, 35, 48–49, 52–53, 57–59, 61, 64–66, 72, 75–76, 112, 114, 116–117, 124, 129, 133–134, 138, 143, 153, 165–167, 181, 191, 199–202, 206–207, 212–213, 216–218, 222–224, 226–230, 232–233, 236, 238–249, 253, 255, 262–263, 268
信念（belief） 216, 233
性格（character） 8–9, 14, 29, 32–34, 39, 43, 78, 117, 123, 134, 157, 200–201, 203–204, 206–207, 209–210, 212–214, 216, 220–225, 228, 235–236, 238, 240–244, 246–247, 250, 253–254, 256–257, 259–260
正義（justice） 41–55, 57, 59, 61, 63–79, 81, 83, 85–87, 89, 91–93, 95, 97, 99, 101, 103–105, 107, 109, 111–113, 115, 117, 119, 121, 123–137, 139, 141–143, 145, 147–151, 153, 155–157, 159, 161, 163, 165–167, 169–171, 173, 175, 177, 179, 181, 183, 185, 187, 189–193, 195, 197, 203–204, 207–208, 217, 252, 255–256, 269–270, 272
想像力（imagination） 83–84, 88, 91, 93–98, 100, 102–103, 106, 132, 138, 173, 177–179, 181, 186–188, 208, 216–218, 221, 229, 232–233, 254, 260, 274

タ行

魂（spirit） 108, 142, 228, 260, 271
知覚（perception） 5, 8–9, 25, 28–31, 84
知性（understanding） 7, 10, 20, 22, 24, 28, 47, 60, 67, 108, 110, 121, 126, 219–220, 234, 251–252, 257, 261
同意（consent） 47, 99, 102–107,

事項索引

ア行

愛（love） 35, 43, 46, 48–49, 57–58, 60, 64–65, 70, 83, 85, 102–103, 114, 129, 134, 151, 172, 194, 200–201, 211–212, 214–215, 221, 223, 226, 231, 240, 246–248, 251–253, 258–259, 261, 263–264
意見（opinion） 9–10, 20, 26, 37, 41, 57–58, 78–79, 83, 97, 101, 105, 125, 127, 131, 135, 144, 146, 157, 159, 164, 167, 171, 186, 211, 213–214, 223, 228, 245, 261
意志（will） 13, 24, 26–28, 109–112, 120–121, 125, 138, 158–159, 167, 180, 199, 254–255
　—のはたらき（volition） 11–12, 21, 23, 29, 110–111, 199
一般的規則（general rule(s)） 18, 73, 76, 80–81, 85, 133, 135, 164–165, 167, 172, 181, 193, 197, 213, 216, 231, 237
印象（impression） 5, 9, 31–32, 49, 71, 84, 106, 110, 200, 231, 263
汚点（demerit） 12, 21, 38, 155, 214, 227, 242, 250

カ行

価値（value） 44–45, 63, 69–70, 78, 83, 100, 138, 143, 145, 181, 218, 230, 234, 237, 251, 257–259, 270
会話（conversation） 61, 210, 213, 234, 236, 239, 243–244, 246, 250, 256, 258
感情／所感（sentiment） 5, 9, 25, 29, 31–32, 34–37, 39, 65, 69, 71, 75–78, 105, 109–110, 112–113, 119, 125, 127–128, 157–158, 173, 176, 191, 198, 200–204, 206, 208, 210–218, 222–223, 225–226, 228–229, 232, 236, 238–239, 244–248, 250, 252–253, 256, 259, 261–262, 265–272
観念（idea） 5, 9, 11, 20, 26, 31, 49, 59–60, 64, 71, 74, 77, 86, 95–97, 99, 102, 105–106, 138, 155, 200–202, 209–210, 229–233, 260, 265, 267
義務（duty） 10, 18, 27–28, 35, 43–45, 48, 51, 53, 71, 111–113, 136, 148–154, 156, 158, 161, 163–164, 172, 186, 189–194, 196, 223, 238
　—感（sense of duty） 43–44, 53, 112–113, 126
教育（education） 45, 52, 58, 61, 77–78, 119, 136, 156, 193–194, 197, 206
共感（sympathy） 48, 68, 76, 155, 197, 201–204, 206, 208–210, 214–217, 220–222, 224, 228–233, 242–243, 245, 248, 261, 265–267, 269–271
協調、協調行為、協調的営み、協調の枠組み、慣習への協調、打

人名索引

ア行

アルタクセルクセス（Artaxerxes） 178–179
アレキサンダー大王（Alexander the Great） 239
ウォラストン（William Hyde Wollaston） 16
オラニエ公（Prince of Orange） 187

カ行

カトー（Marcus Porcius Cato） 253
クロムウェル（Oliver Cromwell） 188
ゲルマニクス（Germanicus） 182
コンデ公（the prince of Conde） 239

サ行

サルスティウス（Caius Sallustius Crispus） 253
小キュロス（Cyrus the younger） 178–179
スラ（Sulla） 187
聖エヴルモンド（St. Evremond） 239

タ行

ディオニュシウス（Dionysius Ⅱ） 166
ティベリウス（Tiberius） 182
ドルスス（Drusus） 182

ナ行

ネロ（Nero Claudius Caesar Drusus Germanicus） 166

ハ行

ヒュー・カペー（Hugh Capet） 188
フェリペ二世（Philip the Second） 166, 188

マ行

マリウス（Marius） 187
マルクス・ブルータス（Marcus Junius Brutus） 211
マンデヴィル（Bernard Mandeville） 206

ヤ行

ユリウス・カエサル（Julius Caesar） 187

ラ行

ロック（John Locke） 160, 162

訳者略歴

神野　慧一郎（かみの　けいいちろう）

大阪市立大学名誉教授　博士（文学）

1932年長崎県生まれ。京都大学大学院文学研究科博士課程単位取得。京都大学文学部助手、大阪市立大学文学部講師、同助教授を経て、1980年より大阪市立大学文学部教授、1995年同退職。同年、摂南大学経営情報学部教授。2002年同退職。

主な著訳書

『論理学——モデル理論と歴史的背景』（共著、ミネルヴァ書房）、『哲学研究体系３』（共著、河出書房新社）、『ヒューム研究』（ミネルヴァ書房）、『現代哲学のフロンティア』（編著、勁草書房）、『現代哲学のバックボーン』（編著、勁草書房）、『モラル・サイエンスの形成』（名古屋大学出版会）、『我々はなぜ道徳的か——ヒュームの洞察』（勁草書房）、『イデアの哲学史』（ミネルヴァ書房）。訳書として、ヒューム『人間知性研究』（共訳、京都大学学術出版会）、「世界論」（『世界の名著22　デカルト』所収、中央公論社）、A. J. エイヤー『知識の哲学』（白水社）、カッシーラー『神話・象徴・文化』（共訳、ミネルヴァ書房）、A. J. エア『経験的知識の基礎』（共訳、勁草書房）、K. ヒュッブナー『科学的理性批判』（共訳、法政大学出版局）など。

林　誓雄（はやし　せいゆう）

福岡大学人文学部准教授　博士（文学）

1979年京都府生まれ。京都大学大学院文学研究科博士課程修了。日本学術振興会特別研究員、大谷大学文学部任期制助教、福岡大学人文学部講師を経て、2018年より現職。

主な著訳書

『徳と政治』（共著、晃洋書房）、『襤褸を纏った徳——ヒューム　社交と時間の倫理学』（京都大学学術出版会）、「ヒュームと「徳倫理学」」（『先端倫理研究』第12号、「共感と倫理——マイケル・スロートのエンパシー論の検討」（『福岡大学 人文論叢』第49巻3号）、‘Hume on well-being’（*Proceedings of the CAPE International Workshops, 2013*）、など。訳書として、『妊娠中絶の生命倫理』（共訳、勁草書房）、『徳倫理学基本論文集』（共訳、勁草書房）、など。

道徳《どうとく》について
―人間本性論 3　　近代社会思想コレクション27

2019年 10月 20日　初版第一刷発行

著　者　デイヴィッド・ヒューム
訳　者　神《かみ》野《の》慧《けい》一《いち》郎《ろう》
林《はやし》誓《せい》雄《ゆう》
発行者　末原達郎
発行所　京都大学学術出版会
京都市左京区吉田近衛町69
京都大学吉田南構内(606-8315)
電話　075(761)6182
FAX　075(761)6190
http://www.kyoto-up.or.jp/
印刷・製本　亜細亜印刷株式会社

ISBN978-4-8140-0244-3　定価はカバーに表示してあります

近代社会思想コレクション刊行書目

（既刊書）

01　ホッブズ　『市民論』
02　J・メーザー　『郷土愛の夢』
03　F・ハチスン　『道徳哲学序説』
04　D・ヒューム　『政治論集』
05　J・S・ミル　『功利主義論集』
06　W・トンプソン　『富の分配の諸原理1』
07　W・トンプソン　『富の分配の諸原理2』
08　ホッブズ　『人間論』
09　シモン・ランゲ　『市民法理論』
10　サン-ピエール　『永久平和論1』
11　サン-ピエール　『永久平和論2』
12　マブリ　『市民の権利と義務』
13　ホッブズ　『物体論』
14　ムロン　『商業についての政治的試論』
15　ロビンズ　『経済学の本質と意義』
16　ケイムズ　『道徳と自然宗教の原理』
17　フリードリヒ二世　『反マキアヴェッリ論』
18　プーフェンドルフ　『自然法にもとづく人間と市民の義務』
19　フィルマー　『フィルマー著作集』
20　バルベラック　『道徳哲学史』
21　ガリアーニ　『貨幣論』
22　ファーガスン　『市民社会史論』
23　トクヴィル　『合衆国滞在記』
24　D・ヒューム　『人間知性研究』
25　ヴィーコ　『新しい学の諸原理〔一七二五年版〕』
26　フンボルト　『国家活動の限界』
27　ヒューム　『道徳について――人間本性論3』